시크릿
실라버스

GIST PRESS
029

시크릿 실라버스

하버드대 교수들이 전하는
성공적인 대학생활을 위한 비밀 특강

제이 펠런·테리 번햄 지음
조용운 옮김

THE SECRET
SYLLABUS

GIST PRESS
광주과학기술원

차례

성공 장벽 넘어서기

진로 계획

결론

'문화충격culture shock', 이 개념은 1954년 리우데자네이루Rio de Janeiro
에서 개최된 여성클럽 강연에서 인류학자 칼레르보 오베르그Kalervo Oberg
에 의해 처음 소개되었습니다.

문화충격은 사회적 소통을 위한 익숙한 신호와 상징이 모두 사라져 버렸을
때 생기는 불안감으로 인해 촉발된다. 이 신호와 상징은 우리가 일상생활에
서 어떻게 행동해야 하는지 방향을 잡게 해주는 수천 가지의 방법을 포함한
다. … 우리 모두 마음의 평온과 효율을 위해 이 신호와 상징에 의존하지만
대부분은 의식하지 못한다.

개인이 낯선 문화에 진입할 때, 이 익숙한 신호와 상징 모두 혹은 대부분이
사라져 버린다. 마치 물 밖으로 나온 물고기와 같다. 아무리 마음이 넓은 사
람이라도, 혹은 선의로 가득 찬 사람이라도 그런 버팀목이 사라지면 좌절감
과 불안감을 겪게 된다.

오베르그는 당시 브라질 주재원으로 근무하는 미국인 엔지니어의 아
내들을 대상으로 강연했습니다. '집'이라는 익숙한 곳에서 멀리 떠나 다른
낯선 문화권에 힘겹게 적응하고 있는 자신들의 상황을 스스로 잘 이해할

수 있도록 돕고자 했습니다.

매년 전 세계 곳곳의 대학 캠퍼스에서는 "대학에 오신 것을 환영합니다."
와 같은 상황이 벌어집니다. 이런 상황은 인류학자가 쉽게 설명할 수 있습니다. 대학에 첫발을 내딛는 신입생에게 대학은 매우 낯선 곳입니다. 그래서
인류학자의 설명이 잘 들어맞습니다. 모든 문화와 마찬가지로 대학에는 명
확하게 드러나는 규칙이 있지만, 눈에 보이지 않는 규칙도 있습니다.

이런 규칙과 규범을 알지 못하면 좌절과 불안을 겪을 수 있습니다. 하
지만 뒤집어 생각하면, 이 규칙을 잘 알면, 특히 눈에 보이지 않는 규칙을
잘 알면 학생에게 실질적인 도움이 되면서 유리할 수 있습니다. 더 좋은
기회를 가질 수 있고 더 나은 결과를 만들어 낼 수 있도록 자신의 능력을
향상시킬 수 있습니다.

◇◇◇◇◇◇◇◇◇◇◇◇◇◇◇◇◇◇◇◇◇◇◇

이 책, '시크릿 실라버스'는 주재원의 아내들이 겪었던 것과는 다른 상
황을 배경으로 합니다. 하지만 실제로는 놀랄 정도로 비슷합니다. 저자인
제이Jay와 테리Terry, 우리는 이미 대학 생활에서 고군분투했던 경험(첫 장
에 자세히 설명해 놓았습니다.)이 있습니다. 우리는 그 경험을 토대로 고등교
육 기관인 대학이라는 세계에서 색다른 역할에 주목했습니다.

대학원생 시절, 우리는 하버드의 다양성과 활동성을 단적으로 보여주
는 기숙사에서 학부생들과 함께 생활하면서 조언도 해주고 도움을 주는
역할을 맡았습니다. 기숙사 조교로서 학부생을 가르치는 일과 학생들이

학문 세계에 잘 정착하도록 돕는 것이 우리의 일이었습니다. 그런데 우리의 실제 업무 범위는 지적인 영역을 넘어, 사회적이고 문화적인 영역, 심지어 여가 생활, 건강 관리 부분까지 넓어졌습니다.

처음에는 마치 대학을 다시 다닐 수 있는 기회를 얻은 것 같은 기분이었습니다. 하지만 다시 얻은 이 기회에는 중요한 임무가 주어졌습니다. 이미 첫 번째 기회 때 우리가 헛발질했던 경험을 발판 삼아 이제 막 대학 생활을 시작하는 학생들이 같은 시행착오를 겪지 않도록 도와야 했습니다.

학부생의 세계로 다시 돌아와 보니, 학생들 모두 낯설고 새로운 문화를 마주하고 있다는 사실을 알았습니다. 우리가 과거에 경험했던 수많은 어려움이 고스란히 이들의 삶에서 펼쳐지고 있었습니다. 저지른 실수, 잘못된 선택, 날려버린 기회, 후회스러운 결정 등 우리의 헛발질은 낯선 땅에 발을 디딘 이방인이 겪는 모습과 다를 바 없었습니다.

이 책, '시크릿 실라버스'는 어떻게 하면 대학 생활을 성공적으로 잘 할 수 있을까라는 질문에 대한 우리의 조언을 담은 책입니다. 독자인 대학생이 새롭게 접하는 대학 문화를 더 빨리 익히고 적응하도록 도와서, 스트레스를 조금이라도 덜 받고 시행착오를 덜 겪으면서 대학이라는 곳에 자리를 잘 잡도록 돕는 것이 이 책의 목표입니다.

대학은 도전적이면서 때로는 이해하기 힘든 문화를 지닌 곳입니다. 피할 방법은 없습니다. 하지만 신중하고 적극적인 자세로 이 문화를 이해하기 위해 노력을 기울인다면 충분히 잘 해낼 수 있고 만족스러운 결과도 얻을 수 있습니다.

대학은 그 종류부터 다양합니다. 전혀 획일적이지 않습니다. 매일 통학하며 다니는 대학이 있는가 하면, 리버럴아츠liberal arts 칼리지처럼 대부분 기숙사 생활을 하는 대학이 있습니다. 연구 중심 대학이 있는가 하면 전문 기술을 배우는 대학도 있습니다. 도시에 있는 대학도 있고 시골에 있는 대학도 있습니다. 하지만 확실한 사실 하나는 대학이라는 곳은 고등학교와는 근본적으로 다르다는 것입니다.

대학에 입학하는 것은 단순히 학문 세계에 들어오는 것이 아니라, 다양한 사회적 규칙과 규범에 의해 돌아가는 새로운 문화에 들어오는 것과 같습니다. 이 문화를 제대로 이해하려면 기술이 필요하고 잘 익힌다면 모두가 부러워하는 대학생이 될 수 있습니다.

우리는 여러분이 이 책을 낯선 문화의 방식에 숙달한 두 안내자와의 대화라고 생각해주었으면 합니다. 물론, 우리도 완벽하지 않습니다. 그래도 우리는 최소한 한 걸음은 더 나아갔다고 생각합니다. 그래서 열정적이고 적극적으로 참여할 수 있는 여러분을 이 대화로 초대하고자 합니다.

저자인 우리는 대학 문화에 대해 조금 독특한 관점을 가지고 있습니다. 대학원을 함께 다니기 시작한 것을 계기로 교수라는 직업도 함께 갖게 되면서 우리는 30년 이상 대학 문화를 가르치고 배우는 일에 적극적이었습니다. 중요한 점은, 보통의 교수와 달리 우리는 대학생 때 방향을 잘못 잡은 탓에 꽤 많은 시간을 허비했고 학업과 인생에서 정점과 나락을 모두 경험했다는 점입니다.

우리의 여정은 정말이지 구불구불했습니다. 도움이라고는 전혀 받을 수 없는 고립감, 늘 마주하는 불안감, F로 채워진 성적표, (실제로 받은) 학사경고를 거쳐 결국 하버드에서 박사학위를 받았습니다.

수업 맨 뒷줄에 앉아 나오는 전혀 상관없어 보이는, 세상과 동떨어진 이야기를 하고 있는 교수의 강의를 듣는 기분이 무엇인지 우리는 잘 알고 있습니다. 그러나 어떻게 다시 추슬러야 하는지, 어떻게 자신을 살펴야 하는지, 비판적 사고를 어떻게 하는지, 어떻게 공부하고, 당면한 문제를 어떻게 극복해야 하는지, 중요한 순간에 어떻게 학습에 온전히 몰입하고 능력을 발휘할 수 있는지도 잘 알고 있습니다.

이 책은 우리 자신의 이야기인 까닭에 곳곳에 직접 경험한 이야기가 포함되어 있습니다. 제이와 테리의 일인칭 관점의 이야기도 있고, 학생과 동료들의 이야기도 있습니다. 그 사이를 오가며 대화가 진행되기 때문에 수시로 관점을 바꿔야 할 수도 있습니다.

◇◇◇◇◇◇◇◇◇◇◇◇◇◇◇◇◇◇◇◇◇◇◇◇◇◇◇◇◇

대학 생활에 도움이 되는 자료는 많습니다. 책, 웹사이트, 잡지, 블로그 등 다양한 자료가 넘쳐나고 전문가들의 조언도 끊임없이 나오고 있습니다. 하지만 이 책은 그저 익히고 외우기만 하면 성공을 보장하는 요령이나 기교, 비결을 전수하는 책이 아닙니다. 시크릿 실라버스는 조금 다른 부류의 책입니다.

이 책은 대학의 복잡한 문화와 그 안에서 여러분이 해야 하는 역할을 소개합니다. 대학 문화의 핵심적인 특징 중의 하나는 대화입니다. 사례를 들고 토론을 하고 연구 분석 자료를 근거로 제시하며 근본적인 원리를 찾아가는 대화입니다. 그래서 이 책도 이런 방식의 대화를 통해 낯선 문화에서 어떻게 성공할 수 있을지 여러분이 그 답을 스스로 찾게끔 도우려고 합니다.

직업이 교수다 보니 조언 목록을 쭉 늘어놓기만 하는 것 아니냐고 의심할 수 있습니다. 그런 조언도 도움이 될 수도 있습니다. 하지만 그 배경이 되는 대학 문화를 설명하는 데는 한계가 있습니다. 결국 그런 조언은 불완전하고 비효율적이기 때문에 여러분에게 도움이 되지 않습니다. 대신 대학 문화를 깊이 이해하게 된다면 어떻게 행동해야 하는지 자신만의 요령을 개발할 수 있습니다. 바로 이 점을 가르쳐주려고 합니다.

예를 들어 보겠습니다. 여러분이 시험을 준비하고 있습니다. 시험공부를 도와주려는 사람이 시험 범위에 해당하는 문제와 답을 줍니다. 시험에 똑같은 문제가 나온다면 여러분에게 확실한 도움이 됩니다. 대신에 시험 범위가 다루는 개념을 가르쳐 주고 문제를 해결하는 데 어떻게 그 지식이 적용되는지를 알려준다면, 시험에 어떤 문제가 나오든 별로 중요하지 않습니다. 어떤 문제라도 대비할 수 있기 때문입니다.

이 책은 다양한 학생을 위해 구성되었습니다. 대학이라는 교육 환경은 암묵적으로 대학 특유의 가치, 기대, 학문적 규범, 사회적 규칙을 전달하고 공유하는 경향이 있습니다. 이런 경향은 오히려 사회적 불평등을 강화할 수 있으며, 특히 불우한 환경의 학생과 대학이라는 곳을 경험해 보지 못한 부모를 가진 학생에게 불균형적인 피해를 줄 수 있습니다.

그러나 한편 고등학교를 우수한 성적으로 졸업하고 대학 생활에 만반의 준비가 된 것처럼 보이는 학생도 대학에 와서 어려움을 겪기도 합니다. 실제 그런 경우가 종종 있습니다. 학계에서 연구를 본업으로 하는 교수의 강의 속도가 빠르거나 깊은 사고를 요구하기도 하는 등 여러 가지 이유로 인해 대학에 적응하는 데 어려움을 겪습니다.

'이질적인 문화로서의 대학'을 바라보는 우리의 관점은 고등교육으로부터 소외된 집단에 속한 학생에게 중요한 가치를 지닐 수도 있지만, 꼭 이들에게만 국한된 것은 아니라는 점을 말씀드리고 싶습니다. 우리는 대학 문화를 탐구하고 설명해 줌으로써, 대학의 비밀스러운 정보뿐만 아니라 그 배경이 되는 잘 드러나지 않는 규칙과 규범의 여러 차원을 설명하고자 합니다.

◇◇◇◇◇◇◇◇◇◇◇◇◇◇◇◇◇◇◇◇◇◇◇◇

인류학자 오베르그가 문화충격 현상에 대해 처음 설명할 때, "사회적 상호 작용의 모든 신호를 완전히 이해해야만 이 긴장은 사라진다."라는 점을 강조했습니다. 이 책을 통해 여러분이 그 답을 찾기 원합니다.

더 나아가 우리는 여러분이 이 책을 통해 배운 전략을 토대로 자신만의 이해를 더욱 깊게 할 수만 있다면 대학 졸업 후에 사회에서도 성공하는 데 큰 도움이 될 수 있다는 점을 깨닫게 되기를 바랍니다.

제이 펠런Jay Phelan, 테리 번햄Terry Burnham

THE SECRET SYLLABUS

01

빅 픽처,
대학문화를 보는 새로운 시각

몇 년 전 어느 가을날이었습니다. 테리는 찰스강변Charles River에 자리 잡은 하버드대학교Harvard University의 자신의 연구실에 앉아 있다가, 두 명의 학생에게서 거의 동시에 같은 내용의 부탁을 받았습니다.

> 테리 번햄 교수님께.
> 제가 이번에 대학원에 가려고 해요.
> 저를 위한 추천서를 써 주실 수 있으실까요?
>
> - 예전 수강생 드림

테리는 한 명에게 이런 답장을 보냈습니다. "물론이지. 기꺼이 네 추천서를 써 줄 수 있지. 이번 주 편한 시간에 내 연구실에 들르렴. 추천서 내용을 같이 고민해 보자. 그리고 네 합격 전략에 내가 도움을 줄 수 있는지 살펴보자." 그리고 다른 한 명에게는 이렇게 썼습니다. "안타깝지만, 이번에는 내가 추천서를 써 줄 수 없을 것 같다. 미안하구나."

두 학생은 모두 테리의 수업을 들었던 학생이었습니다. 실은 "이번에는 써 줄 수 없다."는 답장을 받은 학생은 "기꺼이 써 주겠다."는 답장을 받은 학생보다 성적이 더 좋았습니다.

어찌 된 일일까요? 성적이 더 좋은 학생을 제치고, 성적이 덜 좋은 학생이 추천서와 더불어 진학을 위한 도움까지 받게 된 이유가 무엇일까요? 대학의 행동양식을 규제하는 일종의 불문율과 같은 문화 규범을 이해한다면 이 역설적인 상황을 납득할 수 있습니다.

성적은 중요합니다. 하지만 성적이 전부는 아닙니다. 오히려 성적과는 거리가 멀다고 할 수 있습니다. 그래서 대학 생활에서 최상의 결과물을 얻기 위해서는 대학 특유의 문화에 현명하게 대처할 필요가 있습니다. 대학 생활의 성공, 그리고 인생의 성공으로 이어지는 열쇠가 되는 이 같은 문화 규범을 내 것으로 만들 수 있도록 이 책을 통해 안내하려고 합니다. 이 책을 통해 여러분은 대학에서 헤매지 않을 수 있습니다.

◇◇◇◇◇◇◇◇◇◇◇◇◇◇◇◇◇◇◇◇◇◇

공동 저자인 우리는 하버드대학교Harvard University, 캘리포니아대학교 로스앤젤레스UCLA, 페퍼다인대학교Pepperdine University, 미시간대학교University of Michigan, 채프먼대학교Chapman University, 매사추세츠공과대학교MIT에서 20,000명이 넘는 학생을 가르쳐 왔습니다. 누구보다 열심히 공부하지만 결과는 기대에 미치지 못하는 학생들을 우리는 거의 매일 마주치고 있습니다. 아마도 이 책을 읽었다면 결과는 달랐을 것이라고 생각합니다.

저자인 제이 펠런과 테리 번햄, 우리 두 사람은 대학생 시절에 놀랍도록 끔찍한 선택을 했었습니다. 충분히 피할 수 있었을 텐데 그러지 못했습니다. 그 어리석은 실수들로 인해 기회를 놓쳤고, 하염없이 허둥대다가 많은 시간-어느 때는 몇 시간, 어느 때는 몇 개월-을 허비했습니다. 실은 우리에게 이 책이 필요했었습니다!

이 책의 구조를 설명하기 전에 우리를 간단히 소개하는 것이 좋겠습니다.

제이 펠런은 캘리포니아에서 자랐고, 대학은 캘리포니아대학교 로스앤젤레스UCLA를 다녔습니다. 예일대학교Yale University에서 석사학위를, 박사학위는 생물학으로 하버드대학교Harvard University에서 받았습니다. 그리고 하버드와 페퍼다인대학교Pepperdine University에서 가르치다가 UCLA로 돌아와 생물학을 가르치며 생물학 교과서를 집필하고 있습니다.

테리 번햄은 디트로이트 인근에서 자랐고, 미시간대학교University of Michigan를 다녔습니다. 샌디에이고주립대San Diego State University에서 석사학위를, 매사추세츠공과대학교MIT에서 두 번째 석사학위를, 박사학위는 경영경제학으로 하버드Havard에서 받았습니다. 하버드경영대학원, 하버드케네디스쿨, 미시건대학교에서 교수로 재직하다가 채프먼대학교Chapman University에서 재무 분야를 가르치기 위해 캘리포니아로 이주했습니다.

지금쯤 여러분은 마음속으로 이 두 명의 하버드 박사는 아마도 대학생부터 박사학위를 받을 때까지 모든 것이 술술 풀렸을 것이고, 학생이 부딪히는 어려움을 겪어 보지 못해서 이해도 못 할 거라고 지레짐작하고 있을 수 있습니다. 하지만 그 짐작은 틀렸습니다. 우리가 분명 몇 가지 훌륭한 결과물을 얻은 것은 사실입니다. 하지만 우리가 했던 여러 실수를 생각하면 우울해질 정도로 거의 모든 면에서 평균적인 학생이었습니다.

먼저 제이의 고백을 들어 봅니다.

나는 좋은 학생이 아니었다. (나는 우리 집안에서 대학에 처음 간 사람이었다!) 대학에 입학한 첫날부터, 모든 상황이 나와 어울리지 않았다. 내가 수강하는 과목들은 대체 무슨 말인지 도통 알 수 없었다. 교수님들도 내 삶과는 전혀 동떨어진 것들만 이야기하고 있다는 생각이 들었다. 교과서도 마찬가지였다. 세상에서 경험할 수 있는 것과는 거리가 먼 이야기로 채워져 있었다. 결과적으로 모든 수업이 나와 관련이 전혀 없는 것처럼 느껴졌고, 강의실에서 나가고 싶은 마음만 들었다. 나의 낮은 출석률은 당연히 매우 나쁜 성적으로 이어졌다.

다들 짧게 경험하는 대학 생활 부적응이 아니었다. 나는 몇 년 동안 '학사 경고'를 받기도 하고, '학사 제적' 대상자가 되기도 했다. 나는 학업 성적으로 낙제생이었고, 끔찍한 F를 반복적으로 받았다.

나는 수업 시간에 앉아는 있지만, 모든 희망이 사라져 버린 것 같은 허무한 느낌을 충분히 이해한다. 하지만 나는 이런 상황에서 벗어나는 방법도 배웠다.

다음은 테리의 순서입니다.

대학 생활을 시작했을 때, 내 진로는 결코 분명하거나 확실하지 않았다. 아버지는 내가 의사가 되기를 원했기 때문에 나는 의대에 진학했다. 하지만 의

대에 합격하고서야 내가 원하는 길을 찾아야겠다고 다짐했다.

나는 컴퓨터 프로그래머가 되었다가 해병대에 입대해서 탱크 운전을 했고, 경영학석사MBA와 박사학위를 받기 전에 월가Wall Street의 골드만삭스 Goldman, Sachs & Co.에서도 일했다. 나는 한 가지에 오래 집중하는 능력이 부족했다. 결국 나는 불필요하게 빙빙 돌아가는 길을 걸었다.

나는 대학 생활을 쉬기도 했다. 목표가 불확실했기 때문이었다. 솔트레이크 시티Salt Lake City에 살면서 스키를 타고 식당에서 접시를 닦거나 즉석요리를 만드는 일을 포함해 여러 가지 일들을 하며 지냈다. 결국 도축장에서 일 용직으로 일하는 중에, 허리까지 쌓인 피 묻은 도축 동물 사이에서 '어쩌면 대학이 그렇게 나쁘지는 않겠구나.'라는 깨달음을 얻었다.

우리는 과거에 허우적거리며 실패했던 경험을 절대 자랑스럽게 생각하지 않습니다. 수년 동안 스스로가 너무 부끄러워서 그 경험을 언급조차 하지 못했습니다. 우리가 했던 실수를 여러분은 피할 수 있지 않을까 하는 마음으로 공개합니다.

◇◇◇◇◇◇◇◇◇◇◇◇◇◇◇◇◇◇◇◇

이 책을 통해 하고자 하는 이야기는 여러분의 교수님들에게서 언제든지 들을 수 있는 것이 아닙니다. 여러분이 마주하는 문제는 강의 중에 들을 수 있는 내용과 동떨어진, 왜 공부해야 하는지, 어떻게 시간을 관리해야 하는지, 인생의 문제를 어떻게 해야 하는지, 공부를 어떻게 해야 잘 할 수 있는지, 멘토를 어떻게 찾을 수 있는지, 또는 그 밖에 다른 문제일 수 있습니다.

여러분은 내가 뭘 해야 하는지 모르겠다고 느낄 수 있습니다. 아니면 무엇을 해야 하는지는 알고 있지만, 어떻게 해야 잘 할 수 있는지를 모를 수 있습니다. 여러분을 지도하는 대다수의 교수도 그런 문제를 겪어 보지 못했기 때문에 오히려 고민하는 문제가 더 커질 수도 있습니다.

예를 들어, 전체 대학생의 3분의 1 이상이 대학 생활을 경험하지 못한 부모 밑에서 자라 처음으로 대학을 진학하는 반면, 전체 교수 중에서는 그 비율이 극히 낮습니다. 자신이 대학에 진학해서 공부할 만한 자격이 있다는 확신이 부족하고 충분한 지식을 가지고 도와줄 수 있는 지원군이 없다면 학생 스스로 성공하기는커녕, 자신의 길을 스스로 찾아 나가기도 힘들 수 있습니다.

많은 교수에게는 낯선 경험이겠지만, 발버둥 쳐보고 이것도 해 보고 저것도 해 보고 엄밀하게 따져보기도 하면서, 실패에서 겨우 기사회생하기도 해 본 경험이 있는 우리는 그런 문제들에 익숙할뿐더러, 늘 씨름하며 극복해 왔습니다.

조언만으로는 충분하지 않습니다.

학생들은 성공적인 대학 생활을 위해 많은 조언을 듣습니다. 하지만 그중의 상당수는 특별히 유익하다고 할 만한 게 없습니다.

"오피스 아워office hour**를 이용해야 합니다."** 이 말은 사실입니다. 그러나 그

것만으로는 도움이 되지 않습니다. 여러분이 오피스 아워에 교수님을 찾아간다면 뭘 해야 할까요? 힌트를 조금 준다면, 강의 시간에 설명했던 개념을 또 한번 설명해 달라고 교수님께 부탁하러 찾아가는 것은 오피스 아워를 이용하는 좋은 이유가 아닙니다.

"연구 경험을 쌓아야 합니다.", "인턴십과 같은 사회 경험을 쌓아야 합니다.", "좋은 교수님을 멘토로 삼아야 합니다.", "공부는 효율적으로 해야 합니다." 다시 말하지만 이와 같은 조언은 모두 사실입니다. 하지만 핵심은 그게 아닙니다. 여러분에게 더 중요한 조언은 실제로 **어떻게** 실행해야 하는지에 관한 조언입니다. 우리는 여러분에게 그런 조언을 주려고 합니다.

무엇보다 이 책의 목표는 여러분이 쉽게 생각하지 못하는 조언과 그 실행 방법을 강조하는 데 있습니다. 여러분이 직관적으로 쉽게 납득할 수 없는 해결책일 수 있습니다. 충분히 고민했다 하더라도 여러분의 생각은 오히려 잘못된 방향으로 이끌 수 있습니다.

"전공을 빨리 선택할수록 대학원 진학에 용이하고, 취업 준비에 유리합니다." 이런 조언은 전혀 도움이 되지 않을뿐더러, 아예 틀렸습니다.

그리고 원래부터 너무 당연한 말들은 조언이라 하기에도 무색합니다. 예를 들면, 다음 내용은 어느 대학의 대학 생활 안내 책자에 실린 실제 권장 사항입니다.

"수업에 일찍 출석하세요."
"수업 자료를 미리 읽어가세요."

시크릿 실라버스

"벼락치기로 시험공부를 하지 마세요."

"해야 할 일을 미루지 마세요."

더 나아가, 우리는 대학에서 성공하기 위한 어떤 묘책이나 비법을 알려주려는 것이 아닙니다. 인생도 마찬가지입니다만, 대학 생활을 잘한다는 것은 중요한 (우리가 다루려고 하는) 전략과 기술을 배우는 것과 관련이 있습니다. 실제로는 의미 없는 많은 조언을 듣고 암기하면서 여러분이 여기까지 왔을 수 있습니다. 하지만 진정한 성공은 본질에 기반을 두고 견고한 원칙의 토대 위에 서야 가능합니다.

시크릿 실라버스

이 책 '시크릿 실라버스'가 의도하는 것은 그저 우리가 해줄 수 있는 조언을 나열하는 것 이상입니다. 우리가 바라는 것은 여러분이 새롭고 복잡한 환경에 맞닥뜨렸을 때, 이 책이 여러분의 안내자와 멘토가 되는 것입니다. 총 18개의 각 장은 하나의 수업과 같습니다. 모든 수업에서 성공적인 대학 생활을 위한 다음과 같은 필수적인 근본 원칙을 여러분에게 알기 쉽게 설명할 예정입니다.

- 대학 경험에 공을 들여라.
- 전문적인 관계를 발전시켜라.
- 학업적인 성취를 달성하라.
- 회복력을 키워라.
- 대학 이후의 진로를 탐색하라.

이 책에서는 실제 사례를 바탕으로 생산적인 접근법과 역효과를 가져오는 그 반대의 접근법 모두를 설명할 예정입니다. 그리고 각 장의 말미에는 '기억하세요!'를 통해 그 장의 내용을 요약하면서 간결하고 분명한 실행 방법을 제시할 예정입니다.

여러분이 좋은 성적을 받는 것을 넘어, 대학에서 잘 배우고 성장하고 소속감을 느끼며, 대학생의 역할에 만족과 열정을 느끼도록 영감을 불어넣는 것이 이 책의 바람입니다. 여러분이 지금 전공을 선택하는 방법을 찾고 있거나, 어떻게 하면 훌륭한 멘토를 찾을 수 있을지 고민하고 있을지도 모르겠습니다. 하지만 다양한 문제를 모두 해결할 수 있는 만능 해결책이란 없습니다.

문제 해결을 위해 창의력이나 예술적 감각이 필요할 수도 있습니다. 우리의 접근 방식은 여러분이 지속적으로 효과적이면서 바람직한 태도를 개발할 수 있도록 돕는 것입니다. 여러분은 결국 어떤 상황에서도 목표를 향해 묵묵히 전진할 수 있게 될 것입니다.

 기억하세요!

❶ 눈에 보이는 많은 규정과 규칙들이 존재하지만 대학은 실제 보이지 않고 말해주지도 않는 관습과 문화 규범에 의해 움직인다. 눈앞의 성공이 아닌 장기적이고 진정한 성공을 위해서는 이에 대한 숙달이 필요하다.

❷ 학업 성취도가 뛰어난 학생들을 포함해 대부분의 학생은 다가올 문화 충격에 대비가 되어 있지 않다. '시크릿 실라버스'를 숙지한다면 풍성한 대학 경험뿐만 아니라 성공적인 삶을 준비할 수 있다.

THE SECRET SYLLABUS

목표 세우기: 목표는 과정이다

02

대학 첫날,
무계획이 최고의 계획!

10살짜리 꼬마 아이가 인생에서 가장 중요한 결정을 내리려고 합니다. 내버려 둬야 할까요? 아마 잘 타일러서 말려야겠지요. 그런데 많은 학생이 실제로 이렇게 하고 있습니다. 설상가상으로 그 사실을 자랑스러워하기까지 합니다. 게다가 부모, 선생님, 친구까지 나서서 그렇게 하라고 권장하거나 심지어 칭찬도 받습니다.

두 대학생이 만나서 이야기를 시작합니다. 대화는 진로에 대한 내용으로 자연스레 이어집니다. 전공을 물어보는 것부터 시작해서, "커서 뭐가 되고 싶어?"라고 아이에게 묻는 것과 비슷한 종류의 질문으로 옮겨 갑니다.

한 학생이 이야기합니다. "나는 법학전문대학원에 갈 거야. 어렸을 때부터 국선 변호인이 되고 싶었어. 이번 여름에 이너슨스 프로젝트 Innocence Project[1] 인턴십도 마쳤지. 그리고 지난 3년 동안 집 근처 법률구

---

1   **옮긴이 주.** 억울하게 유죄 판결을 받은 사람을 위하여 증거 채취 및 감식 기술 등의 과학적 기술을 동원하여 무죄를 입증할 수 있도록 도와주는 미국의 인권 단체.

조협회에서 봉사활동도 했어. 너는?"

"어, 글쎄. 난 뭘 하고 싶은지 아직 모르겠어." 두 번째 학생은 이렇게 말하면서 다음의 이유로 자신이 패배자처럼 느낍니다.

1) 아직 계획이 없다.
2) 이미 뒤처지고 있다. (혹은 뒤처진 것처럼 느낀다.)

그리고

3) 앞서 나갈 수 있는 수년간의 기회를 날려버렸다.

이제 겨우 대학 1, 2학년에 불과하지만 이미 뒤처진 것처럼 보이는 것이 사실입니다. 자기소개서에 이력으로 쓸 만한 내용을 아무것도 만들지 못 했을뿐더러, 자신이 선택한 진로를 위해 전념한 근거로 내보일 만한 성과나 경험도 쌓지 못했습니다.

이렇게 뒤처져서는 대학원 진학, 취업 그리고 결국 삶에서도 경쟁력이 떨어져 실패하게 될 것 같습니다. 정말 최상의 시나리오를 가정하더라도, 이미 늦었기 때문에 미래의 성공은 더 어렵고 실현 가능성도 없다고 생각합니다.

하지만 두 번째 학생의 생각은 틀렸습니다.

성공을 위해서 당연한 명제처럼 보이지만, 실은 역효과를 가져오는 메시지가 있습니다. "모든 사람은 저마다 고유한 재능을 가지고 있다. 성공한 사람은 그 재능을 일찍 발견하고, 어떤 어려움에도 불구하고 끈질기게 그 열정을 추구한다. 그런 사람이 결국 최고의 자리에 오르며 크게 성공한다." 하지만 이 메시지를 뒤집어 보면 이런 의미가 숨겨져 있습니다. "열 살인데도 아직 인생 목표가 없다고? 그렇다면 당신은 루~~저!"

여러분은 이런 메시지를 품고 있는 수백 개의 이야기를 들으며 자랐습니다. 세 명의 사례를 들어보겠습니다. 스티브 잡스Steve Jobs, 제인 구달Jane Goodall, 존 하보John Harbaugh의 이야기입니다.

스티브 잡스는 스탠퍼드대학교Standford University 졸업식에서 인생 조언으로 유명한 연설을 남겼습니다. 자신의 조언을 다음 세 가지 이야기로 요약했습니다.

첫 번째 이야기 "저는 리드대학Reed College을 다니다 그만두었습니다. … 여섯 달을 다녔는데, 그 비싼 등록금을 내고 다닐 만한 가치를 느끼지 못했습니다. 내 꿈이 무엇인지 몰랐고 대학이 내 꿈을 찾는 데 도움이 되고 있는지도 몰랐습니다. 게다가 (노동자 계층이셨던) 부모님이 평생 모아온 돈을 제 학비로 쓰고 있었습니다. 결국, 자퇴를 결심했습니다."

스티브 잡스는 자퇴했지만, 학교에 남았습니다. 오히려 학칙과 규정에서 자유로워졌기 때문에 좋아하는 과목을 수강했습니다. 서체Calligraphy 강의도 그중 하나였습니다. 스티브 잡스는 나중에 컴퓨터 서체뿐만 아니라 사람들이 서체에 대해 생각하는 인식에도 엄청난 영향을 미쳤습니다. 우리 시대의 구텐베르크Gutenberg라는 별명도 얻었습니다.

두 번째 이야기 "저는 해고되었습니다. … 하지만 애플에서 해고당한 것이 결국은 저에게 최고의 기회였다는 것을 알게 되었습니다." 다시금 자유의 몸이 되었을 때, 스티브 잡스는 애니메이션 회사를 창업했고 더 많은 기술을 개발했습니다. 그리고 그가 다시 애플로 돌아왔을 때, 그 기술이 성공의 밑거름이 되었습니다.

세 번째 이야기 "저는 1년 전 즈음 암 진단을 받았습니다." 스티브 잡스는 마지막 이야기를 이어갔습니다. "더 이상 잃을 게 없으니, 마음이 가는 대로 하지 않을 이유도 없습니다." 스티브 잡스는 인생이 유한하다는 사실을 아는 것이야말로 현명한 결정을 내려야 하는 결정적인 이유라고 강조했습니다.

연설 내내, 스티브 잡스는 자신이 걸었던 길이 쉽지 않았음을 강조했습니다. "친구 집을 전전하며 방바닥에서 잤습니다. 콜라병을 돌려주면 5센트를 받았는데, 먹을 것을 구하기 위해 병을 모으기도 했습니다." 자신이 옳다고 생각하는 길을 가는 것이 쉽지만은 않다는 것과 다른 사람들이 인정해주지 않을 때는 더 힘들다는 것을 여실히 보여주었습니다.

"믿음을 잃지 마세요. … 자신이 하는 일에 진정한 만족을 누리기 위한 유일한 방법은 위대한 일이라고 확신하는 일을 하는 것입니다." 그리고 연설을 이렇게 마무리했습니다.

타인의 생각에 맞추어 사는 삶, 도그마의 덫에 빠지지 않게 조심하세요. 타인의 의견은 소음에 불과합니다. 내면의 목소리가 소음에 덮여 버리게 내버려 두지 마세요. 무엇보다 중요한 것은 여러분의 마음과 직관을 따를 수 있는 용기를 갖는 것입니다. 여러분의 마음과 직관은 여러분이 진정 원하는 것이 무엇인지 이미 알고 있습니다. 그 외 다른 것들은 중요하지 않습니다.

스티브 잡스는 자신의 연설을 이렇게 마쳤습니다. "스테이 헝그리, 스테이 풀리쉬Stay Hungry, Stay Foolish"

제인 구달은 아프리카 침팬지 연구와 환경운동가로 잘 알려져 있습니다. 제인 구달이 보여준 삶의 모습은 스티브 잡스의 연설 내용과 매우 흡사합니다. 자신이 좋아하는 것을 일찍 찾아라! 최선을 다하라! 타인의 비판을 신경 쓰지 마라! 그리고 성공해라!

다섯 살이었던 제인 구달이 어느 날 사라져 버린 적이 있었습니다. 나쁜 일이 생겼을지도 모른다고 걱정한 부모는 필사적으로 그녀를 찾아 헤맸습니다. 밤이 되어서야 찾았는데, 발견된 곳이 다름 아닌 닭장이었습니다. 어떻게 달걀이 생기는지 궁금했던 제인 구달은 닭장에서 12시간 동안 앉아서 닭을 바라보고 있었습니다.

동물을 관찰하는 열정은 자연스럽게 제인 구달의 직업이 되었고, 명성도 뒤따랐습니다. 제인 구달은 정규 과학 교육을 거의 받지 않은 상태에서 1960년에 탄자니아에 갔습니다. 원래는 짧은 기간만 체류할 계획이었지만, 모든 침팬지가 그녀만 보면 도망을 가버려서 1년이 되도록 충분한 데이터를 모을 수가 없었습니다.

제인 구달은 포기하지 않았습니다. 침팬지가 자신의 존재에 익숙해지면 도움이 될 것이라 생각했고, 아침 일찍 일어나 정글에 가서 온종일 돌아다니며 시간을 보냈습니다. (제인 구달의 회상에 의하면, 아침에는 정글에 이슬이 맺혀 늘 축축했기 때문에 옷이 젖어서 불편했다고 합니다. 결국 간단한 해결책으로 옷을 벗고 벌거벗은 채로 정글을 돌아다니다가, 관찰 지점에 이르면 옷을 다시 입었다고 합니다.)

끈질긴 노력은 마침내 결실을 맺습니다. 침팬지들이 그녀를 더 이상 두려워하지 않았고 있는 그대로 받아들이게 되었습니다. 그리고 제인 구달은 침팬지의 사회적 행동에 대해 연구를 진행할 수 있게 되었고, 이 연구를 통해 그녀는 유명하게 되었습니다.

제인 구달의 이야기를 요약해 볼까요? 다섯 살에 자신의 꿈을 찾아라. 아프리카 정글에서 수년 동안 혼자 살아야 할 수도 있지만, 꿈을 향한 열정을 좇아가라.

마지막인 세 번째 이야기는 유명한 미식축구 감독인 존 하보에 대한 이야기입니다. 존 하보는 미식축구 집안에서 성장했습니다. 그의 아버지는 미식축구 감독이었고, 그의 동생은 프로 리그에서 유명한 쿼터백으로 뛰다가 나중에 감독이 되었습니다.

존 하보는 어린 나이에 미식축구에 대한 재능을 발견하고 대학을 졸업하자마자 22살부터 코치 생활을 시작했습니다. 첫 번째 코치 자리는 그렇게 명문대학이 아니었던 웨스턴미시간대학교Western Michigan University의 미식축구부였는데 심지어 월급도 없는 자리였습니다.

존 하보가 코치가 되고 싶다고 말했을 때, 식사 중이었던 그의 어머니는 실망감에 접시 위로 고개를 떨궜습니다. 하지만 굳은 결심으로 어머니를 설득했습니다. 나중에 그의 어머니는 이렇게 말했습니다. "저는 아들의 눈에서 의지를 보았어요. 그리고 '아들이 진정 원하는 것을 하도록 해 줘야겠구나.'라고 생각하게 되었지요."

여기까지 들려드린 세 이야기는 모두 성공 신화의 전형입니다. 흥미로울 뿐 아니라 감동스럽습니다. 우리는 스티브 잡스, 제인 구달, 존 하보를 우러러보기까지 합니다. 하지만 동시에 이들의 성공 신화를 듣다 보면 다음의 세 가지 일을 겪을 수도 있습니다.

첫째, 이 성공 신화는 비현실적인 목표를 세우게 합니다. 초등학생 때 자기 인생의 유일한 꿈을 찾는 경우는 흔하지 않습니다. 누군가는 다섯 살이라는 나이에 닭장에서 꿈을 발견했고, 평생 그 꿈으로 인해 성공하고 행복했던 것이 사실입니다. 솔직히 이런 경우는 매우 희귀한 경우입니다. 하지만 대부분의 경우 사람들의 관심사는 시간이 지남에 따라 발전하고 변하는 것이 일반적입니다. 자라나면서 세상의 여러 분야를 탐색하는 경험을 한 후에야 비로소 자신이 만족하는 직업을 찾게 됩니다.

둘째, 이 성공 신화는 상실감을 느끼게 합니다. 제인 구달의 낭만적인 이야기는 아주 어린 나이에 자신이 평생 헌신할 분야를 찾았다는 점이 매우 특이합니다. 하지만 여러분이 대학생이 되었는데도 아직 아무런 계획도 없다면, 이미 실패한 것처럼 느끼는 것은 당연합니다.

셋째, 이 성공 신화는 꿈이 바뀌는 것을 전혀 허용하지 않습니다. 과거에 이미 꾸던 꿈이 있었더라도 지금은 그 계획을 바꾸려고 한다고 솔직하게 말하기가 주저됩니다.

여러분의 할아버지, 할머니, 부모님 혹은 친척들은 여러분이 대학에 진학함과 동시에 진로가 결정된 것처럼 생각합니다. 입학과 동시에 마치 변호사, 의사, 사업가가 된 것처럼 말이지요. 진로를 바꾸고 싶다는 의향을 보이거나 아직 확실하지 않다고 말을 하는 경우, 약속을 지키지 않은 사람처럼 취급받을 수 있습니다

듣는 사람이 실망할 것이 뻔한 소식을 전해야 하는 것은 정말 끔찍한 일입니다. 여러분이 그들을 실망시켰다고 느끼게 되기 때문입니다. 특히 원래 계획을 달성하는 것이 여전히 불가능하지 않다는 사실을 알고 있다면 더더욱 힘든 일입니다. 하지만 여러분이 무언가를 할 수 있는 것과 그것을 꼭 해야 한다는 것을 혼동하면 안 됩니다.

◇◇◇◇◇◇◇◇◇◇◇◇◇◇◇◇◇◇◇◇◇◇

꿈이 없이 대학에 오는 것이 더 낫습니다!

열 살, 열두 살, 혹은 열여섯 살 정도가 되면 나는 커서 뭐가 되고 싶다고 선언하고는 합니다. 하지만 생각해 보세요. 열 살 어린이가 실제 세상에 있는 직업에 대해 얼마나 알고 있을까요? 제이는 그 나이에 5개 정도 알고 있었습니다. 우주비행사, 자동차 레이서, 운동선수, 대통령, 그리고 의사. 제이가 될 수 있는 사람은 이 중의 하나였습니다.

사실 대부분의 사람은 어린 시절에 생각해 보기는커녕 들어본 적도 없

는 직업을 갖게 됩니다. 어린 시절에서 꿈꿨던 직업을 가질 수 없으니 이 사람들은 실패한 사람들일까요? 당연히 아닙니다.

앞서 들려드린 성공 신화가 공통적으로 강조하는 점이 또 있습니다. 방해를 이겨내야 한다는 점입니다. 스티브 잡스에게는 부모님의 전 재산을 털어서 다니던 대학이 방해물이었습니다. 존 하버에게는 지도자의 길을 걷고 싶다고 했을 때 접시 위로 고개를 떨군 어머니였습니다. 성공 신화에 따르면, 행복으로 가는 길의 가장 큰 걸림돌은 여러분이 갈망하는 꿈을 지지하지 않는 부모님입니다.

더 중요한 문제는 가족들이 좋아하고 지지하는 진로는 제한적이라는 사실입니다. 제이가 자동차 레이서가 꿈이라고 했을 때 가족은 그러려니 했습니다. 하지만 제이가 의사라는 직업에 관심을 보이자 상황이 달라졌습니다. 정작 제이는 의사라는 직업의 실상을 잘 몰랐지만, 할머니부터 시작해 온 가족의 전폭적인 지지와 성원을 받았습니다.

격려 차원에서만 멈추지 않았습니다. 눈덩이처럼 불어나는 것이 문제였습니다. 할머니는 모든 사람에게 손자가 의사라고 자랑했습니다. 심지어 대학에 지원하지도 않았는데 말입니다. 제이는 17살이 되었을 때, 고등학교 신문사 기자가 되었습니다. 글쓰기에 몰두했고 제이는 그게 너무 좋았습니다. 하지만 할머니에게 저널리스트 아니면 작가가 되고 싶다고 말하는 것은 마치 자신이 의사의 꿈을 이루는 데 실패한 사람이라고 자백하는 것처럼 느껴졌습니다.

주변의 지지가 부족했기에 결국 글쓰기에 대한 열정을 접었습니다. 처음 계획으로 되돌아가 의대에 지원했습니다. 그리고 가족 모두 안도의 한숨을 쉬었습니다. 제이도 마찬가지였습니다. 그렇게 제이는 원래 자리로 되돌아갔습니다.

결코 가벼운 문제가 아닙니다. 대학 신입생이더라도 자신이 앞으로 무엇을 하고 싶은지 나름의 장기 계획을 가지고 있는 것이 아예 없는 것보다 낫다는 인식은 널리 퍼져 있습니다. 이런 인식 때문에 학생들은 심한 압박으로 고통 받습니다. "내가 뭘 하고 싶은지 잘 모르겠어."라고 말하는 것만으로도 자신의 진로 계획이 확고한 사람에 비해 형편없는 사람으로 보이게 만듭니다.

더욱 심각한 문제는 똑똑하고 성실한 사람은 한번 그 계획에 몰두하면 계속해야 할 많은 이유를 더 찾게 되면서 상황을 더 복잡하게 만듭니다. 하지만 이는 잘못된 의사결정 전략에 의한 결과입니다. 원래 계획을 고수해야 하는 정당한 이유가 많다는 사실이 원래 계획이 바른 계획이라는 증거라고 잘못 해석합니다.

테리의 학생 중에 정형외과 의사가 되고 싶어 하는 플로리안^{Florian}이라는 학생이 있었습니다. 대학 신입생 때, 플로리안은 적극적이었고 실제 의사도 만났습니다. 연구실에서부터 수술실까지 정형외과 전문의의 일상을 가까이에서 관찰할 수 있는 기회를 허락받았을 때 꿈을 이룬 것처럼 너무 행복했습니다.

플로리안은 무엇을 배웠을까요? 그 정형외과 전문의는 자신의 일을 정말 사랑하는 실력이 좋은 의사였습니다. 하지만 플로리안의 눈에는 의사의 삶이 끔찍하게 보였습니다. 너무나 지루하게 반복적인 일을 하면서 하루하루를 보냈습니다.

플로리안은 딜레마에 빠졌습니다. 여러 해 동안 의사가 되기 위한 길을 걸어왔습니다. 플로리안도 제이처럼 이미 의사가 된 것처럼 가족의 기대를 한 몸에 받고 있었습니다. 중대한 결정을 마주했습니다. 새로 깨닫게 된 의사라는 직업에 대한 거부감을 억누르고 계속 그 길을 갈 것인지, 다른 직업을 원한다는 속마음을 인정할 것인지 정해야 했습니다.

저명한 경제학자인 존 메이너드 케인즈John Maynard Keynes가 자신에게 적대적인 기자를 만나 나눴던 대화는 유명한 일화입니다. "케인즈 교수님! 교수님은 항상 말을 바꾸시는데 왜 그렇게 일관성이 없으시죠?"라고 기자가 외쳐 물었습니다. 일화에 따르면 케인즈는 이렇게 대답했습니다. "새로운 정보를 습득하면 저는 저의 생각을 바꿉니다. 그런데 선생님은 직업이 뭔가요?"

플로리안은 케인즈의 일화가 보여주는 선택을 했고, 의대 본과 과정이 시작하기 전에 의사가 되고자 했던 계획을 포기했습니다. 플로리안의 가족은 슬픔에 빠졌지만 이내 회복했고 플로리안은 여전히 가족의 지지를 받게 되었습니다.

자신의 진로 계획을 바꾸는 것은 심리적인 대가가 상당합니다. 하지만 바꾸지 않아서 발생하는 대가도 만만치 않습니다. 성인의 20%가 중년의 위기를 경험합니다. 45세 나이의 중년에게 인생에서의 죽음은 20세 혹은 30세에서 생각하는 것처럼 추상적이지 않습니다.

중년의 위기를 겪는 나이대의 사람을 우스꽝스럽게 표현한 고정관념의 이미지는 스포츠카를 탄 뚱뚱한 대머리 남자입니다. 하지만 실제로 나타나는 객관적인 징후는 우울증입니다. 중년의 우울증을 겪는 사람들이 가장 많이 털어놓는 고백 중의 하나는 자신이 직업을 잘못 선택했다는 고백입니다.

하버드에서 공학을 공부하고 졸업한 어빙Irving의 이야기입니다.

대학을 졸업하고, 저는 돈을 벌어야겠다고 생각해서 대형 IT 컨설팅 회사에 취업했습니다. 수년 동안 제 인생이 되었습니다. 쉬지 않고 일을 했고 그로부터 얻게 된 명성 때문에 계속해서 일에 집중했습니다. 결국 죽어라 일만 하다가 어느 날 무너졌습니다. 몸은 완전히 쇠약해졌고 거의 6개월 동안 장애를 겪었습니다. 식사도 제대로 못했고 잠도 잘 수 없었습니다. '이렇게 죽는구나.'라고 생각했습니다. 그래서 IT 분야를 떠나기로 마음먹었습니다.

저는 영화를 배우고 싶어 실제로 UCLA와 USC 영화학교에 지원해서 합격했습니다. 또 교육 분야에 관심이 생겨 하버드 교육대학원에도 다녔습니다. 하지만 아내가 임신한데다가 법학 학위과정을 밟고 있었기 때문에, 결국 저는 다시 IT 분야로 되돌아가야만 했습니다.

질문에 답하자면, 저는 제 직업을 그다지 좋아하지 않습니다. 저는 사회에 좀 더 큰 영향을 미칠 수 있는 일을 해 보고 싶습니다. 하지만 5년 후에도 같은 일을 하고 있지 않을까 생각합니다.

쉰 살이 다 되어 직업을 바꾸는 것은 열아홉 살에 바꾸는 것에 비하면 너무 어렵습니다. 플로리안의 경우처럼 여러 직업군을 탐색해 보는 것이 좋습니다. 자신의 이력을 가득 채워갈 시기에 이런 탐색을 하는 것이 비효율적이고 시간 낭비처럼 보이지만, 긴 인생을 생각한다면 향후 수십 년을 위해 꼭 필요한 일입니다.

자신의 계획이 올바른 계획이 되기 위해서는 모든 대안을 비교해 보아야 합니다. 대학 입학 첫날에 확고한 진로 계획을 가지고 있지 않아도 되는 이유입니다.

다음의 직업을 비교해 볼까요.

- 소프트웨어 품질보증 엔지니어software quality assurance engineer
- 자산관리사property manager
- 데이터베이스 관리자database administrator
- 물리치료사physical therapy manager
- 위험관리사risk management director

이 직업들은 두 가지의 공통점이 있습니다. 첫 번째는, 포브스매거진Forbes Magazine과 US 뉴스 앤 월드 리포트US News and World Report, 그리고 씨앤앤머니CNN Money에서 실시한 설문 결과 '가장 행복한 직업' 상위 10위에 들어 있는 직업이라는 점입니다. 두 번째 공통점은 장래 희망을 고민하는 열 살 어린이의 머릿속에는 전혀 들어 있지 않은 직업이라는 점입니다.

그리고 아직 존재하지 않기 때문에 여러분에게 안성맞춤인 직업을 모를 수 있습니다! 매사추세츠공과대학교에서 발표한 연구보고서에 따르면

2018년 기준으로 현재 존재하는 직업의 60% 이상이 1940년에는 존재하지 않았던 직업이고 현재 존재하는 직업도 완전히 새로운 일로 대체되고 있으며, 대체되는 속도 또한 그 어느 때보다 빠르다고 합니다.

"열정을 따르라." 이 조언은 낭만적이면서 용기를 북돋아 주는 현명한 조언인 것에 이견이 없습니다. 하지만 사실이 아닙니다. 어떤 직업에 대해 제대로 알지 못하거나 혹은 최소한의 정보만 가지고 자신의 꿈을 정하라는 것은 자신의 넓은 선택권을 스스로 제한해 버리는 것과 같습니다. 솔직히 여러분은 언어학이 무엇인지 제대로 알고 있나요? 아니면 인류학, 인지과학은 어떤가요?

그렇다면 나쁜 의도는 아니지만, 결과적으로는 도움이 되지 않는 압력에서 어떻게 자유로울 수 있을까요? 그 상황을 벗어나는 것부터 시작해야 합니다. 아직 계획이 없다는 것이 목표를 향해 노력하고 있지 않다는 것을 의미하지 않습니다. 대학생으로서 첫해를 가치 있게 보내기 위한 중요한 목표가 무엇인지 그 개념을 다시 정의해야 합니다.

다음과 같은 목표는 어떨까요?

1. **탐색.** 나에게 열려 있는 가능성이 무엇인지 탐색하기
2. **학습.** 전혀 접해보지 못했던 진로에 대해 배우기
3. **조사.** 생소한 학문 분야와 주제에 대해 조사하기
4. **성찰.** '나의 꿈은 OOO'라고 했던 이유에 대해 되돌아보기

이 목표들의 특징은 결과, 성과 혹은 완성 여부가 명확하지 않다는 점

에서 다른 목표들과 다릅니다. 실제로 이 목표들은 과정에 속합니다. 현명한 의사결정을 위해 필요한 요소가 있다면, 적절한 정보를 습득하고 면밀하게 검토하는 것입니다. 그 과정을 잘 거친다면 더 나은 결정을 내릴 수 있습니다.

조금 더 솔직하게, 여러분에게 암울한 현실을 이야기해야 할 것 같습니다. 여러분은 자신의 진로를 명확하게 정한 덕분에 그로부터 오는 안정감을 수년 동안 누려왔을 수도 있습니다. 조셀린Joselyn이라는 제이의 학생 이야기입니다. 조셀린은 자신의 경우는 다르다고 힘주어 말했습니다. "부모님의 어떤 압력이나 영향도 없었어요. 부모님은 전혀 간섭하지 않았고 그저 제가 행복하기만을 원했어요."

조셀린은 열두 살 때부터 정신과 의사가 되고 싶다고 했고 대학에 지원할 때도 그에 맞는 전공을 선택했습니다. 하지만 부모님이 간섭을 했는지 하지 않았는지 조셀린은 실제로 전혀 몰랐습니다. 열두 살의 조셀린에게는 압력이라고 느껴지지 않을 정도의 미묘한 압력에 반응해서, 조셀린은 부모님이 원하는 대로 정확하게 움직였을 수 있습니다.

"그런데, 네가 진로를 정신과 의사에서 영문학이나 역사학으로 전공을 바꾸고 싶다고 부모님께 말씀드리면 어떤 일이 일어날까?" 제이가 궁금해서 물었습니다. "부모님이 정말로 네가 원하는 대로 하도록 손을 놓고 계실까?"

앞서 설명한 목표인 탐색, 학습, 조사, 성찰의 단계를 거치며 용감하고 지혜롭게 자신만의 꿈을 찾아 나갈 때, 불안하고 고통스러운 감정을 경험할 수도 있습니다. 하지만 이 점에 대해서는 단호해야 합니다. 미래의 행복이 이 과정에 달려 있습니다. 이 과정은 무기력하게 그저 바람이 부는 대로 흔들리는 것과는 다릅니다. 이 과정은 역동적인 참여가 필요합니다.

◇◇◇◇◇◇◇◇◇◇◇◇◇◇◇◇◇◇◇◇

부모님, 친구 혹은 주변에 이렇게 말하는 것도 방법입니다.

- "나에게 딱 맞는 직업이 무엇일까 고민하고 있어요. 모든 가능성을 열어 놓고 알아보고 있으니, 조금만 참고 기다려 주세요."
- "대학에 와 보니 들어본 적도 없는 정말 많은 학문 분야가 있어요! 그 많은 분야를 모른 체하기에는 너무 아쉽잖아요. 그중 얼마라도 탐색해 보는 것이 현명하겠죠?"
- "지금이 아니면, 언제 여러 가지 선택지를 두고 고민해 볼 수 있을까요?"
- "저를 사려 깊고 고민할 줄 아는 똑똑한 학생으로 키워주셔서 고마워요. 제 인생에서 가장 중요한 결정을 잘 내릴 것이라 믿어주세요!"

교수는 보통 이렇게 생각합니다. (물론, 직접 말하지는 않습니다.)

- "네가 초등학교 때부터 커서 변호사가 되고 싶다고 말하고, 그렇게 공부해 왔다고 해도 우리는 그다지 큰 감흥은 없단다. 하지만 너도 이제 성인이 되었으니 자신의 관심사를 개발하고 자신만의 길을 스스로 개척해 나갈 수 있는 기회를 스스로 버리지 않기를 바란다. 노력하고 좌절하더라도 회복할 수만 있다면 네가 만족하는 직업을 찾고 행복한 삶을 살 수 있단다."

다른 사람에게서 배울 수도 있습니다.

다음은 여러분이 전혀 고려하지 않고 있는 직업을 가진 사람들이 그 직업을 좋아하는 이유입니다.

- "하루하루가 다르지요." - 토목기술자

- "솔루션을 직접 만듭니다. … 그리고 이 솔루션을 누구에게 팔지 대상을 정합니다." - 경영 컨설턴트

- "시간이 나면 퍼즐을 푸는 것을 취미로 가지고 있습니다. 그래서 제가 하는 일은 더 매력적이지요. 데이터 하나가 다른 정보와 얼마나 유기적으로 연관되어 있는지를 살펴보고 그 중요도를 결정합니다. 그리고 무엇이든 설계할 때마다 유연성과 정확성을 확보하도록 노력해야 합니다." - 데이터베이스 관리자

- "제 일은 사람들과 함께하는 일입니다. 사람들의 삶의 질을 높이고, 더 나은 세상으로 나아가도록 돕는 일입니다." - 환경공학자

- "다양한 환경에서 일할 수 있어서 즐겁습니다. … 시간을 탄력적으로 조절하며 일할 수 있는 것도 저에게 중요합니다." - 물리치료사

대학 안에서도 도움을 받을 수 있는 가장 좋은 곳이 있습니다. 바로 취업진로센터입니다. 대학에 대해서도 잘 아는 것은 물론 광범위한 훈련을 받은 전문가로 구성되어 있습니다. 여러분이 진로를 탐색할 때 다양한 도움을 받을 수 있습니다. 이력서를 작성해야 할 때 인턴십을 알아볼 때, 조언을 얻기 위한 네트워크가 필요할 때, 센터는 여러분의 도우미가 되어줍니다. 단순한 호기심이나 미래를 위해 탐색하는 차원에서, 혹은 특별한 용건이 없이 방문하더라도 여러분에게 도움이 됩니다.

기억하세요!

❶ 경계하라! 진로를 결정하는 데 있어 가장 잘못 알려진 통념이 하나 있다. "가장 이상적인 꿈은 다섯 살에서 열 살 사이에 불현듯 머리에 떠오른다. 어린 나이에 결정한 그 꿈을 이루고, 세상이 그 꿈을 인정해 줄 때까지 많은 반대를 물리칠 용기와 인내가 필요하다."

❷ 어릴 때는 미래에 선택할 수 있는 전공이나 직업을 모두 알지 못하고 알 수도 없다. 당시에 했던 모든 결정은 다양하게 열려 있는 많은 가능성에 대한 충분한 지식이 없는 상태에서 내린 결정이었다. 성장해 갈수록 자신이 무엇을 좋아하고 무엇에 성취감을 느끼는지 탐색하고, 학습과 조사, 성찰을 거듭해야 바른 결정을 내릴 수 있다. 대학은 그 기회를 제공한다. 그 기회를 꼭 잡아라!

❸ 성공적인 진로 선택은 성공 신화와는 정반대다. 자신에게 맞는 직업을 찾기 위해서는 지속적인 노력과 학습이 필요하다. 다섯 살 혹은 열 살이라는 나이는 평생 직업을 선택하기에 적절한 시기가 아니다. 어린 시절의 꿈 혹은 순진무구한 결정을 성원해 주는 사람들을 극복해야 할 수도 있다. 세상에는 우리가 모르는 행복하고 보람 있는 직업이 수백 가지가 있다.

03 이번 학기부터
졸업까지 멀리 보기!

타임머신이 있다면 얼마나 좋을까요. 졸업을 앞둔 학생은 자신의 대학 생활의 결과를 좀 더 멋지게 바꿀 수 있겠지요. 대학을 배경으로 하는 영화들은 시험공부를 벼락치기로 하는 모습을 보여줍니다. 공부를 미리 하지 않았던 주인공은 중요한 시험을 앞두고 엄청난 커피를 마셔가며 며칠 동안 잠도 자지 않고 준비한 후 그 시험을 치릅니다. 당연히 마지막은 해피 엔딩입니다.

하지만 현실은 그럴까요? 대학 생활에서 중요한 것들은 한번에 몰아서 할 수 있는 성질의 것이 아닙니다. 대신 수년간의 지속적인 노력이 필요합니다. 몇 가지 후회되는 결과를 바꾸고 싶어도 타임머신이 없는 한 방법이 없습니다. 이번 장에서는 여러분의 삶을 미리 계획하고 실행 계획을 그려보면서, 졸업이 다가와도 굳이 타임머신이 필요 없게 만드는 전략에 대해 이야기하고자 합니다.

'래그타임Lag time'이라는 만만치 않은 장애물이 있습니다. 래그타임은 어떤 일을 하고 난 후, 그 일의 결과(좋은 결과든 나쁜 결과든)를 확인할 수 있을 때까지의 시간 간격을 의미합니다. 래그타임이 지난 후 결과가 나쁠 경우, 여러분이 꿈꾸던 삶을 불가능하게 만드는 잔인한 장애물이 될 수 있습니다.

UCLA 졸업을 앞둔 파르한Farhan이라는 학생은 그 교훈을 뼈저리게 경험했습니다.

발신자 : 파르한

제목 : 부끄러운 추천서 요청

수신자 : 제이 펠런 〈Jay@ucla.edu〉

펠런 교수님, 안녕하세요.

요즘 추천서 요청을 많이 받고 계시지요? 교수님이 한 번도 만나본 적도 없는 학생이 아무 거리낌 없이 마치 당연한 것처럼 추천서를 요청하는 시기지요. 그 뻔뻔함이 상상이 되세요? 눈에 띌 만큼 한 것이 아무것도 없으면서, 이미 업무에 지칠 대로 지쳐 있는 교수님께 일을 더 시키다니요! 그런데 교수님. 상상하실 필요가 없습니다. 그 일이 실제 벌어졌습니다.

정말로 아쉬워 죽을 지경입니다. 지난 학기에 도저히 오피스 아워에 갈 수 없는 일정이었습니다. 갈 수만 있었다면 아마 저의 통찰력 있는 질문과 논리정연한 토론 능력에 감탄하셨을 텐데 아쉽습니다. 물론 아닐 수도 있지만, 적어도 교수님이 제 이름을 충분히 기억하실 수 있게 만들었을 텐데요.

제가 기억하는 바로는 … [제이의 과목을 수강하며 파르한이 인상 깊게 경험했던 내용을 설명하는 짧은 내용]

제 처지에 큰 기대는 하지 않습니다. 교수님이 추천서를 써 주실 수 없는 상황이거나 써 주지 않겠다고 하셔도 저는 원망하지는 않을 겁니다.

여러모로 감사드립니다.

파르한 드림

의심할 여지없이, 파르한의 편지는 재미있게 잘 쓴 편지입니다. 하지만 파르한은 실패에 안성맞춤인 전혀 준비되지 않은 모습을 보여주는 모범 사례입니다. 졸업을 앞둔 파르한은 취업을 하거나 대학원에 진학하기 위해 자신만의 특출한 능력을 보여주어야 하는 시점이 다가왔습니다. 하지만 파르한을 칭찬하거나, 졸업을 앞둔 다른 학생과 비교해서 높게 평가해 줄 수 있는 사람을 찾기가 쉬워 보이지 않습니다. 오히려 그 반대의 사람들의 손에 파르한의 미래가 좌우되는 상황을 맞았습니다.

래그타임과 파르한의 상황이 관계가 있을까요? 모두 관련 있습니다. 여러분이 언젠가는 원하게 되거나 필요할 수 있는 것들이 많이 있습니다. 하지만 실제로 필요할 때가 되었을 때, 여러분은 그것을 쉽게 구할 수 없습니다. 너무 늦었기 때문입니다. 몇 달 후 혹은 몇 년 후에 무엇이 필요할 것이라 예상하고 그때부터 준비했어야 합니다.

시크릿 실라버스

어느 날 다음과 같은 생각을 하고 있는 여러분을 상상해 봅시다.

"오, 이런! 추천서가 필요하네. 누구에게 부탁해야 하지?"

또는: "오, 이런! 대학원에 지원하려면 연구 경험이 필요하네. 어떡하지?"

또는: "오, 이런! 경영대학원에 지원하려면 리더십과 협업 능력을 보여줄 수 있는 경력이 있어야 하네. 어떡하지?"

또는: "오, 이런! 마지막 학기인데 졸업하려면 8학점을 더 들어야 하네. 아빠가 졸업식에 오려고 비행기 예약도 했다는데. 어떡하지?"

여러분의 상황이 파르한과 비슷하다면, 조금 어려운 상황에 있는 것이 맞습니다. 대학 생활 막바지에 이르러 얼마나 열심히 하고 있거나 얼마나 똑똑한지와 상관없이 자신의 평판이나 연구 경험, 혹은 전문가와의 교류 같은 특별한 이력을 갖기 위해서는 몇 달에서 몇 년이 걸립니다.

4년 전략

전략이 꼭 필요합니다. 사실 딱 하나의 전략이 필요한 것이 아니라 여러 개가 필요합니다. 몇몇은 단기 전략으로, 몇몇은 장기 전략으로 필요합니다. 모든 전략은 '현재의 나'가 '미래의 나'를 위해 큰 호의를 베푸는 것과 같습니다.

'4년 전략'은 여러분의 대학 생활 전체를 두고 고민해야 하는 전략입니다. 다시 세 가지 작은 계획으로 나눕니다.

1: 방학을 어떻게 보낼 것인가?

2: 어떤 학업 외 활동을 할 것인가?

3: 1년 동안 어떤 과목을 들을 것인가?

'4년 전략'이라는 말을 듣자마자 졸음이 오고 따분하게 들리겠지요. 하지만 록밴드 그룹 러쉬Rush가 부른 노래의 가사를 들으면 달라집니다. "결정하지 않기로 했어도, 너는 이미 선택을 한거야. … 나는 분명한 길을 선택하겠어. 자유로운 나의 의지로 나의 길을 선택하겠어." 이 노래의 메시지는 상당히 직설적입니다. 결과가 나쁘더라도 다른 사람 탓을 하지 말아라. 스스로 결정하고 스스로 그 결과에 책임을 져라!

따분해 보이는 이 4년 전략이 어떻게 성공을 위해 필수적인지 보여주는 세 가지 사례가 있습니다.

1. 로스쿨에 간 앨런 페이지

가난한 아프리카계 소년이었던 앨런 페이지는 오하이오Ohio에서 자랐습니다. 다른 사람들처럼 제철소에서 일하게 되면 결국 자신의 미래가 암울해질 것 같아 두려웠습니다. 앨런 페이지는 말했습니다. "위험한 일도 할 수 있습니다. 지저분한 일도 할 수 있습니다. 하지만 반복적인 노동은 저에게 맞는 일이 아니었습니다."

자신이 가진 재능과 끈질긴 근성으로 그는 결국 노트르담대학교 University of Notre Dame에 입학했습니다. 노트르담대학교 풋볼팀에서도 최고 선수였습니다. 졸업 후에는 내셔널 풋볼 리그National Football League, NFL 의 미네소타 바이킹스 구단에 지명되어 입단했습니다. 14년 동안 프로선수 생활을 하면서 리그 MVP로 뽑혔던 해를 포함하여 9년 동안이나 올스타로 지명되어 프로볼Pro Bowl 경기에 참여했습니다. 그리고 결국 NFL 명예의 전당에 그 이름을 올렸습니다.

그런데 앨런 페이지는 비록 지금은 잘 나가지만 선수 생활은 영원하지 않다는 것을 알고 있었습니다. '현재의 앨런'은 '미래의 앨런'을 소홀히 하지 않았습니다. 앨런 페이지는 프로선수 생활을 하면서 로스쿨에 입학했습니다. 그리고 저녁 시간과 시즌이 끝나 경기가 없는 기간에 수업을 들었습니다!

풋볼 선수에서 은퇴할 때, 앨런 페이지는 자연스럽게 법조인으로서 삶을 시작했습니다. 그리고 결국 미네소타주 대법원Minnesota Supreme Court 최초의 아프리카계 판사가 되었습니다. 2018년에는 22년 동안 대법원에서 근무한 공적을 인정받아 민간인이 받을 수 있는 가장 최고의 훈장인 대통령자유훈장Presidential Medal of Freedom을 수여받았습니다.

2. 입학 전에 졸업 후를 생각한 데릭

앨런 페이지처럼 유명하지는 않지만 똑같이 미래를 준비한 데릭Derek의 사례도 있습니다. 데릭은 채프먼대학교Chapman University에 입학해서 풋볼 선수로 뛰면서 금융 분야의 진로를 준비했습니다. 동료 선수와 이야기를 나누다가 테리가 가르치는 수업에 대해 알게 되었습니다. 학생들 사이에서 과목명보다는 통상 '월스트리트 산책'이라고 불리던 수업이었습니다.

이 과목은 직접 뉴욕 월스트리트를 방문해 많은 투자전문회사를 만나는 것으로 끝이 납니다. 수년간 이 '월스트리트 산책' 과목을 통해 많은 채프먼대학교 학생들이 금융 전문가의 도움을 받아 자신의 진로를 개척해 왔습니다.

채프먼대학교에 입학한 후 데릭은 테리와 면담 약속을 잡았습니다. 데릭은 일찌감치 도착해서 자신을 소개하고 진로에 대한 포부를 설명했습니다. 그리고 "월스트리트 산책에 대한 이야기를 많이 들었는데요."라며 "저는 아직 신입생이지만, 교수님은 저에게 조언해주실 수 있을 것 같습니다."라고 말했습니다.

2년 후, 테리의 연구실에 데릭이 다시 찾아와 같은 자리에 앉아서 말했습니다. "교수님, 2년 전에 만났을 때 저에게 몇 가지 조언을 해주셨지요. 말씀해 주셨던 내용을 모두 끝냈습니다. 교수님께서 추천해 주셨던 여섯 과목을 모두 수강했고, 권해 주셨던 여러 인턴십 중에서 하나에 참여해서 여름을 보냈습니다. 우선 이렇게 도와주신 것에 너무 감사드리고 이제는 월스트리트 산책 수업에 지원하고 싶습니다!"

테리는 그 말을 듣고서 딱 이렇게 말했습니다. "카메라를 어디에 숨긴 거지? 내 교수 인생 중에서 내 조언을 듣고 그 조언대로 다 했다면서 되돌아온 학생은 한 명도 없었어. 이건 몰래카메라가 분명해!"

하지만 데릭은 진짜였습니다. 테리는 당연히 자신의 수업에 데릭을 참여시켰고 경험을 최대한 활용할 수 있도록 도와주었습니다.

오늘날, 데릭은 대학 캠퍼스에 들어서자마자 꿈꾸었던 금융 분야에 종사하며 즐겁게 일하고 있습니다. 여러분은 데릭의 이야기가 인상적으로 들리나요, 아니면 부담스럽게 들리나요? 아마 후자일 것입니다. 보통 대학에 막 입학했을 때 자신이 앞으로 무엇을 하고 싶은지 모르는 경우가 많기 때문입니다. (사실, 우리는 이전 장에서 너무 빨리 진로를 결정하는 것이 좋지 않다는 것을 이야기했습니다.)

이 이야기를 통해 강조하고 싶은 내용은 비록 조그만 것이라도 미래를 위해 미리 계획하는 것이 매우 중요하다는 점입니다. 입학 후 데릭은 고작 30분의 시간만 할애했지만, 모든 대학생 중에서 자신이 원하는 결과를 얻을 수 있는 상위 1%의 학생이 되었습니다.

3. 17년을 기다려 '벼락' 성공한 알렉스 호놀드

세 번째 이야기는 계획을 세운 결과 명성도 얻고 생명도 유지할 수 있다는 것을 보여주는 사례입니다. 알렉스 호놀드Alex Honnold는 요세미티Yosemite에 있는 3,000피트 높이의 수직에 가까운 암벽인 엘 캐피탄티 Capitan을 프리 솔로Free Solo로 등반한 최초이자 유일한 사람입니다. 프리 솔로는 밧줄을 포함한 어떤 도구도 없이 맨몸으로 암벽을 오르는 등반을 말합니다. 오로지 맨손과 정신력 그리고 분필 가루 한 봉지가 전부입니다. 한 번의 실수는 죽음을 의미합니다.

불길한 말이지만, "내가 아는 사람 중에 인생에서 프리 솔로가 전부였던 사람들은 모두 죽었습니다."라고 알렉스 호놀드는 말했습니다.

2011년 〈알피니스트 매거진Alpinist Magazine〉은 알렉스 호놀드가 암벽 등반계에서 '벼락 성공'을 거두었다고 소개했습니다. "2006년까지 아무도 그의 존재를 알지 못했다. 하지만 2007년 요세미티의 아스트로만Astroman

과 로스트럼Rostrum 암벽을 하루 만에 프리 솔로로 등반했다. 이는 1987년에 피터 크로프트Peter Croft가 세운 기록에 필적할만한 기록이다."

하지만 이렇게 보는 것은 옳지 않습니다. 알렉스 호놀드가 2007년에 벼락 성공을 거둔 것처럼 보이지만 사실은 정반대입니다. 알렉스 호놀드의 어머니는 아들이 다섯 살 때인 1990년에 처음으로 암벽등반 체육관에 데려갔습니다. 열 살이 될 때까지 그는 일주일에 며칠씩 등반 훈련을 했습니다. 그리고 2007년 암벽등반에 성공한 결과는 실은 17년 동안의 끊임없는 노력 끝에 이룬 '벼락' 성공이었습니다.

알렉스 호놀드의 성공은 미리 계획했기 때문에 가능했습니다. 그가 세운 계획은 초 단위(다음 손이 가야 하는 곳은 어디인가?)부터 연 단위(엘 캐피탄을 프리 솔로로 오르기 위해 어떤 단계를 밟아야 하는가?)에 이르도록 광범위했습니다. 그리고 이제 수십 년이 흘렀습니다. 이제 그의 열정은 낙후된 지역에 태양광 시설을 유치하는 프로젝트에 자금을 지원하는 호놀드 재단을 설립해서 환경 보존과 불우한 이웃을 돕는 것으로 옮겨가고 있습니다.

◇◇◇◇◇◇◇◇◇◇◇◇◇◇◇◇◇◇◇◇◇◇◇

앨런 페이지는 프로리그 풋볼 선수로 활동하면서 로스쿨을 다녔습니다. 데릭은 입학 첫날 대학 졸업 후의 삶을 생각했습니다. 알렉스 호놀드는 체계적이고 끊임없이 다음 단계를 생각한 결과 오늘까지 살아있습니다.

여름을 어떻게 보낼까요?

4년 전략에 꼭 포함되어야 할 한 가지는 '여름을 어떻게 활용할 것인가'에 대한 계획입니다. 여러분에게 어떤 제약이 있더라도, 여름방학을 '미래의 나'를 위해 투자할 수 있는 기회로 생각하는 것이 현명합니다. 사정이 있어서 아르바이트를 해야 할 수도 있고, 아니면 계절학기를 수강해야 할 수도 있습니다. 네, 할 일이 생길수록 계획의 중요성은 더 커집니다. (하지만 무리할 필요는 없습니다. 그리고 4번의 여름방학을 위한 세세한 계획을 짤 필요도 없습니다. 더군다나 재미를 포기해서도 안 됩니다.)

고려할 수 있는 몇 가지 선택지를 제안해 봅니다.

연구 활동 참여. 대다수의 교수는 여름방학 기간 동안 캠퍼스 내외부에서 자신의 연구에 집중합니다. 연구 활동에 봉사(대가가 없더라도)할 수 있는 기회를 잡는다면, 여러분은 교수에게 깊은 인상을 남길 수 있습니다. 무엇보다 대가의 여부를 떠나 연구를 통해 얻는 경험과 관계는 정말 가치 있습니다.

계절학기[2] 수강. 한두 번의 여름방학에 계절학기 강의를 수강하는 것도 장점이 있습니다.

■ 계절학기에 한 과목을 수강한다면, 정규학기에 수강해야 할 과목 하나가 줄어들어 좋은 성적을 받는 데 도움이 됩니다.

2   **옮긴이 주.** 정규학기가 아닌 방학 기간에 개설되는 학기(여름학기 혹은 겨울학기)를 일컬음.

- 계절학기는 정규학기에 비해 6주 혹은 8주의 짧은 기간 동안 집중적으로 강의가 진행되지만, 한 과목만 수강한다면 다른 과목의 방해 없이 그 과목에만 집중해서 공부할 수 있습니다.

뉴욕대학교New York University를 다녔던 닐Neil은 화학3(화학1~화학4까지 일련의 순서로 수강하는 과목 중에서) 과목을 정규학기에 수강하면서 거의 8주 동안 고생만 했습니다. 처음 두 번의 시험을 망치고 나서 도저히 안 될 것 같은 마음에 결국 그 과목을 수강취소 했습니다. 그리고 정규학기가 끝나고 맞이한 여름방학에 대학에 남아 계절학기에 개설된 화학3을 수강하기로 했고 그 과목에만 집중할 수 있었습니다. 수업 인원도 적었기 때문에 교수로부터 많은 도움을 받을 수 있었고 역대 최고의 점수를 받았습니다.

- 대학마다 학생들의 연구 경험이나, 학제 간 연구를 위한 체계적인 프로그램을 제공하기도 하고, 기술 습득을 인정해 주는 자격증 과정이나 부전공을 위한 학점을 취득할 수 있는 전일제 여름 프로그램을 운영하기도 합니다. 예를 들어 툴레인대학교Tulane University의 경우, 10주 동안 진행되는 프로그램에 참여해서 경영학을 부전공할 수 있습니다. 그 외 다른 대학의 사례는 다음과 같습니다.
  - ▶ UC버클리의 환경디자인교육 여름 프로그램
  - ▶ 컬럼비아대학교의 국제관계 자격증 프로그램
  - ▶ 메사추세츠공과대학의 여름학기 연구프로그램
  - ▶ 오하이오주립대학교의 바이오메디컬 여름 프로그램

외국어 공부. 예를 들어 미들버리 칼리지Middlebury College의 어학원에서는 아랍어, 중국어, 프랑스어, 스페인어를 포함한 다양한 언어를 집중적으로 배워서 외국어에 능숙해 질 수 있는 기회를 제공합니다.

해외 경험이 필요할까요?

대학생의 5% 정도는 해외에서 1년 정도 체류합니다. 하지만 대부분의 해외 경험은 좀 더 짧아서 2개월에서 6개월 정도입니다. 계절학기와 마찬가지로 대학에 입학하자마자 해외 경험을 위한 결정을 바로 내릴 필요는 없습니다. 하지만 가능한 빨리 고민해서 결정하는 것이 좋습니다.

가장 어려운 수업은 언제 들을까요?
가장 쉬운 수업은요? 필수 과목은요?

많은 학생이 대학에 입학하자마자 '가능한 한 빨리 졸업 요건을 충족하는 전략'을 세웁니다. 좋은 전략 같지만 실제는 그렇지 않습니다. 하버드의 연구에 따르면, '꼭 해야 하는 것을 먼저 해치우는 전략'을 선택한 학생 대다수는 결국 그 결정을 후회했습니다.

마찬가지로, 입문 과목의 경우는 보통 대형 강의로 개설되는데 이 과목들을 한꺼번에 수강하는 학생들의 만족도는 낮았습니다. 연구에 의하면 대학 만족도와 수강 인원이 적은 과목의 수강 횟수 간에는 강한 상관관계가 있습니다. 학생들은 소규모 강의를 더 좋아합니다.

굳이 설명하지 않아도 다 아는 사실이기는 하지만 매 학기 시간표에 자신이 흥미롭게 생각하는 과목을 포함하는 것은 상당한 이점이 있습니다. (아직 전공을 정하지 않았다면, 전공 선택에 도움을 주기도 합니다.) 자신의 시간표가 필수 과목으로만 가득 채워져 있고 전혀 흥미를 느끼지 못한다면 계획이 잘못된 것입니다.

"일만 하고 놀지 않으면 우둔한 사람이 된다."라는 속담이 있습니다. 일반적으로 의대에 갓 입학한 학생들이 흔히 저지르는 실수이기도 합니다. 어려운 수업과 비교적 쉬운 수업, 혹은 필수 과목과 선택 과목 사이에서 균형 잡힌 시간표를 만들어야 하는데, 화학, 물리, 수학 과목으로만 시간표를 꽉꽉 채우는 경우가 많습니다.

학업 외에 어떤 경험을 해야 할까요?

대학 생활의 추억을 물으면, 사람들이 보통 말하는 가장 좋았던 기억은 공부와는 별로 관련이 없습니다. 전 영부인 바바라 부시Barbara Bush는 "대학에서 절대 후회되지 않는 시간은 친구들과 이야기 나누며 보냈던 시간입니다."라고 말했습니다. 다음은 대학 시절을 회상하며 학생들이 꼽은 최고의 추억입니다.

- "대학에서 가장 좋았던 기억이요? 퍼스Perth와 아일랜드Ireland로 교환학생을 갔을 때죠."
- "한마디로 요약할 수 있어요. 대학에서 했던 연극, 일루미나티Illuminati!"
- "어느 날 모인 친구들끼리 서로 옷을 바꿔 입어보기로 했죠. 다들 배가 찢어질 듯 웃었죠. 배 때문에 옷이 찢어졌지만요."
- "분명 스포츠 동아리에 가입했는데 연습은 프로선수처럼 했죠."
- "대학에 가서 노를 젓게 되리라고 상상도 못했는데, 조정팀은 제 대학 생활에 유일한 기쁨이었어요."

중요한 연구 결과가 있습니다. 대규모로 진행된 연구조사는 일주일에 최대 20시간 이상 한두 가지 의미 있는 활동에 참여한 학생들은 대학 생활에 대한 전반적인 만족도가 상당히 높았습니다. 특히 학생의 고립감을 줄여주는 활동은 큰 가치가 있는 것으로 드러났습니다. 이를 위해 다음을 고려할 수 있지만 실제 그 종류는 무궁무진합니다.

아르바이트. 대학생의 절반 이상은 보통 일주일에 7시간에서 12시간 정도 일을 합니다. 놀라운 것은 공부하며 일을 해도 성적이 떨어지지 않는다는 사실입니다. 게다가 학업과 일을 병행하는 학생들의 75%는 일이 대학 생활의 만족도에 긍정적인 영향을 준다고 말합니다. 또한 일이 자신의 사회 경험에 부정적 영향을 미치지 않는다고 평가합니다. 바로 앞 세 문장이 의외라고 생각될 수도 있습니다. 다시 읽고 기억해야 할 만큼 중요한 내용입니다.

운동. 교내 활동이라고 해도 스포츠는 여러 학생에게 강한 유대감과 만족감을 주는 활동입니다.

예술. 학습 외의 활동 중에서 학생의 행복 지수를 가장 높이는 활동은 예술 활동에 참여하는 것입니다. 대학 생활의 높은 만족도는 단지 진로를 위한 준비나 훈련에 몰입하는 것뿐만 아니라 스스로 즐겁고 성취감을 누리는 다양한 활동에 참여하면서도 높아질 수 있습니다.

대학 캠퍼스 안에는 예술과 관련된 활동을 할 수 있는 기회가 많습니다.

- 극 – 연기, 각본, 연출, 영화제작 등
- 음악 – 연주 밴드, 음악 그룹 또는 합창단 등
- 글 – 캠퍼스 내 출판 등
- 정치 – 학생회 또는 자치 기구 등

봉사. UC버클리에서 대학 생활을 시작한 알론Alon은 과학을 좋아했습니다. "내 종교는 과학"이라고 말하고 다닐 정도였습니다. 자신은 앞으로 과학자가 될 것이고 과학계에 종사할 것으로 생각했습니다. 그 목적을 위해 알론은 3학년 기간 동안 자신의 생물학 교수 중 한 분의 연구실에서 자원봉사를 할 수 있는 기회를 얻었습니다.

꿈꾸던 일이었습니다. 실제 연구를 체험할 수 있었고, 과학자의 일상을 가까이에서 볼 수 있었습니다. 게다가 교수님은 알론에게 있어 사려 깊은 소중한 멘토였습니다. 그런데 이 경험을 계기로 알론은 과학자의 삶이 자신에게는 너무나 지루한 삶이라는 사실을 알아버렸습니다!

결국 그 봉사는 실패한 경험이었을까요? 절대 그렇지 않습니다. 알론은 여전히 과학적 사고와 자연 세계의 원리를 밝히는 과학의 힘을 사랑하지만 과학자가 되고자 했던 자신의 진로는 변경하기로 결심했습니다. 대학원에 가서야 비로소 깨닫게 되었을 사실을 알론은 봉사활동을 통해 미리 알 수 있도록 해주었고, 때문에 엄청난 시간과 노력을 아낄 수 있게 되었습니다.

무엇보다 연구실 봉사활동을 하면서 알론은 어떻게 연구실 컴퓨터를 프로그래밍하는지, 방대한 데이터를 어떻게 탐색하는지를 배우는 것이 즐거웠습니다. 이 경험은 결국 알론이 기술 분야에서 창조적이고 성공적인 경력을 쌓는 기초가 되었고, 또한 과학에 대한 애정을 계속 유지하는 데도 도움이 되었습니다.

학기 전략

대학 생활을 설명할 때 잘 말하지 않는 비밀이 하나 있습니다. 어마어마하게 자유시간이 많다는 사실입니다. 정말입니다. 오전부터 오후까지 시간표로 가득 채워진 고등학교 생활과는 완전 반대입니다.

한 학기에 보통 4개 혹은 5개의 과목만 수강하게 됩니다. 그리고 각 과목은 일주일에 75분씩 두 번(화요일, 목요일), 또는 50분씩 세 번(월요일, 수요일, 금요일)의 수업이 있습니다.

이론적으로는 모든 과목을 화요일과 목요일에 몰아넣고, 그날은 대여섯 시간 동안만 수업을 들을 수도 있습니다. 그리고 남은 시간은 어떻게 보낼지는 여러분에게 달려 있습니다. (대신 부모님이 아시면, 당황하고 화를 내시겠지요!)

게다가 대학에서는 아무도 여러분이 할 일을 제대로 하고 있는지 점검하지 않습니다. 신용카드를 처음 발급받을 때처럼, 자유로움은 너무 좋지만 자제력이 없으면 문제가 생길 수 있습니다. '효율적인 시간 관리'는 대학 생활을 성공적으로 마친 학생들이 가장 중요하다고 언급하는 항목입니다. 반면 대학 생활을 망쳤다고 생각하는 학생들이 패인의 원인으로 가장 많이 지적하는 것은 '잘못된 시간 관리'입니다.

이야기가 나와서 하는 말이지만, 대학 시절, 성적이 너무 나빠서 제적당할 위기 직전에 제이는 우연한 기회로 시간 관리라는 것을 처음으로 알게 되었습니다. 학생 식당에서 저녁을 먹고 있을 때, 카일Kyle이라는 친구가 제안했습니다. "너, 이번 학기에 나랑 같이 공부할래?"

그저 같이 공부하자는 이 제안이 별것 아닌 것처럼 들리지만, 제이의 상황을 반전시키는 계기였습니다. 제이와 카일은 일요일부터 목요일까지 매일 만나 저녁 6시부터 10시 30분까지 바이오메디컬 도서관에 가기로 했습니다. (그리고 공부의 보상으로 저녁 8시에 30분 동안 쉬는 시간을 갖고, 그 시간에 오토바이를 타고 함께 캠퍼스를 돌기로 했습니다.) 대학에서 친구의 역할은 참 큽니다. 카일은 제이가 더 나은 길로 가도록 도와준 좋은 친구의 사례입니다.

제이에게 학기 계획을 세우는 첫 단추가 바로 매일 저녁 공부에 집중할 수 있는 시간을 정해 놓는 것이었습니다. 여러분도 학기가 시작하기 전에 그 학기를 어떻게 보낼 것인지 윤곽을 그려 놓아야 합니다. 매일 비어 있는 시간을 어떻게 관리할 것인지도 중요하지만 여러분의 장기 목표를 위해 투자할 수 있는 시간을 포함하는 것이 중요합니다.

가장 간단한 방식은, 먼저 학기 계획은 일주일 단위의 일일 계획에서 시작합니다. 수업 시간과 과제 준비 시간처럼 정해진 일정을 먼저 표시합니다. 그리고 여러분이 목표한 일을 이루기 위해 필요한 시간을 수업 시간처럼 꼭 해야 하는 '공식적인' 일정으로 추가합니다. 꼭 해야 하는 일뿐만 아니라 하고 싶은 일을 위한 시간 계획을 포함해서 하나의 계획으로 관리하면 성공 확률이 높아집니다.

- 가능하면 공부를 위한 긴 시간을 따로 떼어 놓습니다. 자투리 시간에 공부하는 것은 비효율적이고 좋은 성적을 받기도 힘듭니다. 매주 몇 번의 긴 공부 시간을 할애해 놓는다면 여러분이 수강하는 과목에 더 심도 있게 몰입할 수 있습니다.

- 하루 계획의 마지막 시간, 즉 잠자리에 들기 전 시간을 공부 시간으로 정해 놓지 마세요. 일과를 마치고 가장 피곤할 수 있는 시간입니다.

- 공부 시간을 정할 때 공부할 장소도 함께 정해 놓으면 준비 시간을 아낄 수 있습니다. 대학에는 여러분이 공부할 수 있는 장소가 여러 곳 있습니다. 여러분의 시간표에는 공부할 시간에 어디에서 공부해야 하는지도 함께 표시되어 있어야 합니다.

- 그룹스터디 시간도 정해 놓습니다. 무조건 혼자서만 공부하는 것은 학습 효과가 떨어집니다.

- 오피스 아워에 교수님을 방문하는 시간도 포함해 놓습니다. 모든 오피스 아워에 방문할 필요는 없습니다. 너무 쉬운 길만 좇게 되어 여러분의 계획을 오히려 망칠 수 있습니다. 가급적 학기 초에 방문하도록 합니다. 교수들은 여러분이 수업을 통해 좋은 성과를 얻을 수 있도록 기꺼이 조언을 해줄 분들입니다.

- 시험과 과제를 준비하기 위한 계획도 필요합니다. 아주 중요한 시험을 앞두고 있다면, 평소와는 다른 시간 계획이 필요합니다.

한 학기에 최소한 한 번 정도는 여러분이 시간을 어떻게 사용하고 있는지 점검할 필요가 있습니다. 15분 단위로 실제 시간 사용을 기록해 보되, 정직해야 합니다. 공부하는 데 필요한 시간을 과소평가하지 않았는지 여부를 발견할 수 있는 가장 좋은 방법입니다.

'학기 계획'의 일환으로 여러분이 가진 여러 기록물, 즉 강의 노트, 연구 노트, 독서 노트, 유인물, 시험공부 자료 등의 보관 장소도 정해 놓아야 합니다. 체계적이고 일관성 있게 정리해 놓습니다. 강의 메모, 강의계획서, 과제를 찾느라 허비되는 시간을 줄이도록 항상 한 장소에 모든 것을 정리해 놓습니다.

마지막으로 잠에 대해서는 자신에게 솔직해야 합니다. 스탠퍼드 Stanford 남자 농구팀 선수를 대상으로 한 연구에서, 선수들을 7주간 진행되는 '수면 연장' 실험에 참여시켰습니다. 이 실험에서 선수들은 매일 평균 수면 시간을 110분(거의 두 시간) 늘렸습니다.

결과는 어땠을까요? 연구자가 측정한 모든 지표에서 실험에 참가한 선수의 기량(훈련 중에 측정한 결과)은 상당히 향상되었습니다. 자유투 성공률은 79%에서 88%로, 3점 슛 성공률은 68%에서 77%로 증가했습니다.

여러분의 대학 생활의 성공 여부가 농구 슛의 정확도에 달려 있지는 않지만, 잠을 얼마나 자느냐에 달려 있다고 해도 과언은 아닙니다. 수면에 대한 세심하게 진행된 다양한 연구를 통해 충분히 입증된 일관적인 특징은 다음과 같습니다.

1. 대다수의 대학생은 수면 부족이 심각한 수준이다.
2. 수면의 질과 양은 학습과 학업 성취도에 큰 영향을 미친다.
3. 대학생은 수면 부족이 인지능력에 미치는 영향을 (놀랍게도) 과소평가한다.

달리 말하면, "더 자면 더 좋은 성적을 얻는다."라고 할 수 있습니다. 이렇게 말해도 여러분은 절대 믿지 않겠지요. 하지만 여러분이 틀렸습니다. 그러니 이제 당장 잠자리에 드세요!

기억하세요!

❶ '대학에서 해야 하는 중요한 일 중에는 지금 당장 서두른다고 바로 할 수 없는 일들이 있다.' 래그타임은 타협할 수 있는 영역이 아니다. 그러므로 대학 생활 성공을 위해서는 4년 전략과 학기 계획 모두 필요하다.

❷ 4년 전략의 일환으로, 여름을 어떻게 보낼 것인지 고민하라.

❸ 두세 개의 학습 외 활동에 참여하라.

❹ 매 학기 다양한 과목을 골고루 수강할 수 있도록 학업 계획을 짜라. 대형 강의로 진행되는 개론 강의나 필수 과목에만 집중하지 말고, 소규모의 즐거운 강의를 최소 하나 이상 수강하라.

❺ 실패하지 않기 위해 할 일을 해야 하지만 성공하기 위해 필요한 일을 할 수도 있다. 학습, 여가 그리고 수면을 포함한 현실적인 전략을 세움으로써 대학 생활을 성공적으로 마칠 수 있다.

인생 목표 탐색하기

'배꼽 명상Omphaloskepsis' [3]

—명상을 위해 배꼽에 집중하는 방법

우리(제이와 테리)는 대학원에 다닐 때, 하버드대학교의 학생 멘토로 활동했습니다. 어느 날 졸업을 앞둔 프리슈나Prishna가 찾아와 진로에 대한 조언을 구했습니다. "의학전문대학원에 가야 할지, 물리학으로 대학원에 가야 할지 도저히 모르겠어요. 어떡하면 좋을까요?"

우리는 되물었습니다. "졸업이 두 달 남았는데 진로를 고민하면서 조사해 놓은 건 있어?" 프리슈나는 "어떤 게 더 좋을지 방에 처박혀 정말 오랫동안 고민만 잔뜩 했어요."라고 대답했습니다.

다른 말로 하면, 프리슈나는 배꼽에 집중하며 명상 중이었습니다. 정

3　옮긴이 주. 고대 그리스어에서 유래한 단어로 요가 혹은 힌두교에서 사용됨. 기운 혹은 에너지가 모이는 배꼽에 집중하면 호흡이 깊어지고 마음이 고요해진다고 함. 통상 "배꼽에 집중comtemplating one's navel한다"라는 표현은 자기 내면 혹은 자기 추구에 몰두하는 태도를 일컬음.

신없이 분주한 삶을 살아가는 사람에게는 배꼽 명상을 하는 것이 도움이 될 수 있습니다. 하지만 프리슈나처럼 두 달 후가 졸업인데, 아직도 배꼽 명상을 하는 것은 시간을 현명하게 쓴 경우가 아닙니다.

만일 여러분이 두 가지 선택 앞에서 고민 중인 상황이라면 어떻게 하는 것이 좋을까요? 정답은 두 가지 진로 모두를 적극적으로 탐색해 보는 것입니다.

프리슈나의 경우는 조금 당혹스러운 경우였습니다. 특히 하버드 같은 경우는 기숙사를 하우스 시스템으로 운영하기 때문입니다. 이 하우스 시스템은 학부생들이 다양한 진로에 대해 자연스럽게 배울 수 있도록 고안된 제도입니다. '하우스'라 불리는 하버드 내 12개의 각 숙소에는 최소한 한 분의 정교수와 12명 이상의 다양한 전공을 가진 대학원생이 거주하고 있습니다. 이들은 함께 기숙사에서 지내고 식사도 같은 곳에서 합니다.

학부생들이 이 대학원생들에게서 필요한 지식, 지혜, 경험을 손쉽게 얻을 수 있도록 하버드는 막대한 예산을 사용하고 있습니다. 하버드가 의도한 것은 학생이 원할 때, 최고의 자격을 갖춘 도우미가 가장 가까이에서 도움을 주도록 하는 것입니다.

프리슈나의 방은 3층이었습니다. 그녀의 방 바로 아래인 2층에는 하버드에서 물리학 박사과정에 재학 중인 메이Mei의 방이 있었습니다. 프리슈나가 원했다면 1분 이내에 자신이 고민하던 진로 중 하나에 대해 생생한 조언을 들을 수 있었습니다.

미래의 진로에 대해서 자세히 알아보려고 하면 1분은커녕 많은 시간이 걸리기 마련입니다. 하지만 교수님을 만나보거나 진로상담을 받거나, 실제 그 직업을 가진 분을 만나보는 등, 누구나 할 수 있고 해야 하는 몇 가지 첫 단계가 있습니다. 이 책 제2장에서 외과 의사가 되고 싶어 했던 플로리안의 경우를 이야기했습니다. 플로리안은 외과 전문의를 따라다니면서 그 직업의 실상을 직접 목격했습니다. 그렇게 얻는 교훈은 정말 가치 있습니다.

◇◇◇◇◇◇◇◇◇◇◇◇◇◇◇◇◇◇◇◇◇◇◇

여러분은 모두 대학 생활을 성공적으로 마치고 대학 이후의 삶에서도 승승장구하기를 원하겠지요? 우리의 목표는 여러분이 최상의 결과를 얻도록 돕는 데 있습니다. 하지만 그 최상의 결과라는 것은 사람마다 내용이 모두 다릅니다. 어떤 사람은 소설, 영화, 음악, 소프트웨어에 이르기까지 독창적인 것을 원합니다. 또 어떤 사람은 이 사회를 더욱 풍요롭게 만드는 데 관심이 있습니다. 또 어떤 사람은 세상에 변화를 일으키고자 합니다. 사람마다 각자 다른 희망과 다른 결과물들이 한데 섞여서 최상의 결과가 나오게 됩니다.

중요하고 복잡한 일을 해야 할 때 쓰는 방법 중의 하나입니다. 그 일을 작은 규모로, 실행하기 편한 단위로 작게 나누면 목표한 것을 이루기가 더 쉬워집니다. 우선 여러분은 학업, 진로, 건강 그리고 자산 관리에 이르기까지 삶의 여러 측면에서 목표를 설정할 수 있습니다.

그리고 각각의 목표는 다양한 시간의 범위를 가집니다. 궁극적으로 해

변에 지어진 집에서 사는 것이 목표일 수 있지만, 바라던 여름 인턴십을 하기 위해서는 해변을 포기해야 할 수도 있습니다. 어떤 목표는 아주 먼 훗날의 목표일 수도 있습니다.

상충하는 것처럼 보이는 단기 목표와 장기 목표를 고민하며 저울질하는 것은 성찰하는 삶을 살아가는 사람이 지속적으로 겪는 즐거운 일이기도 합니다.

다음은 여러분이 분야별로 세울 수 있는 목표들일 수 있습니다.

학업
- 선택 가능한 전공을 미리 탐색한 후에 결정한다.
- 효과적인 공부 습관을 개발한다.
- 목표하는 성적을 달성한다. (우등생 선발, 혹은 C학점 받지 않기 등)

진로
- 멘토를 만든다.
- 탐색하고자 하는 진로의 범위를 좁힌다.
- 관심 있는 분야의 인턴십 기회를 확보한다.
- 성실하고 모범적인 직원으로서의 장기간(1년 이상)의 이력을 갖는다.
- 경력 관리를 위해 이력서를 관리하고 개인 웹사이트를 운영한다.

건강
- 규칙적으로 할 수 있는 운동을 정하고 꾸준히 한다.
- 러닝, 요가, 헬스 등 스포츠 또는 피트니스의 전문 지식을 얻는다.
- 원하는 체중 혹은 체성분을 달성하고 유지한다.

자산 관리

- 개인 예산을 수립한다.
- 저축 비율을 꾸준히 유지한다.
- 부채를 줄이는 현실적인 계획을 세우고 실행한다.
- 자산을 관리하는 장기 전략이나 철학을 정립한다.

여가 활동

- (즐거움을 위해) 문학 작품을 읽는다.
- 취미를 개발한다.
    - ▶ 사진, 그림, 탁구, 요리, 디제잉 등 나만의 기술을 갖는다.
    - ▶ 친구, 가족 혹은 본인을 위해 자료 스크랩, 사진이나 편지를 모은다.
    - ▶ 클래식 카 혹은 자전거 등 가치 있는 물건을 수집하고 복원한다.
    - ▶ 미래에 유용하게 사용할 수 있는 소프트웨어 사용법을 배운다.
- 파티, 여행, 맛집 탐방 등 사교 행사를 만든다.
- 거주하는 지역을 탐방하고 갈 만한 곳(박물관, 미술관, 산책로, 동네)들을 선별하고 경험한다.

자, 이렇게 시작해 봅시다. 여러분이 대학에서 가장 중요하게 생각하는 목표는 무엇인가요? 여러분이 앞으로 해야 할 학업 생활, 사회생활, 직장 생활을 위해 가장 중요하다고 생각되는 세 가지 목표를 적어보세요. 각 영역에서 우선순위가 높은 몇 가지를 정하는 것이 좋습니다. 하지만 그 과정에서 다음의 원칙을 꼭 지켜야 합니다.

반드시! 재미있어야 합니다!

이 점을 생각해 봅시다. 자신이 어떤 사람이 되고 싶은지, 살면서 무엇을 하고 싶은지 스스로 결정할 수 있습니다. 이보다 더 즐거운 일이 있나요? 내가 나의 인생의 목표를 정하는 데 다른 어떤 사람의 의견은 중요하지 않습니다. 부모님은 부모님의 삶을 살고 있습니다. 부모님은 여러분의 삶을 대신 살아 줄 수 없습니다. 여러분에게 조언해주는 사람들이나 친구도 마찬가지입니다.

처음부터 모든 것을 정확하고 완벽하게 달성할 수 있는 것만 정해야 하는 게 아닌지 걱정하지 마세요. 여러분이 작성한 목표는 생물체와 같습니다. 자라나기도 하고 필요에 따라 변화하기도 합니다. 앞으로의 직업을 탐색하는 과정처럼 여러 복합적인 것을 포함할 수도 있고, 다음에 설명할 테리의 경우처럼 자신의 '여름 탐험'을 위해 간단한 원칙만 세워 놓은 것일 수도 있습니다.

테리는 우간다에 있는 침팬지 연구소에서 여름을 보내기로 했습니다. 그리고 단순하게 세 가지 원칙을 목표로 세웠습니다.

1. 살아 돌아오기
2. 연구소장님을 행복하게 만들기
3. 재미있게 지내기

이 간단명료한 원칙은 테리가 의사결정을 쉽게 할 수 있도록 도와주었습니다. 예를 들어, 테리는 우간다에 도착해서 캄팔라^{Kampala} 공항에서 우간다 서부지방에 있는 연구소까지 200마일을 이동해야 했습니다. 어떻게 가야 할까요? 선택지는 세 가지가 있었습니다. ① 5달러를 내고 버스를 탄다, ② 20달러를 내고 다른 사람들과 함께 승합차를 탄다, ③ 250달러를 내고 자동차와 기사를 고용한다. 가진 돈은 정해져 있고 비용을 많이 지출할수록 여름 동안 힘들게 될 것이 불 보듯 뻔했습니다.

하지만 첫 번째 목표(살아서 돌아오기)를 달성하기 위해 테리는 자신이 가진 돈의 상당 부분을 들여서 차와 기사를 고용했습니다. 그리고 조심스럽게 자동차 번호와 차량 정보를 적은 다음, 일부러 가족에게 그 정보를 보내는 모습을 보여주었습니다. 혹시나 있을지 모를 납치나 살인에 대해 대비한다는 것을 기사가 알 수 있도록 하기 위해서였습니다.

같은 해 여름, 다른 연구원 두 명이 도착했습니다. 한 명은 캄팔라에서 연구소로 오는 여정을 위해 가장 저렴한 방법을 선택했습니다. 5달러를 내고 버스에 탔습니다. 하지만 비참하게도 버스 안에서 옆에 앉은 승객이 수면제를 넣은 조그만 케이크를 주었습니다. 깨어났을 때는 이미 모든 돈과 귀중품을 도난당한 후였습니다. 귀중품에는 연구 활동에 꼭 필요한 카메라도 있었습니다.

다른 한 명은 20달러를 내고 다른 승객들과 함께 승합차를 탔습니다. 승객과 짐을 과적한 상태였지만, 정해진 시간 안에서 최대한 돈을 많이 벌기 위해 그 승합차는 자동차 레이스를 하듯 위태롭게 질주했습니다. 결국 끔찍한 사고가 났고 승합차에 함께 탔던 승객 한 명이 사망했습니다. 다행히 그 연구원은 무사했습니다. 비록 강도를 만나지는 않았지만, 평생 잊을 수 없는 악몽 같은 경험을 갖게 되었습니다.

반면 테리는 앞으로 돈이 없어 쪼들리겠지만, 빌린 차와 기사 덕분에 안전하게 도착했습니다. 적어도 자신이 세운 목표에 맞는 결정을 내렸기 때문입니다.

◇◇◇◇◇◇◇◇◇◇◇◇◇◇◇◇◇◇◇◇◇

제1장에서 테리가 여러 일을 했었다고 설명했습니다. 실제 그 여러 일은 식당 주방에서 접시 닦기, 잔디 깎기, 즉석 요리사, 도축장 일용직, 수영 강사, 인명 구조원, 컴퓨터 프로그래머, 대학 교수, 건설 노동자, 경제학자, 투자 관리사, 해병대 탱크 운전사, 그리고 연구자까지 포함합니다.

자신이 걸어 온 이력을 생각하면, 테리 스스로도 너무 오래 방황했고 불필요한 길로 빙빙 돌아왔다고 자책합니다. 결과적으로는 자신이 좋아하는 컴퓨터 프로그래머, 투자관리사, 경제학자, 대학 교수라는 직업을 갖게 되었지만, 지름길로 좀 더 빨리 올 수 있지 않았을까 하는 생각도 가지고 있습니다.

테리는 몇 년 전에 1980년대에 처음 해 보았던 마이어스-브릭스Myers-Briggs 성격유형 검사[4]를 다시 해 보았습니다. 이 검사는 지그문트 프로이트Sigmund Freud의 제자인 정신분석학자 칼 융Carl Jung의 연구를 바탕으로 하고 있습니다.

프로이트의 이론은 성인의 성격 특성은 어린 시절의 경험에 의해 결정

---

[4] 옮긴이 주. 한국에서는 MBTI 검사로 널리 알려져 있음.

된다는 특징으로 널리 알려져 있습니다. 예를 들어, 전쟁을 배경으로 한 영화 〈풀 메탈 재킷Full Metal Jacket〉에서 훈련 교관이 허우적대는 신병을 다그치며 소리칩니다. "뭐가 문제야! 엄마, 아빠에게 충분히 사랑을 못 받고 자랐어?"

프로이트 학설을 기반으로 한 교관의 의견은 성인의 성격이 어린 시절의 경험에 의해 만들어진다는 가정에 근거합니다. 대조적으로 융은 성격에 영향을 미치는 것이 오로지 삶의 경험이라는 의견을 거부합니다. 대신 융은 사람은 어느 정도의 타고난 성향을 가지고 태어난다고 믿었습니다.

그리고 이 선천적 성향은 각자가 겪는 인생의 사건(부모와 사이가 어땠는지를 포함해서)들을 통해 수정됩니다. 이 관점에서 본다면, 여러분의 성격은 어린 시절 집에서 경험한 부모님의 양육 방식보다 더 많은 것을 반영하고 있습니다. 오히려 양육 방식과는 거리가 멉니다. (이 사실은 형제자매가 한 명이라도 있는 사람이라면 누구나 직접 경험합니다.)

연구자였던 이사벨 마이어스Isabel Myers와 그녀의 어머니 캐서린 브릭스Katharine Briggs는 융의 이론을 적용해서 성격을 측정하는 방법을 개발하기 위해 노력했습니다. 이들이 개발한 '마이어스-브릭스' 검사는 여러 차원의 요소를 평가하는 설문 결과에 근거해서 성격을 16개의 종류로 구분합니다.

E 또는 I	−	외향형 또는 내향형
N 또는 S	−	직관형 또는 감각형
F 또는 T	−	감정형 또는 사고형

P 또는 J   –   인식형 또는 판단형

성격 유형을 검사하기 위해 질문에 응답하고 자신이 어떤 사람인지 알아보기 좋아하는 사람은 이 과정도 재미있을 수 있습니다. 테리의 검사 결과는 'INTP' 유형입니다. INTP 유형은 '논리적 사색가'로 불리기도 합니다. 이 유형의 사람에 대한 설명은 다음과 같습니다.

INTP 유형의 사람은 이론적인 가능성을 탐색하며 세상을 살아간다. 이들은 어떻게 더 나은 세상으로 바꿀 수 있을지, 무엇을 바꿀 수 있는지의 눈으로 모든 것을 바라본다. 주로 자신만의 세계 속에서 살아가며, 어려운 문제를 분석하는 능력을 가지고 현상을 인식하고 논리적인 설명을 제시하며 살아간다. 모든 부분에서 명확성을 추구하며 지식을 쌓아가고자 노력한다.

'논리적 사색가'라는 성격 유형과 직업 선택은 어떤 관련이 있을까요? 마이어스–브릭스 검사는 각 성격 유형을 적합한 직업과 연결했습니다. 테리는 자신에게 맞는 직업을 찾느라 수십 년을 헤맸는데, 테리의 한 친구가 마이어스–브릭스 검사 결과에 따른 최고의 직업이라고 적혀 있는 웹사이트를 보여주었습니다. 거기에 INTP에 어울리는 직업 목록은 다음과 같이 적혀 있었습니다.

- 컴퓨터 프로그래머
- 투자관리사
- 경제학자
- 대학 교수
- 자산관리사

이 목록 중에서 네 개는 정확히 테리의 경력과 딱 맞아떨어졌습니다. 남은 하나도 실은 테리가 고려했었던 직업 중의 하나였습니다. 정리하면 30분 정도 걸리는 마이어스-브릭스 검사를 미리 알았다면 아마도 테리가 20년 혹은 좌절감으로 보낸 수년을 아꼈을지도 모르겠습니다.

그렇다면 이번 장을 마이어스-브릭스 성격 유형 검사에 맞는 직업을 골라야 한다는 것으로 요약할 수 있을까요? 물론, 아닙니다. 하지만 자신을 점검하는 시간을 가져보는 것은 좋습니다. 대부분 대학의 취업센터나 상담센터에서는 마이어스-브릭스 성격 유형 검사를 포함한 다양한 성격 검사를 무료로 진행해 줍니다. 우리가 놓치지 않아야 할 점은, 향후 자신의 진로를 탐색하기 위해서 외부에서 주어지는 기회를 이용하는 것뿐만 아니라 자신을 성찰하는 시간도 꼭 필요하다는 사실입니다.

연봉이 1억 5천만 원이 넘는 데다, 근무시간도 유연한 직업이면 꽤 좋은 직업이라고 할 수 있겠지요? 일주일에 하루는 늦잠을 자고 오후에 출근할 수 있고 다른 날에는 석양을 보면서 서핑도 하고 말이지요. 높은 연봉과 탄력적인 근무 시간, 어느 정도 높은 사회적 지위. 정말 좋은 직업처럼 보이지요?

그런데 이 직업이 치과의사라면 어떻습니까? 지독한 구취, 치석, 치통을 치료하며 보내는 삶입니다. 평균연봉이 1억 5천만 원이 넘는 치과의사를 대상으로 한 최근의 연구 결과에 따르면, 자신의 직업적 요구 조건과 자신의 성격이 맞지 않는다고 평가한 직업으로 치과의사가 1위로 꼽혔습니다.

요즘 청소년들에게 가장 인기 있는 직업은 무엇일까요? 상위권에 가수와 운동선수가 있습니다. 하지만 이렇게 인기 있는 분야도 어려운 점이 있게 마련입니다. 예를 들어, 많은 연예인은 매년 한 번에 몇 달 동안 집을 떠나야 하는 일정을 소화해야 합니다. 어떤 이들은 그 자체를 즐길 수도 있지만, 어떤 이들은 가족과 함께 집에서 시간을 보내는 것을 더 좋아할 수도 있습니다.

운동선수도 마찬가지입니다. 끊임없이 경기를 위해 이동해야 할 뿐만 아니라 신체적 위험에 직면합니다. 2017년에는 291명의 미식축구 선수가 뇌진탕이라는 부상을 입었습니다. 이 종목의 프로선수가 1,696명에 불과하다는 점을 감안하면 한 해에만 거의 20%의 선수가 뇌진탕을 겪는 셈입니다!

전 시카고 베어스Chicago Bears 소속 선수였던 데이브 듀어슨Dave Duerson은 2011년에 스스로 극단적인 선택을 했습니다. 그의 유서에는 뇌진탕에 따른 뇌의 손상을 연구하는 데 도움이 되도록 자신의 뇌를 기증하겠다고 적혀 있었습니다. 비슷한 사례로 샌디에이고 차저San Diego Charger와 뉴잉글랜드 패트리어트New England Patriot 출신 스타 선수였던 주니어 서Junior Seau는 2013년에 스스로 목숨을 끊었습니다. 주니어 서의 가족은 그가 퇴행성 뇌 질환을 앓고 있었다고 주장했습니다. 미식축구연맹은 천여 명의 전직 선수들로부터 뇌진탕과 관련된 뇌 손상을 이유로 고소를 당했습니다.

그래도 여전히 유명 가수나 프로 선수가 멋져 보입니다. 말하고자 하는 요점은 모든 사람에게 완벽한 직업은 없다는 사실입니다. 자신에게 딱 맞는 직업을 찾기 위해서는 자신에 대해서, 그리고 여러 직업에 대해서도 끊임없는 조사가 필요합니다.

◇◇◇◇◇◇◇◇◇◇◇◇◇◇◇◇◇◇◇

도교에서 전해지는 "글쎄요"라는 이야기[5]가 있습니다.

한 부자가 마을에 와서 농부에게 말 한 마리를 주었다. 이 소식을 들은 이웃이 농부에게 와서 "정말 좋겠네요!"라고 말했다.

하지만 농부는 "글쎄요."라고 대답했다.

다음 날, 농부의 아들이 말에서 떨어져 다리가 부러졌다. 이웃은 안타까워하며 "정말 불행한 일이 벌어졌네요."라고 위로했다.

하지만 농부는 "글쎄요."라고 대답했습니다.

다음 날, 마을에 젊은이를 징집하기 위해 군인들이 몰려왔다. 하지만 다리가 부러진 아들을 보더니 그냥 지나쳤다. 이웃은 일이 잘 풀린 것에 기뻐하며, "놀랄 만한 일이네요!"라고 축하했다.

하지만 농부는 "글쎄요."라고 대답했습니다.

5 　옮긴이 주. 새옹지마(塞翁之馬)라는 사자성어로 알려져 있음.

우리는 직업의 성공 여부를 판단할 때, 이 '글쎄요.' 이야기를 항상 기억해야 합니다. 앞서 이야기한 프리슈나와 같은 숙소에서 살았던 루카Luca라는 다른 학생의 사례를 살펴볼까요.

루카는 특이한 성격의 소유자였습니다. 어떤 것은 극도로 싫어하고 어떤 것은 정반대로 너무 좋아했습니다. 루카는 비행기 타는 것을 혐오했습니다. 반면 다른 어떤 것보다 음악과 스포츠를 좋아했습니다. 사실 루카는 콘서트에 가기 위해 버스(절대 비행기는 타지 않으니까요!)를 타고 이동하면서 상당한 시간과 비용을 썼습니다.

곧 졸업하게 될 루카에게 취업 준비는 어떻게 되어가고 있는지를 묻자, 루카는 의외의 대답을 했습니다. "정장을 입어야 하고 일하다 보면 비행기도 타야 할 텐데. 회사는 저랑 맞지 않는 것 같아요. 그런데 저는 여전히 스포츠와 콘서트를 좋아해요." 하버드를 졸업하고 2년 후, 루카는 플로리다에서 그의 어머니와 함께 살고 있었습니다.

결과가 어떤가요? 누군가는 여기까지 듣고 루카는 실패했다고 말할 수도 있습니다. 하지만 앞선 도쿄의 이야기처럼 '글쎄요'라는 관점으로 보아야 합니다.

몇 년 동안 고민하며 탐색한 끝에, 루카는 자신이 그토록 원하던 직업을 가졌습니다. 스포츠 경기를 보고 기사를 쓰면서 돈을 벌게 되었습니다. 구체적으로는 ESPN을 위해 NASCAR(미국 개조차 경주대회)를 취재하는 일이었습니다. 모든 대회가 주말에 열리기 때문에 비행기를 타기 싫어하는 루카는 비행기를 타지 않고서도 대회장으로 이동할 수 있었습니다.

"글쎄요" 관점으로 볼 수 있는 또 다른 이야기가 하나 더 있습니다. 1932년, 재정적으로 매우 궁핍한 생활을 하던 65세 여성의 이야기입니다. 그녀는 두 명의 자녀가 있었습니다. 하지만 그중 한 명은 일찍 세상을 떠났습니다. 활력이 넘치고 운동을 좋아했던 그녀의 남편은 결혼식 직후에 신체 일부가 영구적으로 마비되는 사고를 겪었습니다. 게다가 그녀는 어린 시절에 여러 비극적인 일들을 겪었기 때문에 평생을 가난과 빚 속에서 살아왔습니다. 65세라는 나이에 이르러 그녀는 인생의 마지막에 들어선 것 같았습니다. 파산했고 앞길도 막막했습니다.

여기까지만 들여다보면, 한 여성의 실패한 삶처럼 보입니다. 하지만 65세의 나이에 이제 그녀의 삶이 시작되고 있었습니다. 그녀의 이름은 로라 잉걸스 와일더Laura Ingalls Wilder입니다. 1932년에 그녀는 자전적 소설 『초원의 집Little House on the Prairie』[6] 시리즈를 출판하기 시작했습니다. 이책은 엄청난 인기를 누렸습니다.

굳이 비교하자면, 종교 서적을 제외하고 역사상 가장 많이 팔린 책은 『반지의 제왕The Lord of the Rings』으로 약 1억 5천만 부가 팔렸습니다. 시리즈물로는 『해리 포터Harry Potter』가 5억 부가 팔렸습니다. 이 『초원의 집』 시리즈는 5천만 부에서 1억 부가 팔렸습니다. 이렇게 로라 잉걸스 와일더는 역사에서 성공적인 작가 반열에 올랐습니다.

어떻게 로라는 이런 베스트셀러 책을 쓰게 되었을까요? 신기하게도 비극과 실패가 핵심 역할을 했습니다. 누구도 절대 겪고 싶지 않을 만한

6　옮긴이 주. 원 저작은 Little house 시리즈이지만, 국내에는 초원의 집 시리즈로 알려져 있음.

몇 가지 사건들이 그녀의 인생에 있었습니다.

로라의 여동생 메리Mary는 어릴 때 앞을 못 보게 되었습니다. 결국 로라는 몇 시간이고 메리 곁에 앉아 세상을 직접 보는 것처럼 묘사해 주는 눈이 되어 주었습니다. 이런 노력은 로라가 자신이 살아온 삶의 구체적인 내용을 기억하고, 자세히 설명하는 능력으로 이어졌습니다.

묘사 능력 외에도, 로라의 글은 시각 장애를 가진 동생에게 도움이 되는 매우 간결하면서도 감정이 절제된 언어를 사용하는 특징이 있습니다. 그녀가 쓴 첫 번째 책의 첫 번째 줄은 이렇게 시작합니다. "지금으로부터 60년도 더 된 옛날, 한 어린 소녀가 위스콘신의 큰 숲속에 살았다. 통나무로 지은 회색의 작은 집이었다."

『대초원의 작은 집』이라는 제목의 로라의 세 번째 책은 이렇게 시작합니다. "아주 오래전, … 아빠와 엄마, 메리와 로라, 그리고 갓난아이 캐리는 위스콘신의 큰 숲의 작은 집을 떠났다. 가족이 떠나고 작은 집은 외롭게 남았다. 큰 나무들 사이 빈터에 텅 빈 채로. 다시는 그 작은 집을 보지 못했다."

이 도입부는 로라가 가상으로 지어낸 이야기가 아닙니다. 로라의 아빠였던 찰스 잉걸스Charles Ingalls는 돈을 벌고 관리하는 능력이 형편없었습니다. 그래서 로라의 가족은 계속해서 어려움에 맞닥뜨렸습니다. 초원의 집 시리즈에는 나오지 않는 이야기지만, 산더미처럼 쌓인 빚을 남기고 로라의 가족은 해가 뜨기 전에 몰래 마을에서 도망쳐 떠나야 했습니다.

그 상황을 이 세 번째 책이 다루고 있습니다. 로라 가족은 초원 위에 통나무 집을 지었습니다. 아빠가 우물 속으로 떨어지기도 하고 온 가족이 말라리아에 걸리고, 엄청난 불이 초원을 휩쓸고 지나가는 숱한 역경을 딛고 로라 가족은 농작물을 심는 데 성공합니다.

하지만 채 일 년이 되기도 전에 아빠는 엄마에게 떠나야 한다고 말합니다. 통나무집을 짓고 사는 이 땅에 미군이 들어와 로라 가족을 쫓아내려고 한다는 게 이유였습니다. 로라가 지은 책의 시리즈 이름은 가족이 초원 위에 지은 집을 따서 정해졌지만, 실제로 로라 가족이 그 집에서 살았던 기간은 몇 개월에 불과했습니다. 그리고 로라의 아빠가 집을 짓기 전에 부동산에 대한 권리를 제대로 확보하지 않았던 것이 실제 이유였습니다.

누가 보더라도 불행한 일이었지만, 로라 잉걸스 와일더에게는 결국 도움이 되는 일들이었습니다. 사실 로라가 처음 책을 쓰기 시작했을 때도 절망적인 상황이었습니다. 남편인 알만조Almanzo의 신체 마비를 시작으로, 화재로 집이 불타고 농작물이 손실을 입는 사고까지 이어지면서 급기야 농장 일대를 팔아야만 했습니다. 어떻게 보면 로라뿐만 아니라 수천만 명의 독자들에게도 알만조가 농장에서 성공하지 못한 것이 천만다행이었습니다.

우리 삶에서 일어나는 어떤 사건이 우리를 어디로 어떻게 인도할지 알 수 없습니다. 그렇기에 나 자신을, 그리고 다른 사람을 섣불리 평가해서도 안 됩니다. 65세라는 나이도 로라 잉걸스 와일더의 삶을 판단하기에 너무 이른 시기였습니다.

기억하세요!

❶ 다양한 진로에 대한 가능성을 염두에 두고 있을 때는, 가능하면 동시에 많은 것을 조사해야 한다. 필요하고 소중한 정보는 문 밖에 있다. 방에서 나와 적극적으로 발품을 팔아 다양한 가능성을 탐색하라.

❷ 삶의 각 영역에 목표를 설정하는 데 기꺼이 시간을 할애하라. 이 목표는 달성할 수 있는 구체적인 결과물이 있는 목표여야 한다.

❸ 좋은 직업은 자신의 성격에 맞는 직업이다. 사람마다 호불호가 천차만별이다. 진로를 탐색하는 것만큼이나 자기 자신을 아는 것도 중요하다.

❹ 자신이나 타인을 섣불리 판단하지 말라. 자신의 상황이 더 나아지도록 노력하고, 타인을 돕기 위해서 노력하라. 아직 성공하지 못했어도 절대 포기하지 마라.

목표를 향해 한 걸음씩 나아가기!

제이는 연구실에서 하루 종일 일한 후에 돌아오다가 가끔 테리 방에 들르곤 했습니다. (우리는 대학원생 시절에 같은 건물에서 살았습니다.) 어느 날, 테리가 수심에 가득 찬 듯 불편해 보였습니다. 그래서 제이가 물었습니다. "왜 그래? 오늘 뭐 했는데?"

"바지를 몇 벌 샀지."

실제로 침대 위에는 여섯 벌의 바지가 놓여 있었습니다. "그래, 잘했네. 그런데 뭐가 문제야?"

그러자 테리는 컴퓨터를 켜고 자신의 일정표를 보여주었습니다. 그날의 '할 일 목록'에 여러 개가 적혀 있는 것을 보았습니다. 그중 하나가 '바지 구입'이었고 옆에 완료 표시가 되어 있었습니다. 안타깝지만 모든 항목에 완료 표시가 되어 있는 건 아니었습니다. 특히 목록 중에서 맨 위에 있지만 아직 완료 표시가 안 된 할 일이 하나 있었습니다. 그 할 일은 바로 '박사학위 논문 쓰기'였습니다.

"정말이지 난 하루 종일 바빴어. 바지 사는 일부터 시작해서 할 일이 백만 개는 되는 것 같아." 테리가 말했습니다. "그런데 논문을 쓰려고 하면, 시간도 힘도 모두 바닥나 있어."

이번 장에서는 원하는 결과를 얻기 위해 여러분의 하루, 그리고 일주일을 가장 효율적으로 구성하는 방법에 대해 이야기해 보고자 합니다.

◇◇◇◇◇◇◇◇◇◇◇◇◇◇◇◇◇◇◇◇◇

목표를 세우고 목표 간의 우선순위를 정하는 것이 생산성으로 이어지는 첫걸음입니다. 그 첫걸음을 딛는 과정에 대해서 이번 장에 이르기까지 충분히 이야기했습니다. 그 과정을 잘 마쳤다면 이제는 목표에 맞는 실행 목록을 만들어서 노력을 쏟아부을 준비를 할 차례입니다. 실행 목록은 지속적이고 상당한 생산성을 유지하도록 도와줍니다.

1단계: 목표를 식별하고 분류하고 우선순위를 정하라.

지미 카터Jimmy Carter 전 대통령은 가장 비효율적이었던 대통령으로 종종 언급됩니다. 매우 사소한 일에 지나친 시간을 쏟고, 아주 소소한 부분까지 일일이 관여하기를 좋아했던 그의 성향 때문이기도 했습니다.

카터 대통령의 연설문 작성자 중 한 명의 이야기에 따르면, 백악관의 테니스장을 예약하려면 대통령의 허락이 필요했고, 백악관의 일부 직원이 입는 유니폼을 디자인하는 데 많은 시간을 보냈다고 합니다. 예를 들면 이런 고민을 하면서 말이지요. '단추를 달긴 달아야 하는데, 반짝거리는 단추를 달까, 클래식한 단추가 좋을까?'

당시 미국은 유래 없는 인플레이션과 높은 실업률, 석유 파동을 겪고 있었고 이란은 52명의 미국인을 1년 넘게 인질로 잡고 있는 상황이었습니다. (카터 대통령도 그런 상황에서 테리처럼 바지를 사고 있었는지는 모르겠지만, 충분히 그랬을 수도 있다는 의심이 듭니다.)

이런 실수를 피하려면 어떻게 해야 할까요? 첫째는, 목표가 무엇인지 모른다면 목표를 향해 전진할 수 없다는 사실을 인식하는 것이 필수적입니다. 둘째는, 시간이 무한히 많지 않다는 사실과 하고 싶은 모든 것을 할 수는 없다는 다소 실망스러운 현실을 받아들여야 합니다. 따라서 목표의 우선순위를 정해야 합니다.

카터 대통령이 일을 제대로 하지 않아서 나타나게 되는 결과 중에서 그나마 덜 처참한 일은 무엇이었을까요? 토요일 아침 백악관 테니스장에 테니스 복장으로 스무 명의 사람이 한꺼번에 나타나더라도 카터 대통령에게는 별일이 일어나지는 않았을 것이고 재선도 가능했을 수 있습니다. 하지만 수백만 명의 사람들이 주유소에서 기름을 넣기 위해 몇 시간이고 기다리는 문제를 해결하지 못한 것은 그의 정치적 성공에 치명적인 결과를 가져왔습니다.

2단계: 목표 달성에 꼭 필요한 '할 일 목록'을 만들라.

몇 년 전 어느 생일 파티에서 제이는 타나즈Tannaz라는 좋은 친구를 처음 만났습니다. 그녀의 직업에 대해 이야기를 나누는 중에 타나즈는 지금 하고 있는 컴퓨터 프로그래머 일이 좋기는 하지만 원래 꿈은 푸드라이터Food writer였다고 이야기했습니다.

궁금해진 제이가 물었습니다. "오! 그렇다면 가장 최근에 쓴 글이 혹시 있나요?" 타나즈의 대답이 대단했습니다. "그럼요. 오늘 아침이요. 아침에 글을 한 편 썼지요. 제가 블로그를 하나 가지고 있는데 거기에 주로 글을 쓰죠. '세이지 와인, 그리고 꽃'이 제 블로그 이름이에요."

꿈꾸던 직업을 가져서 멋지게 활약할 것을 생각만 해도 즐겁습니다. 하지만 생각하는 건 언제나 쉽습니다. 타나즈의 경우를 보면 배울 점이 한 가지 있습니다. 우리의 목표를 '할 일 목록'으로 바꿀 수 있다면, 목표가 현실로 바뀔 가능성이 상당히 높아집니다. 좀 더 구체적으로 말하면, 목표를 이루기 위해 필요한 일을 결정하고 각각의 우선순위를 정한 후에 완벽하게 해내야 합니다.

할 일 목록은 목표와 관련이 있지만, 목표 그 자체는 아닙니다. 할 일 목록은 목표를 이루기 위한 수단으로 생각하면 쉽습니다. 목표는 여러분이 궁극적으로 원하는 결과이고, 할 일 목록은 실제로 할 수 있고 측정할 수 있으며 꼭 해야 하는 구체적인 일입니다. 할 일 목록에 완료 체크가 될수록 목표에 더 가까워집니다.

다음 내용이 여러분의 목표라고 해 봅시다.

- 요리 실력 키우기
- 체중 감량하기
- 학점 잘 받기

매우 바람직한 목표지만 너무 평이하고 막연해서, 지금 당장 무엇을 해야 하는지 손에 잘 잡히지 않습니다. 그래서 목표에 맞고 여러분이 실제로 실행할 수 있는 할 일 목록을 만들어야 합니다. 다음이 그 예시입니다.

- 매주 새로운 레시피 하나를 찾아내고 직접 만들기
- 간헐적 단식 실행 (정오 12시 이전 또는 오후 8시 이후에는 어떤 것도 먹지 않기)
- 수업 메모를 매일 노트에 옮겨 적기. 강의마다 12개의 문제와 해설 만들기

명심하세요! 할 일 목록의 각 항목은 완료 여부를 예, 아니요로 대답할 수 있는 내용이어야 합니다. 예도 아니고 아니요도 아닌 애매한 대답은 절대 있을 수 없습니다.

할 일 목록은 여러분의 하루에서 몇 시간, 몇 분을 어떻게 쓸지 결정하도록 도와줍니다. 복잡하지 않고 당연한 말처럼 들립니다. 하지만 다양한 이유 때문에 생각만큼 쉬운 일이 아닙니다.

똑똑하고 능력 있는 사람이라도 목표를 향해 노력하는 과정에서 실패하고 비틀거리는 이유입니다. 바지를 사던 테리는 하버드 박사학위를 가

졌습니다. 테니스장 일정 관리를 즐겨하던 지미 카터는 세계에서 가장 강력한 힘을 지닌 미국의 대통령으로 선출된 인물이었습니다. 하지만 두 명모두 목표를 향해 나아가는 과정이 험난했습니다.

원인이 뭘까요? 문제는 인간의 본성에서 비롯됩니다. 모든 인간의 뇌는 진화의 산물로 몇 가지 특이점을 지닙니다. 결국 이 특이점 때문에 다른 무엇보다 최우선으로 바지를 사게 만들고, 할 일 목록에 완료 표시를 하도록 만듭니다.

이 부분을 좀 더 잘 이해하기 위해, 잠시 샛길로 빠져서 우리의 뇌가어떻게 작동하는지, 우리는 어떻게 동기부여 되는지를 간략하게 살펴보고자 합니다. 이 내용은 할 일 목록을 어떻게 만들어야 하는지, 왜 효율을높이는 데 때때로 어려움을 겪는지를 포함해서 우리 삶의 여러 부분에 중요한 영향을 미치는 내용입니다.

샛길: 우리의 뇌는 어떻게 구성되고, 우리는 어떻게 동기부여 되는가?

제이가 열 살쯤이던 어느 날, 자전거를 타고 가다가 20달러 지폐 한 장을 발견했습니다. 그 돈이면 살 수 있는 엄청난 것들을 상상하며 제이는황홀해졌습니다. 하지만 한편으로 당황스럽기도 했습니다.

지폐 한 장이 제이를 행복하게 만들어 준 것이 맞지만, 주변의 친구들이나 그 가족들을 생각해 보면 꼭 많이 가진 부자가 적게 가진 가난한 사람보다 항상 행복한 것은 아니라는 생각이 불현듯 들었습니다. 착시 그림으로 유명한 에셔Escher의 작품처럼 앞에 있는 계단을 따라 올라가지만, 결국은 같은 자리인 것과 같았습니다.

제이가 이 역설을 제대로 이해하는 데는 수십 년이 걸렸습니다. 관점의 변화가 필요했습니다.

몇 가지 감정을 생각해 봅시다. 질투, 분노, 죄책감. 이 감정은 어디에서 올까요? 이 감정의 목적은 무엇일까요? 여러분은 경험을 통해 이런 뇌 상태는 결국 행동의 변화를 가져온다는 사실을 알고 있습니다.

어떤 사람에게 호감을 느끼면 여러분은 어떻게 하나요? 아마 최선을 다해서 잘 보이려고 노력하겠지요. 어떤 상황에서 부당한 대우를 받아서 화가 나는 경우에서는요? 이번에도 원래 행동을 바꿔서 복수하거나, 유리한 상황으로 바꿔 나가겠지요. 우리의 유전자는 무의식적으로 자신에게 이익이 되는 방향으로 행동하도록 만들어졌습니다.

행복이라는 감정도 이런 방식으로 작동합니다. 목표를 향해 노력할 때, 우리 뇌의 보상중추reward center가 활성화되어 만족감을 경험합니다. 우리는 이 행복이라는 감정에 의해 동기부여 됩니다. 하지만 이는 유전자의 이익에 따르는 방식으로 행동하게 유도하는 당근일 뿐입니다.

상대적인 성과에 의해 성공 여부가 측정되는 동기-보상 체계Motivation and reward system로 인해 몇 가지 예상치 못한 결과가 발생합니다. 우리의 유전자는 절대적인 성과를 추구하기 위해 노력하는 것이 아니라, 조금씩 한 단계씩 나아지는 방향으로 우리를 이끌어 갑니다. 한 단계를 이룰 때마다 보상중추로 인해 만족감을 경험합니다. 이 차이는 우리가 어떤 만족감을 느끼더라도 영원히 지속되지 않는 이유이기도 합니다.

우리는 목표를 달성하고 나면 행복해질 것이라고 생각합니다. 그 기대가 목표를 향해 더 노력하도록 동기부여 합니다. 또 불행한 일을 겪으면 다시는 행복해지지 못할 것이라고 생각합니다. 그래서 그런 일을 겪지 않도록 많이 조심합니다. 하지만 두 경우 모두, 우리의 생각은 틀렸습니다. 우리는 목표를 향해 나아가고 있을 때 행복을 경험합니다. 과거에 내가 어느 지점에 있었고 현재는 어디에 있으며 미래에는 어디쯤 있게 될지를 비교하면서 우리의 진전을 평가합니다.

다시 열 살의 제이가 느낀 역설로 돌아갑니다. 제이는 단지 20달러 때문에 갑자기 행복해졌습니다. 하지만 이미 많이 가진 부자는 더 행복해 보이지 않습니다. 제이에게 일어난 의외의 작은 사건 하나는 제이의 상황을 잠시 바꿔 놓았고 그 변화가 제이를 행복하게 했습니다.

진화적 관점으로만 이해할 수 있는 특이한 연구 결과(노벨상 수상자의 연구)가 있습니다. 꽤 불쾌한 검사 중 하나인 대장내시경을 받는 약 700명의 환자를 대상으로 진행한 연구입니다.

환자의 절반은 20분 정도 걸리는 일반적인 대장내시경을 잘 참고 견뎠습니다. 나머지 절반은 일반적인 대장내시경 검사와 함께 연장 검사를 받았습니다. 20분간의 검사 후에 내시경 끝이 환자 몸 안에 5분 정도 더 있었습니다. 하지만 마지막 5분 동안은 처음 20분과 비교해서 통증이 점점 줄어드는 방식으로 진행되었습니다.

어느 환자가 대장내시경 검사를 더 불쾌하게 평가했을까요? 20분 동안 검사를 받은 환자일까요? 아니면 20분 검사에 더해 통증은 줄어들었지만 5분 더 검사를 받은 환자일까요?

시간은 더 길었지만, 끝날 때 불쾌감이 조금 줄어든 환자는 압도적으로 대장내시경 검사가 덜 불쾌하다고 평가했습니다. 그뿐 아니라 대장내시경 검사를 다시 받을 의향도 40% 더 높았습니다. 상황이 점점 나아지는 것을 경험하면 우리는 만족감을 느끼게 되어 있습니다.

2.1단계: 생산성의 관점으로 할 일 목록을 수정하라.

잠시 샛길로 빠져서 인간이 어떻게 만족감을 느끼게 되는지를 생물학적 관점에서 살펴보았습니다. 이제 '박사학위 논문 쓰기'보다 '바지 구입'이라는 일이 테리에게 더 매력적이었는지 알 수 있게 되었습니다. 테리는 자신의 할 일 목록에 완료 표시를 하며 만족감을 느꼈습니다. 무언가 나아지는 것 같은 느낌을 주었기 때문입니다. 그리고 바지를 사는 것은 논문을 쓰는 것보다 훨씬 적은 노력으로도 완료 표시를 할 수 있는 일이기도 했습니다.

여러분은 이미 완료한 일을 목록에 적고 완료 표시한 적이 있나요? 혹은 '점심 먹기' 혹은 '샤워하기'처럼 목록에 있든 없든 당연히 하게 될 일을 적어 본 적이 있나요?

이렇게 적는 것 자체가 우스워 보이지만, 실은 할 일 목록을 성공적으로 구성하는 전략의 단서가 됩니다.

> ■ 중요한 할 일을 잘게 쪼개서 진전 여부를 쉽게 확인할 수 있고 실행하기 쉬운 작은 단위의 할 일로 만들라.

다시 말하면, '박사학위 논문 쓰기'처럼 듣기만 해도 주눅 들게 만드는 항목보다는 쉬운 항목으로 바꿔야 합니다. '목차 4줄 쓰기', '제1장의 첫 줄 쓰기', '첫 실험에서 얻은 가장 중요한 결과를 표로 정리하기' 정도가 좋습니다.

고대 로마의 시인 오비디우스Ovid는 이렇게 썼습니다. "Adde parvum parvo magnus acervus erit", 해석하면 "조그만 것들이 모이고 모여 거대함이 된다."

실행하기 쉬운 항목으로 쪼개는 일도 중요하지만 이에 더해 각 항목이 가지는 상대적인 중요성을 판단하는 작업도 필요합니다. 백만장자 짐 코흐Jim Koch는 맥주회사 샘 아담스Sam Adams의 설립자입니다. 크래프트 맥주를 출시하는 소규모 사업으로 시작해서 이 회사는 엄청난 성공을 거두었습니다.

창업 초기에 짐은 아버지로부터 전화를 한 통 받았습니다. "아들, 오늘 일정은 어떻게 되니?" 짐은 오늘 하루는 새로 설립한 회사에서 사용할 컴퓨터를 골라야 한다고 대답했습니다. 실제로 중요한 일이었습니다. 그러자 아버지가 말했습니다. "뭐? 당장 전화 끊고, 차에 타! 그리고 맥주를 팔러 나가라!"

그 당시, 샘 아담스 맥주는 유명한 맥주대회에서 여러 차례 우승했지만 판매실적은 부진했습니다. 아버지의 조언에 따라 짐 코흐는 주류 판매점과 음식점을 찾아다니는 데 많은 시간을 할애하며 영업에 전념했습니다. 결과적으로 이 노력이 짐 코흐의 맥주회사가 오늘날 거대한 회사가 되는 원동력이 되었습니다.

아버지에게 전화를 받았던 그날, 컴퓨터를 고르러 나가려던 짐 코흐에게 우선순위가 무엇인지 물었다면 어땠을까요? 아마도 짐 코흐는 1위는 영업, 2위도 영업, 3위도 영업이라고 대답했을 것입니다. 그럼 이 사례가 주는 메시지는 뭘까요? 영업이 최고로 중요하다? 아버지는 항상 답을 알고 있다? 당연히 아닙니다. 성공하려면 가장 중요한 문제에 집중해야 한다는 메시지입니다.

한 주간을 보내고 나면 스스로 자신의 시간을 어떻게 보냈는지 표를 그려 볼 수 있어야 합니다. 무언가를 성취하기 위해서는 자신이 할애한 시간이 목표와 일치해야 합니다. 짐 코흐의 경우, 자신의 최우선 순위는 맥주의 판매량을 늘리기 위해 영업 활동을 하는 것이었지만, 하루의 시간을 컴퓨터 고르는 것으로 배정해 놓았습니다. 여러분이 TV를 시청하는 데 시간을 보내고 있다면, 여러분이 정해 놓은 목표와는 전혀 상관없이 여러분의 최우선 순위는 TV입니다.

때로는 우선순위를 고수하는 것이 어려울 수 있습니다. 변화가 필요한 상태를 알리는 빨간불일 수 있습니다. 자신이 맡은 일을 제대로 하지 못해서 자주 질책을 받던 비서가 있었습니다. 결국 해고당한 그 비서는 글을 쓰기로 했습니다. 해고된 비서는 다름 아닌 조앤 롤링J. K. Rowling입니다. 결국 조앤 롤링은 『해리 포터Harry Potter』 이야기로 새로운 세계를 열었습니다.

가족 모두가 여러분이 공학자가 되기를 진심으로 원하고, 여러분 자신도 공학자가 되기 위해 한 단계 한 단계 밟아 왔을 수 있습니다. 그런데 더 이상 공학을 공부하는 데 시간을 쓸 수 없다는 것을 깨닫습니다. 동기부여의 문제는 노력의 부족이 아니라 잘못된 목표가 원인일 수 있습니다.

둘 다 어려운 것이 사실입니다. 성공을 위해서는 지겹도록 힘든 일을 계속해야 합니다. 여러분이 제2의 조앤 롤링인 것은 아닐까요? 아니란 법도 없지요. 하지만 우리가 드리는 조언은 명확합니다. 정해진 목표를 향해 노력을 쏟아야 하고 그 노력이 목표를 향해 있는지 계속해서 점검해야 합니다.

미적분을 공부해야 할 시간에 해리 포터를 쓰고 있다면, 분명 여러분은 작가가 되어야겠지요. 하지만 반대로 어느 드라마의 시즌 전체를 한 번에 몰아보고 있거나 술자리를 즐기고 있다면, 전공을 바꿀 필요까지도 없고 자신의 목표와 동기에 대해 좀 더 신중한 고민이 필요할지도 모릅니다.

실행 가능한 할 일 목록을 정하고, 상대적인 중요도에 따라 적절한 우선순위를 정하는 작업을 마쳤다면, 이제는 마지막으로 그 할 일 목록을 하루하루의 일정표에 포함해서 생산성을 높여야 합니다.

제이는 UCLA에서 일할 때, 자신이 쳇바퀴를 돌고 있는 것 같다는 느낌을 받았습니다. 하루를 열심히 살고 해야 할 일을 끝내면서 수시로 일정표를 확인했습니다. 하지만 정해 놓았던 할 일에 계속해서 새로운 일들이 추가되었습니다. 학생이 추천을 요청하면 추천서를 쓰는 일정을, 동료 교수가 새로운 연구 프로젝트에 참여해 달라고 요청하면 함께 해야 할 일정을 새롭게 추가하고 있었습니다.

제이는 하루를 시작할 때, 20개의 할 일 목록을 가지고 시작했습니다. 그 목록만으로도 하루를 보낼 수 있었습니다. 하지만 20개의 일을 더 추가했기 때문에 목록이 줄어들지 않았습니다. 하루를 마치고 집에 돌아오면 행복하고 생산적인 하루를 보냈다는 느낌보다는 돌던 쳇바퀴에서 내던져진 것 같은 느낌이었습니다. 늘 해치우는 속도보다 늘어나는 속도가 빨랐습니다.

요즘의 제이는 '오늘'의 할 일 목록을 확실히 구분하고 절대 추가하지 않습니다. 새로운 할 일은 반드시 오늘 목록 이후에만 추가 할 수 있습니다. 그리고 하루를 보내면서 모든 할 일을 마칠 때까지 상황을 체크합니다. 하루를 마치면 20개 항목에 모두 완료 표시가 되어 있습니다. 그리고 이제 하루를 마치고 집에 돌아오면 만족감을 느낍니다.

약간의 속임수이지만, 의욕을 돋우기 위해 뇌의 쾌락중추pleasure center 를 자극하는 데는 놀라울 정도로 효과적입니다. 이제는 늘어나는 할 일 목록에 패배해서 축 처진 어깨로 주차장으로 가는 모습은 더 이상 볼 수 없게 됐습니다. 대신 웃는 얼굴로 어깨를 들썩이며 자동차에 시동을 거는 모습을 볼 수 있습니다.

◇◇◇◇◇◇◇◇◇◇◇◇◇◇◇◇◇◇◇◇

우리 모두는 서로 다른 목표를 가지고 있으며, 목표를 향해 노력하는 방법도 다양합니다. 그래서 생산성을 높이기 위해 각자에게 맞는 유연한 방법을 개발하는 것이 중요합니다. 예를 들어 볼까요? 아마존Amazon은 최근 수년간 다양하고 큰 변화를 이끌고 있습니다. 그런데 초기 아마존 시절에, 고객이 주문 수량을 마이너스(-) 개수로 입력하면, 아마존이 고객에게 돈을 지불해야 했던 적이 있었습니다. 20달러짜리 『다윈이 자기계발서를 쓴다면Mean Genes』이라는 책을 −5권 주문하면, 고객은 아마존으로부터 100달러를 받게 되었습니다. 아마존의 설립자 제프 베이조스Jeff Bezos는 "아마, 그 당시에는 고객이 우리에게 책을 보내주기를 기다렸던 것 같네요."라고 재치 있게 말했습니다.

아마존이 오류를 깨닫고 바로 수정한 것처럼, 여러분도 생산적인 실행을 위해 계획을 손봐야 합니다. 슬프지만 다른 방법은 없습니다. 자신이 실행한 결과를 기록하고 성공한 부분과 실패한 부분을 평가하고 결국에는 목표를 바꾸거나 나의 행동을 바꾸는 선택을 해야 합니다. 가장 좋은 방법이 뭘까 고민만 하는 것보다는 지금 당장 시작하는 것이 중요한 이유입니다.

7　옮긴이 주. 이 책의 저자들이 집필한 책으로 『다윈이 자기계발서를 쓴다면 : 하버드대 교수들의 진화론적 인생 특강』으로 국내에는 2019년 번역 출판됨.

제이가 할 일 목록에 대해 알게 된 것은 대학 3학년 때였습니다. 룸메이트였던 팻Pat이 매일 밤 침대 옆에 놓아둔 조그만 메모지에 다음 날 할 일 대여섯 가지를 적는 것을 보았습니다. 그리고 하루가 지난 다음 날 밤에 그 메모지를 조그만 통에 넣었습니다.

팻은 가끔 자신이 해낸 일(며칠 동안 목록에 있던 것 중에 잘 된 것, 잘 안 되는 것들)을 보려고 그 통을 열어 그 메모지를 들춰보고 했습니다. 팻의 방식이 아주 깔끔하고 멋진 방법이라고는 할 수 없지만, 당시 제이가 주먹구구식으로 살았던 것에 비하면 놀라울 정도로 효과적이었습니다.

몇 개의 간단한 목록으로 시작하는 것을 추천합니다. 목록을 어떻게 관리할지도 고민해 보길 바랍니다. 여러분이 효율을 높이는 데 도움이 될 만한 앱도 많이 있습니다. 종류가 많아서 무엇을 골라야 할지 모르겠다고 걱정할 이유도 전혀 없습니다. 뭐든 골라서 우선 해보는 것을 추천합니다!

버전2.0, 2.1, 3.0 …

현재의 여러분을 '버전1.0'으로 정해 봅시다. 스스로가 바라고 변해야 할 점을 생각하고 그 모습을 '버전2.0'으로 상상해 봅시다. '버전2.0'은 아마도 자신만의 강점이 조금 더해져 몇 가지 새롭고 향상된 능력을 보유하고 있을 겁니다.

자신을 바꾸는 것은 쉬운 일이 아닙니다. 아주 조금 좋아지기 위해서도 상당한 노력과 희생이 필요합니다. 하지만 그 결과는 더 나아진 결과

뿐만 아니라 행복감까지 가져다줍니다.

작은 시작이 중요합니다. 삶에서 사소하게 보이는 것 하나를 골라 변화를 시도해 보세요. 예를 들어, 매일 아침 집을 나서기 위해 항상 분주하다면, 조금 일찍 출발하도록 노력해 보세요. 이 변화를 주려면 먼저 여러분이 매일 아침 어떻게 행동하는지를 살펴야 합니다. 한 달 동안 출발 시간을 기록하고 매일 평균 5분 일찍 출발하도록 애써 봅니다. 그리고 다음 달에 다시 시간을 기록해 봅니다. 그리고 비교해 보세요.

그다음은 큰 변화를 시도해 볼 차례입니다. 다이어트를 위한 식습관의 변화, 학점 0.5점 올리기, 좋은 친구되기. 좋은 성적을 받기 위한 변화는 매일 5분 일찍 출발하는 것보다 10배 혹은 100배 더 힘들 수도 있습니다. 하지만 작은 시작에서 얻은 성공의 경험을 통해 큰 변화 앞에서도 의연하게 대처하며 그 과정을 개선해 나갈 수 있게 됩니다.

피할 방법은 없습니다. 새로워지고 더 나아지기 위한 과정은 매우 힘듭니다. 하지만 명심해야 할 점은 불가능한 변화는 없으며, 성공을 위해 변화는 꼭 필요하다는 사실입니다. 여러분 안에 출시 예정인 버전2.0이 꿈틀거리고 있습니다!

기억하세요!

❶ 할 일 목록은 목표 달성을 위해 꼭 해야 하는 구체적인 일의 목록이다. 이 목록은 목표와 방향이 같아야 하며 실행할 수 있고 측정할 수 있으며 확실히 완료할 수 있는 일이어야 한다.

❷ 감정은 진화의 산물로, 우리의 행동을 바꾸기 위해 존재하고 유전자에 도움이 되는 방향으로 행동을 유도한다. 결과적으로 행복이라는 감정에 영향을 미치는 것은 최종 목표의 성취 여부가 아니다. 오히려 목표를 향해 나아갈 때 행복을 느낀다.

❸ 지속적으로 한 걸음씩 나아갈 수 있도록 할 일 목록을 구성하라.

❹ 기록을 정리해서 보관해 두고 과거의 기록을 확인하라. 성공한 것과 실패한 것을 구분하고 자신의 방법이 효과적인지 여부를 평가하고, 필요하다면 수정하라.

❺ 지금의 나와 전혀 다른 인물, 더 나은 인물이 될 수 있다. '새로운 나'를 만들기 위해서는 힘들고 부단한 노력이 필요하다. 자신의 우선순위를 정하는 시간을 갖고, 정한 우선순위에 노력을 쏟고 그 과정을 측정하고 자신의 행동을 개선해 나가라.

목표 달성하기: 목표를 위해 필요한 것을
얻는 방법

06 최고의 교수 찾기

좋은 선생님은 여러분의 삶을 더 나은 길로 인도합니다. 하지만 그 반대의 경우는 여러분을 따분하게 만들고 생산적인 길에서 벗어나게 하며, 대학을 무의미하게 느끼게 만듭니다.

여배우 에밀리 블런트Emily Blunt의 인생을 바꿔 준 선생님이 한 분 있었습니다. 에밀리는 어릴 때 말더듬이 심각했습니다. 자신의 인생이 비참하다고 느낄 정도였습니다. 말하기를 주저했고 수업에도 참여하지 않았습니다. 진로 때문에 부모님과 갈등도 심했습니다. 심지어 자기 이름에 있는 모음을 발음하는 것조차 죽을 만큼 싫었고, 자신의 말더듬은 족쇄와 같다고 생각했습니다.

하지만 한 선생님으로 인해 에밀리의 인생은 완전히 바뀌었습니다. 선생님은 학교에서 연극을 해보는 것이 어떠냐는 말도 안 되는 제안을 했습니다. 하지만 그 제안은 선생님이 에밀리를 진심으로 걱정하고, 어린 에밀리를 긴 시간 관찰하고 나서 한 제안이었습니다. 선생님은 가끔 에밀리가 성대모사를 하거나 다른 사람의 목소리를 곧잘 흉내 내는 것을 보았습니다. 이상하게도 그때만큼은 말더듬이 사라졌습니다!

그 이후의 일은 굳이 말하지 않아도 될 정도입니다. 에밀리는 화려한 경력을 지닌 영화배우가 되었습니다. 이 모든 일의 시작은 훌륭한 선생님 한 분에게서 비롯되었습니다. 반면에, 나쁜 선생님은 상황을 더 나쁘게 만들 수도 있습니다.

대학은 학생 자신이 배우고 싶은 선생님을 스스로 선택할 권한이 있다는 점이 참으로 다행스러운 일입니다.

이번 장에서는 선생님을 스스로 선택할 권한을 어떻게 활용해야 하는지를 알아보려고 합니다. 여러분 각자에게 맞는 최고의 교수를 찾는 것이 우리의 초점이기는 하지만 수강할 과목을 선택하는 데 고려해야 할 다른 중요한 요소들도 많다는 점도 기억해야 합니다.

◇◇◇◇◇◇◇◇◇◇◇◇◇◇◇◇◇◇◇◇◇

여러분은 이미 여러 해 동안 학교 교육을 경험했기 때문에 질적인 의미에서 정말 다양한 선생님들이 있다는 사실을 알고 있습니다. 바로 이 점이 왜 여러분에게 중요한지를 이해하기 위해 좀 더 구체적이고 정확한 자료를 중심으로 살펴보겠습니다.

상위 10위 안에 속하는 어느 한 대학에서는 매 학기 세 개의 생물학개론 수업이 개설됩니다. 각 수업은 200~300명의 학생이 수강합니다. 각 수업을 가르치는 교수는 서로 다르지만 학생들이 치르는 시험 문제는 모두 같습니다. 바로 이 점 때문에 교수에 따라 학생이 받는 성적이 얼마나 달라질 수 있는지 가늠해 볼 수 있습니다.

과연 교수의 자질이 중요할까요? 네, 어마어마하게 중요합니다! 물론 교수의 자질을 평가하는 유일한 잣대는 성적이 아닙니다. 하지만 효율성에 대한 정보는 어느 정도 제공해 줍니다. 같은 문제의 시험을 치른 결과, 세 번째 교수에게서 배운 학생들의 평균 점수는 첫 번째 교수에게 배운 학생들에 비해 4% 높았습니다. 이 과목의 최종 성적은 시험 성적에 따라 매겨지기 때문에 4%라는 차이는 절반의 등급에 가깝습니다. 다시 말하면, 모든 학생이 B+에서 A로 올라갈 수 있는 점수입니다.

좋은 선생님에게 잘 배우면 좋은 성적을 받는다는 것은 새로운 사실이 아닙니다. 50여 년 전, 신진 연구자들은 746페이지에 이르는 상당히 영향력 있는 연구 결과를 발표했습니다. 이 연구는 교육에 있어 무엇이 효과가 있고 무엇이 효과가 없는지에 대한 실증 자료를 포함하고 있었습니다. 이 연구 결과의 결론 중 하나는 교사의 자질이 학생의 성취도에 상당히 큰 영향을 미친다는 사실입니다. 실제로 교수의 자질은 대학의 수준이나 교육과정보다 더 중요합니다.

다시 말하면, 좋은 대학에 진학하는 것만으로 충분하지 않다는 사실입니다. 여러분이 일단 원하는 대학에 가는 데 성공했다면, 이제는 그곳에서 신중하게 교수를 선택해야 합니다. 교수의 자질이 좋은 성적을 넘어, 향후 진로와 소득에까지 영향을 미친다는 강력한 증거들이 많이 있습니다.

◇◇◇◇◇◇◇◇◇◇◇◇◇◇◇◇◇◇◇◇◇

그렇다면, 어떤 교수를 찾아야 할까요? 그저 "최고의 교수를 찾으세요!"라고 간단히 조언할 수 있다면 이번 장은 짧게 끝났겠지요. 하지만 교수는 '좋은' 교수와 '나쁜' 교수로 나뉘지 않습니다. 실은 상당히 복잡합니다. 자동차를 구입하는 상황을 예로 들어 봅시다. "어떤 차를 사야 하죠?" 적절한 답은 무엇일까요? "좋은 차를 사세요."라고 대답하는 것도 틀린 답은 아니지만 전혀 도움이 안 되는 답입니다.

〈컨슈머 리포트Consumer Reports〉 매거진은 도요타Toyota 자동차 회사의 프리우스Prius 모델을 '2021년 가장 신뢰할 만한 자동차'로 선정했습니다. 그런데 여러분 직업이 목수여서 테이블 톱과 합판을 옮겨야 한다면 그 자동차가 적당할까요? 롭리포트Robb Report는 람보르기니Lamborghini 자동차 회사의 우라칸Huracan 모델을 '2020년 올해의 차'로 선정했습니다. 아이들을 학교까지 통학시켜야 하는데 뒷좌석이 없어도 문제가 없을까요? 〈카앤드라이버Car and Driver〉 매거진은 비엠더블유BMW 자동차 회사의 8시리즈 그란 쿠페Gran Coupe를 '2020년 가장 아름다운 차'로 선정했습니다. 그런데 가격표를 한번 볼까요? 1억이 조금 넘네요.

자동차를 예로 들었지만, 모든 교수를 일률적으로 비교하고 순위를 매길 수 있는 유일한 기준은 없습니다. 교육 분야의 연구자들은 '교사의 자질'이라는 문제를 놓고 고심합니다. 그 자질이라는 것은 서로 다른 요소들로 구성되기 때문입니다. 즉 유능한 교수는 다음과 같은 특징이 있습니다.

- 자발적인 학습 의지를 불러일으키고 이를 활용한다.
- 학습에 도움이 되는 방향으로 학생을 지도한다.
- 다양한 방식으로 학습을 관찰하고 평가한다.
- 긍정적인 학업 태도와 학업 결과(단기 및 장기)를 갖도록 돕는다.

이런 특징을 갖추기 위해서는 또 다른 능력, 즉 기대치를 높일 줄 알고 효과적인 목표를 설정하며 전문 지식을 갖추고, 융통성과 의사소통 능력을 보유하고 학생에 대한 존중과 관심을 가지며, 다른 교수들과 협력할 줄 아는 등의 다양한 능력이 있어야 한다는 것을 의미합니다.

그렇다면 도대체 어떤 교수가 최고의 교수일까요? 교육의 다각적인 측면을 고려하면, 단순히 하나의 척도로 평가한다는 것은 불가능할 뿐만 아니라 말도 안 됩니다. 결국 '최고의 교수'라는 것은 없습니다.

하지만 성공적인 대학 생활을 위해서는 '최고의 교수'를 찾아야 하는데 어떻게 해야 할까요? 우선, 여러분이 무엇을 찾고 있는지 먼저 알아야 합니다. 체계적으로 생각하지 않으면 여러분은 실제로 무엇을 찾고 있는지 영영 모를 수 있습니다. 게다가 여러분이 찾는 것은 해마다 다를 수 있고 과목마다 다를 수 있습니다.

여러분이 수강하려는 과목이 전공과목인가요? 아니면 교양과목인가요? 전공을 이미 정했나요? 아니면 전공 분야를 탐색 중인가요? 자신 있는 분야를 넘어서 새롭게 도전해보고 싶나요? 전공과 유사한 과목을 선택해서 편하게 수업을 듣고 싶나요? 비판적 사고와 추론 능력을 키우기 위한 과목을 수강해 본 적이 있나요? 이런 질문은 중요합니다. 이는 마치 자신이 '훌륭한' 2인승 오픈카를 찾는 것인지 아니면, '훌륭한' 4륜구동 SUV를 찾는 것인지 판단하는 데 도움이 됩니다.

훌륭한 교수를 찾기 위한 과정은 역동적인 과정입니다. 자신이 처한 구체적인 상황에 따라 그 과정은 달라져야 합니다. 이 과정은 사례를 조사하고 평가하고 수정하는 단계로 진행됩니다.

◇◇◇◇◇◇◇◇◇◇◇◇◇◇◇◇◇◇◇◇◇◇◇◇

자, 이제 여러분은 교수의 자질을 평가하는 다양한 요소들이 있다는 것을 알게 되었습니다. 그리고 무엇을 원하고 무엇이 필요한지 먼저 생각해야 한다는 것도 알게 되었습니다. 그다음으로 해야 할 일은 무엇일까요? 우선 교수에 대한 완벽하고 충분한 정보라는 것은 없기에 최고의 교수를 찾기 위해서 다양한 출처의 자료를 활용해서 정보를 얻어야 합니다.

- **강의평가 결과를 참고합니다.**
  이 분야에서 가장 널리 인용되는 논문 중, 하워드 워첼Howard Wachtel의 논문은 다음과 같이 설명합니다. "지난 70년 동안의 학생 강의평가 결과를 활용해 교육 효과를 분석한 연구들을 살펴본 결과, 대다수 연구자는 학생들의 강의평가 결과가 유효하며 신뢰할 수 있고 교수를 평가하는 중요한 수단으로 여기고 있음을 확인했다."

  뒤에서 좀 더 자세히 설명하겠지만, 이 평가는 신중하게 해석해야 합니다. 일반적으로 강의평가 결과에는 평가자인 학생이 그 과목을 선택한 동기, 관심의 정도, 과목에 대한 사전 지식, 수강하는 목적에 대한 정보가 거의 없습니다. 하지만 실제 이 정보는 강의평가에 상당한 영향을 미치는 요소입니다.

- **친구의 의견을 들어 봅니다.**
  친구의 의견과 알려주는 정보는 유용합니다. 특히 그 친구가 여러분의 관심사, 동기, 역량에 대해 잘 알고 있다면 유용합니다. 다시 언급하지만 친구에게 단순히 "어떤 차를 사야 할까?"라고 물어봐서는 안 됩니다.

친구가 왜 그렇게 생각하는지, 무엇 때문에 그런 의견을 갖게 되었는지 가능한 많은 이야기를 듣는 것이 좋습니다. 친구의 추천이 자신에게 도움이 될지를 판단하는 데 도움이 되기 때문입니다. "그 교수님 수업에서 어떤 점이 제일 좋았어?", "안 좋았던 점은 뭐였어?", "왜 안 좋았어?", "그 수업은 왜 들었어?" 이렇게 구체적으로 물어보는 것이 좋습니다.

여러분은 연구 참여나 독자적인 연구 기회가 있는 과목을 찾고 있는데, 친구들은 비교적 적은 시간을 할애해도 되는 쉬운 과목을 선호했을 수도 있기 때문입니다. 이유가 중요합니다.

■ 청강을 하거나 강의 영상을 확인합니다.
  교수와 학생 간에 상호작용이 많은가요? 학생들이 수업에 몰입해 있나요?
  교수의 수업 방식 중에 끌리는 무언가가 있나요?

■ 교수님을 직접 만나봅니다.

■ 강의계획서를 미리 살펴봅니다.

■ 소셜 미디어social media를 참고합니다.

■ 관련된 학생단체를 찾아봅니다.
  교수님의 연구 분야와 관련된 학생단체나 동아리가 있는지 조사해 보는 것도 좋습니다. 만일 있다면, 여러분은 이미 경험이 있는 학생들을 만날 수 있고 수업과 교수 선택에 있어 도움을 얻을 수 있습니다.

학생들이 참여하는 강의평가가 일반적으로 교수 선택에 있어서 영향력이 가장 큰 요소이기 때문에 조금 더 살펴볼 필요가 있습니다.

교수에 대한 강의평가 결과와 학생의 성적 사이에 뚜렷한 상관관계가 있을까요? 관련된 연구 결과는 조금 미묘한 차이가 있습니다. 두 개의 연구 결과를 살펴볼까요? 두 연구의 핵심적인 연구 방법은 동일했습니다. 학생들은 수업을 통해 학습하게 된 지식을 측정하기 위해 수업 이전과 수업 이후에 시험을 치렀습니다. 그런 다음 수업을 통해 상승한 점수를 교수의 경험, 학생의 평가 등을 포함한 다양한 변수로 평가했습니다.

2009년 오레오풀로스Oreopoulos 교수와 호프만Hoffmann 교수는 교수의 자질과 학생의 성취도에 대한 논문을 발표했습니다. 이들은 "교수의 직급, 지위, 급여 수준 등과 같은 객관적 특성의 차이는 학생의 성취도에 실질적인 영향을 미치지 않는 것을 확인했다. … 중요한 점은 학생 자신이 인식하고 있는 교수의 능력과, 학생들에 의해 주관적으로 평가된 강의평가 결과였다."고 설명합니다.

덧붙여 그 과목을 단순히 수강하는 것 이상의 다른 효용도 있다고 설명합니다. "높은 평가를 받는 교수에게 배우는 학생은 그 과목을 수강 취소하는 경향이 낮고 더 좋은 성적을 받는 경향이 높으며, 다음 해에 유사한 과목을 수강할 가능성이 높다."

이 연구 결과만 보면, 단순히 학생들은 강의평가 결과가 좋은 교수를 선택하면 되는 것처럼 보입니다. 하지만 너무 성급한 결정입니다! 2010년 카렐Carrell 교수와 웨스트West 교수가 발표한 논문을 살펴보겠습니다. 이 연구도 비슷한 연구 방법을 사용했지만, 두 가지 점에서 차이가 있습니다. 첫째는 이 연구는 의료계의 임상시험과 유사하게 설계되어 학생들이 무작위로 서로 다른 교수에게 배정되었습니다. 둘째는 교수의 특성이 장·단기적으로 학생에게 미치는 영향력이 함께 조사되었습니다.

카렐 교수와 웨스트 교수는 연구 결과를 이렇게 설명했습니다. "경험이 적고 미숙한(less qualified) 교수는 현재 가르치는 과목에서 성적이 좋은 학생들을 만들어내지만, 반면에 경험이 많고 노련한(highly qualified) 교수의 경우, 과목 이후의 과정에서 더 나은 성과를 내는 학생을 만들어낸다." 요약하자면, 교수의 자질을 이해하기 위해서는 단기적 측면과 장기적 측면을 함께 고려하는 것이 중요하다는 뜻입니다.

마지막으로 한 가지 덧붙이자면, 학생에 따라서 평가에 대한 해석이 달라진다는 점을 기억해야 합니다. 발렌타인Valentine의 경험을 들어보겠습니다. 발렌타인은 자신이 진학하려고 하는 고등학교에 견학을 갔습니다. 견학을 안내하던 재학생 도우미는 학교에 자부심을 가진 학생이었습니다. 그런데 "11학년이 되면 역사 수업을 조심해야 해. 선생님이 끔찍하거든. 나는 D를 받았어."라고 귀띔해 주었습니다.

하지만 몇 년이 흘러, 발렌타인은 그 끔찍하다던 선생님을 가장 좋아했던 선생님으로 기억합니다. 그 선생님은 학생에 대해 기대가 컸고 그만큼 많은 것을 요구했습니다. 대신에 정말 풍부한 학습 기회를 제공해 주었습니다. 어떤 학생에게는 끔찍한 선생님이었지만 성실했던 발렌타인 같은 학생에게는 완벽한 선생님이었습니다.

자, 결론은 무엇일까요? 교수에 대한 학생의 강의평가 결과는 쉽게 얻을 수 있으면서 유용한 정보입니다. 하지만 각자에게 맞는 교수를 고르는 일은 단순히 강의평가 점수가 높은 교수를 고르는 것 이상의 노력이 필요하다는 사실입니다.

◇◇◇◇◇◇◇◇◇◇◇◇◇◇◇◇◇◇◇◇◇

강의평가의 몇 가지 유형을 살펴보도록 하겠습니다. 이어지는 학생들의 실제 평가 중에서 여러분에게 도움이 될 만한 정보를 찾아보기 바랍니다.

베스트셀러 작가가 된 케빈Kevin이 콜로라도대학교Colorado University의 영문학 교수 중 한 명에 대해 평가한 내용입니다.

M 교수님은 모든 것에 완전히 개방적이었다. 우리가 교수님에게 배울 것이 많다고 생각하는 것만큼 교수님도 우리에게서 배울 것이 많다고 생각하며 수업에 들어오셨다. 다른 작가들의 글을 재해석하여 아름다운 글을 쓰는 해박한 지식도 가지고 있었다. 첫 강의 시간, 불과 몇 분이 지나지 않아 교수님은 내가 아는 어떤 사람보다도 작가, 소설, 글쓰기에 대해 가장 많이 아는 지식인이라는 확신이 들었다. 그렇지만, 교수님은 결코 자만하지 않았다.

또 다른 평가입니다.

심리학 대학원에 진학한 케이시Kaycee의 심리학개론 교수에 대한 평가입니다.

엄청나다! 과목은 힘들었지만 시험은 공정했다. 이 교수님의 수업을 더 들을 수 있게 전공을 바꿔야 하나 고민이 들 정도였다. 정말이지 너무 너무 너무 좋았다. 인생이 바뀌는 경험이었다! 흥미로우면서도 도전적인, 말 그대로 굉장한 수업이다! 게다가 교수님은 내가 만나본 사람 중에 가장 따뜻하고 매력적인 분이었다.

부정적인 평가여도 교수의 부족한 점이 무엇인지, 학생의 의욕이 왜 꺾이는지 그 원인을 파악하려고 노력한다면 유용한 정보를 얻을 수 있습니다. (가끔은 재미있기도 합니다.)

아무도 답을 모르기 때문에 부정행위도 할 수 없다. 수업 시간에 의식을 잃을 수 있다. 그 순간 머리를 책상에 부딪치지 않기 위해 베개를 하나 가져오는 게 좋다. 그런데 베개를 하나 더 챙기는 것을 추천한다. 베개도 자야 한다.

베일에 싸인 교수님의 면면을 벗겨내다 보면 한없이 초라해진다. 울고 싶다는 생각이 들고 저 멀리 흐느끼는 소리가 들리고, 살려달라고 외치는 소리가 들리는 것 같다.

그 교수는 정말 비참하게 만든다. 비극은 수강생 모두를 덮쳤다. 냉정함으로 가득 찬 입에서 나오는 모든 말이 짜증나게 한다. … 정말이지 끔찍하다.

◇◇◇◇◇◇◇◇◇◇◇◇◇◇◇◇◇◇◇◇◇◇

강의평가 결과를 읽다 보면, 한 가지 확실한 사실을 알 수 있습니다. 일부 학생은 자신에게 맞지 않는 수업을 들었다는 점입니다. 왜 그랬을까요? 어느 학생은 자신이 좀 더 나은 선택을 할 수 있다는 사실을 몰랐을 수 있습니다. 하지만 다른 학생은 타협했을 수 있습니다. 'B 교수가 나에게 맞는 교수이긴 해. 하지만 A 교수의 수업을 선택하면 금요일에 아르바이트를 할 수 있지.' 또는 '이번에 그 악명 높은 교수의 수업을 신청해서 이 악물고 버티면 한 학기를 더 빨리 졸업할 수 있어!'

이 지점에서 두 가지 조언을 해야겠습니다. 첫째는, 만일 여러분에게 맞지 않는 교수를 선택하는 타협을 한다면, 자신이 무슨 선택을 하는지 왜 하는지를 확실히 알아야 합니다. 둘째는, 최고의 교수를 붙잡기 위해서는 기꺼이 대가를 치러야 한다는 점입니다. 다른 부분에서 타협할지언정 자신에게 딱 맞는 교수를 포기하는 타협은 하면 안 됩니다.

두 번째 조언이 다소 설득력이 부족하다는 점을 충분히 알고 있습니다. 사람들은 보통 삶의 모든 영역에서 자신이 무엇을 해야 하는지 그 답을 이미 알고 있습니다. 하지만 알면서도 다른 길을 선택하기도 합니다. 꼰대 같은 어른들은 케케묵은 조언을 젊은이들에게 할 수밖에 없습니다. 무시할 줄 알면서도 말입니다.

햄릿의 대사를 볼까요?

돈은 빌리지도 말고 빌려주지도 말아라. 빚 때문에 친구도 잃고 돈도 잃는
다. 돈을 빌리다 보면 낭비로 이어진다.

이 조언에 고개가 끄덕여지나요? 사실 이 조언은 의도한 것입니다. 아버지인 폴로니우스Polonius가 자신의 조언에 귀 기울이지 않을 것을 알면서도 아들 레어티즈Laertes에게 진부한 조언을 건네는 장면입니다.

훌륭한 교수의 수업을 듣기 위해서 일찍 일어나는 것을 마다하지 말라는 조언, 즐거운 파티를 포기하고 유익한 강의를 들어야 한다는 조언이 바로 무시당할 걸 알면서도 하는 노인 폴로니우스의 조언입니다. 하지만 우리는 계속 이 조언을 할 수밖에 없습니다. 정말 중요하기 때문입니다.

한 학생의 강의평가 내용을 빌려와 봅니다. "나는 이 교수의 수업을 듣기 위해 한 학기를 기다렸다. 물론 기다릴 만한 가치가 100% 있었다."

◇◇◇◇◇◇◇◇◇◇◇◇◇◇◇◇◇◇◇◇

『성공하는 사람들의 7가지 습관Seven Habits of Highly Effective People』의 저자 스티븐 코비Steven Covey는 이 책 한 권으로 1억 달러 이상을 벌었습니다. 이 책에서 말하는 7가지 습관 중 첫 번째는 "자신의 삶을 주도하라."[8]입니다. 교수를 선택할 때, 반드시 여러분 스스로가 적극적으로 나서야 합니다. 그렇게 하지 않을 경우, 시간표에 맞는 수업을 이리저리 맞춰보다가 일정에 맞는 수업을 듣게 됩니다. 결국 끔찍한 강의, 영감이라고는 1도 없는 재미없는 강의를 들으며 신세 한탄하며 한 학기를 보내게 됩니다. 그 선택을 하려면 앞에서 학생이 알려준 것처럼, 베개를 챙기고 베개를 위한 베개도 챙기길 바랍니다. 베개도 잘 자야 하니까요.

하지만 베개 두 개를 준비하는 것보다 자신에게 꼭 필요한 것을 줄 수 있는 능력을 갖춘 교수님을 찾는 데 시간과 노력을 투자하는 게 좋습니다.

---

8   옮긴이 주. 번역 출판된 책의 목차에 따름.

기억하세요!

❶ 학생은 교수를 선택할 수 있는 권한을 가지고 있다. 좋은 교수를 선택하고 나쁜 교수를 피하는 것이 성공적인 대학 생활을 위한 핵심이다.

❷ 대학에서 수업의 질은 매우 다양하다. 인접한 강의실에서 같은 과목을 가르치는 두 교수의 질적 차이는 낮과 밤의 차이와 같다.

❸ 수십 년의 연구 결과는 분명하다. 교수의 질은 학생의 학습과 진로의 성공 여부에 가장 중요한 요소다.

❹ 교육은 다양한 차원으로 이루어진다. 한 가지 방법으로 교수들을 비교하고 평가하는 것은 바람직하지 않다. 결과적으로 '최고의 교수'를 골라내기 위한 유일한 방법이란 존재하지 않는다.

07 오피스 아워 제대로 활용하기

오피스 아워[9]는 정말 필요할까요? 학부모와 학교의 상담사를 비롯해 거의 모든 사람이 오피스 아워가 중요하다고 말합니다. 의외라며 놀랄 수도 있지만, 아마도 여러분에게 오피스 아워에 대한 조언은 정말 필요하다고 생각합니다.

이미 오피스 아워에 대해 들었거나 알고 있는 내용들은 대개 별 감흥이 없거나 막연합니다. "정말로 중요하니 가야 한다.", "교수님과 친해질 수 있는 중요한 기회다.", "이해가 가지 않은 내용이 있으면 꼭 가져가서 물어봐야 한다."

안타깝게도 오피스 아워에 대한 정보 중의 상당수는 틀린 게 많습니다. 여러분이 '대학 오피스 아워'라고 검색해 보면, "오피스 아워를 활용하는 가장 중요한 이유는 교수님의 수업 내용을 더 깊이 이해하기 위함이다."라

---

9   옮긴이 주. 이 표현은 본래 근무 시간을 의미하지만 대학에서의 오피스 아워Office hour는 교수가
     학생의 방문을 허락하는 공식적인 개인 연구실의 개방 시간을 의미한다. 대부분 대학에서 교
     수는 오피스 아워를 지정하도록 하고 있으며, 이 시간을 통해 교수와 학생 간에 개인적인 소통
     이 이루어진다.

는 내용을 찾을 수 있습니다. 이런 조언이 그야말로 틀린 정보입니다.

이번 장에서는 오피스 아워를 활용하기 위한 전략을 설명하려고 합니다. 그 전략은 오피스 아워에 대해 잘 알려지지 않은 비밀을 담고 있습니다. 이 비밀은 여러분이 대학에서 진정한 교육을 받을 수 있도록 도와주는 결정적인 비밀이기도 합니다. 그리고 전략에 더해 여러분 각자의 경험과 필요에 맞게 수정해서 사용할 수 있는 구체적인 질문들도 준비해 놓았습니다.

비밀

오피스 아워는 자신이 수강하고 있는 과목과 별개로, 여러분이 주도적으로 이야기 나눌 내용을 정하고 통제할 수 있는 시간입니다. 바로 이 점이 오피스 아워를 최대한 활용할 수 있는 이유입니다. 여러분이 자유롭게 주제를 정할 수 있는데, 수업 내용으로 귀한 시간을 써 버리는 것은 오피스 아워를 잘 활용하는 방법이 아닙니다.

오해하면 안 됩니다. 교수님으로부터 수업 내용에 관한 보충 설명을 듣고 생각을 나누는 것은 학생에게 정말 큰 도움이 됩니다. 하지만 그것만 중요한 게 아닙니다. 오피스 아워를 더 효과적으로 사용해야 하기 때문입니다. 왜냐하면 수업 내용을 더 잘 이해할 수 있는 방법은 이미 많이 있기 때문입니다. 강의나 토론 섹션, 여러분이 사용하는 교과서, 참고서, 온라인 학습 도구를 비롯해 조교와 학우들도 있습니다.

오피스 아워는 수업 내용을 넘어서는 더 심오한 문제를 다룰 수 있는 특별한 기회입니다. 그 심오한 문제는 가령, 학습을 위한 전략, 연구자로서의 자질 개발, 지적 열정의 발견, 대학을 기점으로 한 새로운 영역에 대한 개척 등 그 내용은 무궁무진합니다.

여러분이 만나는 교수는 그 연구실에 앉기까지 지적 탐구를 하며 자신만의 긴 여정을 달려온 사람입니다. 그 여정에서 뚜렷하지는 않지만, 자기만의 학습과 교육에 대한 깊은 진리를 터득하기도 했습니다. 아마 그 교수는 여러분도 효율적인 대학 생활을 위해 그 진리를 발견하기를 원할 것입니다.

◇◇◇◇◇◇◇◇◇◇◇◇◇◇◇◇◇◇◇◇

스스로 발버둥 치며 발견해 나가는 것도 의미 있지만, 교수가 경험과 지식을 통해 터득한 지혜의 도움을 받을 수 있습니다. 이 '지혜'가 실제 무엇인지, 그리고 어떻게 얻어지는 것인지 조금은 추상적이고 난해해 보입니다. 하지만 꼭 그렇지는 않습니다.

이 책이 전하고자 하는 핵심 원칙 중의 하나는 바로, 학생인 여러분이 교수의 시각으로 세상을 바라볼 때, 더 나은 결과를 얻을 수 있다는 사실입니다. 자, 자신의 머릿속에서 뛰어나와 교수들의 머릿속으로 들어가 봅시다!

교수는 오피스 아워를 어떻게 생각할까요? 어떤 이야기를 나눠야 서로에게 생산적일까요? 대부분의 교수는 학생과의 깊이 있는 소통을 원합

시크릿 실라버스

니다. 교수는 돈을 잘 벌 수 있는 다른 직업을 마다하고 학생들의 학습과 성장을 위해 교수라는 직업을 택했다는 사실을 기억할 필요가 있습니다.

반대로 학생은 오피스 아워를 어떻게 생각할까요? 아주 극단적으로 표현하면, 다음 시험에서 높은 점수를 받기 위해 교수에게 일대일 과외를 원할 수 있습니다. 자, 그러면 이 상황을 교수의 입장에서 다시 생각해 봅시다. 다가오는 시험의 고득점을 위한 도구가 되는 것을 교수가 좋아할까요? 아니겠지요. 교수는 강의와 관련이 없는 내용이라도 깊이 있고 다채로운 토론이라면 그 시간을 아주 만족스러운 경험으로 생각할 것입니다.

수강하는 과목의 어떤 점이 좋나요? 교수의 강의 방식 중에서 자신에게 도움이 되는 면이 있나요? 이런 주제로 오피스 아워에 이야기 나눈다면, 아마 교수는 더 진지하게 대화에 참여하게 됩니다. 무엇보다 교수는 여러분의 대학 생활이 어떤지, 무슨 과목을 듣고 어떤 전공을 원하는지를 포함해 여러분에 대해 알지 못할 수 있습니다. 그런 정보도 함께 알려준다면 교수는 더 관심을 가지고 여러분에게 조금이라도 더 도움을 주고자 노력하게 됩니다.

오피스 아워에 가서 무슨 말을 해야 할지 궁리하는 것도 중요하지만 오피스 아워에 가는 것 자체에 대한 두려움을 극복해야 하는 학생도 있습니다. 교수를 찾아가는 것 자체가 부담스러운 학생이 있습니다. 실제로 바로 그 이유 때문에 절반이 넘는 대학생들이 오피스 아워를 거의 이용하지 않거나, 한 번도 경험하지 않고 있습니다. (저자인 제이도 같은 이유로 대학생 시절에 단 한 번도 오피스 아워를 이용하지 않았습니다.)

교수 앞에 서면 당황할 것 같거나, 유치하게 보일 것이 염려되거나 무능해 보일 것 같은 – 가면증후군imposter syndrome[10]의 실제 증상이 그렇습니다. – 걱정이 오피스 아워를 피하게 만듭니다. 이런 걱정의 힘은 생각보다 강력해서 교수를 만나고자 하는 의욕을 완전히 꺾어버리기도 합니다.

이 문제에 접근하는 방법은 치밀한 준비입니다. 교수 앞에서 할 말과 행동을 토씨 하나 빠뜨리지 않고 연극 대사처럼 준비할 필요까지는 없습니다. 하지만 다소 지나치다 싶을 정도의 준비는 불안감을 낮추고 필요한 자신감을 얻는 데 도움이 됩니다.

자, 그럼 시작하기에 앞서 생각할 만한 질문을 던져 보겠습니다. 이 질문을 읽으면서 교수가 실제 이 질문을 받는다면 반응이 어떨지 생각해 보고, 그 반응을 아는 것이 여러분에게 도움이 될지 생각해 보기 바랍니다.

바람직한 학생에 대한 질문
- "교수님이 이 과목을 수강하는 학생이라면, 공부 시간을 어떻게 활용하시겠어요? 교수님이 실제 대학생이었을 때 시간을 쓰는 방식과 다른 점이 있나요?"
- "교수님이 학생들의 행동을 보고 가장 놀란 점은 무엇인가요?"
- "만일 학생들을 바꿀 수 있다면 당신은 어떤 점을 바꾸고 싶은가요?"
- "공부 시간을 가장 비효율적으로 사용하는 방법이 무엇이라고 생각하시나요?"

---

10 옮긴이 주. 가면증후군Imposter Syndrome은 이미 성공했거나 유능함을 인정받은 사람이지만, 자신이 실력에 비해 과대평가되었다고 생각하는 동시에 자신의 부족함이 드러날까봐 두려워하는 심리 상태를 일컫는 용어.

가르침과 배움에 대한 질문

- "시험문제 출제 과정은 어떻게 진행되나요? 어떤 문제를 출제하고, 출제하지 않을지 여부는 어떻게 결정하나요?"

- "교수님이 생각하는 가장 이상적인 시험문제는 어떤 문제인가요?"

- "교수님은 강의 내용과 학생들의 삶과의 연관성을 어느 정도까지 고려하시나요?"

- "강의를 개설하기 위한 과정은 무엇인가요? 이 강의는 어떻게 시작되었나요?"

- "수업을 개선하고 과목 내용을 향상시키기 위한 절차가 있나요?"

- "기술 발전이 교수 방식을 개선거나 제약하는 부분이 있나요?"

- "학생들은 개인별로 사전 지식이나 공부 습관에 상당한 차이가 있는데, 강의는 어떤 수준의 학생을 기준으로 하나요? 그 이유와 방법은 무엇인가?"

- "교수님만의 '교육철학'이 있나요? 지난 몇 년간 어떻게 변해 왔나요?"

전공 선택에 대한 질문

- "다시 대학생으로 돌아간다면, 과목을 선택하는 방법에 어떤 변화를 주고 싶나요?"

- "학생이 전공을 선택할 때 주로 어떤 실수를 한다고 생각하시나요?"

학문 활동에 대한 질문

- "학생들이 교수님의 학문 분야에 대해 잘못 이해하고 있는 점이 있다면 무엇인가요? 그 오해는 어디에서 비롯되었다고 생각하시나요?"

- "교수님이 오늘 대학원 과정을 처음 시작했다면, 어떤 주제에 가장 흥미를 느낄 것 같은가요?"

- "교수님의 학문 분야를 연구하면서 가장 큰 어려움은 무엇이었고, 저질렀던 가장 큰 실수는 무엇이었나요?"

교수의 학문 탐구에 대한 질문

- "현재 몸담고 있는 분야에서 가장 싫은 면이 있나요? 수년 동안 똑같았나요,

이런 질문의 목적은 무엇일까요? 1) 이 질문들은 교수님이 강의하는 과목을 잘 배울 수 있도록 도와줍니다. 2) 수업에서 다루지는 않지만 대학 생활 전반에 꼭 필요한 조언을 들을 수 있습니다. 그리고 3) 이 질문에 제대로 대답할 수 있는 사람은 교수밖에 없습니다. 다른 곳에서는 그 답을 얻을 수 있습니다.

더 나아가 이 질문을 통해 여러분은 예상하지 못한 흥미로운 방식으로 교수와 소통하게 되며, 결과적으로 다른 학생들과는 달리 교수와 친밀한 관계를 형성하는 데 상당한 도움이 됩니다.

◇◇◇◇◇◇◇◇◇◇◇◇◇◇◇◇◇◇◇◇

정반대의 경우도 있습니다. 오피스 아워를 이용해서 교수에게 오히려 부정적인 인상을 심어주는 계기를 만들기도 합니다.

앞뒤 없이 무작정 들이대기

재무학 과목을 수강하는 이사벨라Isabella가 테리 연구실에 왔습니다. 무거운 가방을 끌고 들어와 털썩 주저앉더니 지난 퀴즈 시험 문제지를 꺼낸 후에 바로 이야기를 시작했습니다.

이사벨라:	"교수님, 1번 문제 답이 뭐지요? 그리고 다른 문제의 답도 잘 모르겠고요."
테리:	"아, 그래? 그런데 계산 내용까지 포함해서 답안지를 게시해 놓았는데 혹시 그거 봤니?"
이사벨라:	"아니요."

이사벨라가 잘못한 게 있나요?

1. 이사벨라는 테리 연구실에 들어와서 함께 이야기를 나눌 시간이 있는지 묻지 않았습니다.

2. 이사벨라는 자신이 누구인지, 그리고 어떤 연유로 방문하게 되었는지 설명하지 않았습니다. 예를 들어, "안녕하세요, 저는 이사벨라라고 합니다. 월요일 11시 재무학을 수강하고 있습니다."라고 소개해야 합니다.

3. 이사벨라는 다짜고짜 질문부터 했습니다. 물론 교수의 시간을 허투루 낭비하고 싶지 않아서였겠지만, 그래도 약간의 여유는 늘 필요합니다. "교수님 수업을 즐겁게 듣고 있습니다. 그런데 지난 퀴즈 시험에 대해 몇 가지 질문이 있습니다. 혹시 제가 여쭤봐도 될까요?"

4. 이사벨라는 오피스 아워를 이용하기 전에 테리가 공들여서 작성한 답안지를 먼저 확인하는 과정을 소홀히 했습니다.

이기적인 부탁하기

마나브Manav가 테리의 연구실에 들어와서 이야기합니다.

마나브: "교수님, 안녕하세요. 실은 제가 어제 강의에 결석했어요. 혹시 어제 강의했던 내용을 짧게 이야기해 주실 수 있나요?"

테리: "혹시 그 과목을 듣는 다른 학생의 노트를 보지는 않았니?"

마나브: "아직이요. 그냥 요점만 간단히 말씀해 주세요."

이사벨라와 마찬가지로 마나브도 교수와의 상호작용에 조금 미숙했습니다. 연구실을 방문할 때, 노크도 없었고 자기소개도 없었을 뿐만 아니라, 수업 내용을 떠먹여 주기를 원했습니다. 게다가 마나브는 자기가 할 수 있는 일체의 노력도 하지 않았을 뿐만 아니라, 교수가 제안하는 방법을 따르려 하지도 않았습니다. 교수의 시간을 전혀 존중해 주지 않는 모습이었습니다.

시험 문제 간보기

테리가 대학생 시절에 정말 유명했던 경제학자인 교수님이 계셨습니다. 15년이라는 세월이 지나 테리가 교수가 되었을 때, 그분의 아들인 피에르Pierre가 테리의 학생이 되었습니다. 피에르는 연구실 방문에 앞서 미리 준비했습니다. 자신을 소개하는 자료를 미리 전달해 주기까지 했습니다.

피에르의 행동을 보니 교수의 세계를 잘 이해하고 있는 듯했습니다. 미리 시간을 정했고 사전에 자신에 대한 정보를 공유해 주었을 뿐만 아니라, 약속된 시간에 도착한 후에 노크하며 들어와 간단하게 다시 자기를 소개했습니다. 여기까지 모든 것이 완벽했습니다.

그런데 그때부터 피에르는 수업 자료에 대해서 그리고 앞으로 있을 시험에 대해 매우 막연한 질문을 시작했습니다. 수업에 대한 자신의 의견이나 수업 내용과 관련된 어떤 생각도 이야기하지 않았고 연구실을 방문하게 된 이유도 밝히지 않았습니다. 오히려 시험문제를 캐묻는 듯했고 테리는 수업 시간에 했던 이야기를 반복해야 했습니다.

아마도 시험에 나올 문제의 단서를 얻기 위해 피에르가 찾아왔을 것이라고 테리는 그 행동을 해석했습니다. 아마도 그렇게 오피스 아워를 이용했을 때 몇몇 교수는 시험 문제를 피에르에게 알려주었을 것이고, 여러 해 동안 이 방법을 잘 이용했을 수 있습니다.

◇◇◇◇◇◇◇◇◇◇◇◇◇◇◇◇◇◇◇◇◇

자, 이제 여러분은 오피스 아워를 이용할 준비가 되었고, 효과적이지 않은 전략이 어떤 것인지도 알게 되었습니다. 최소한 위험은 충분히 피할 준비가 되었습니다. 자, 그럼 어떻게 시작하면 좋을까요?

서먹한 분위기 깨기

오피스 아워에 찾아가기로 결심하기까지의 두려움을 뛰어넘었더라도, 익숙하지 않고 광범위한데다 철학적이기까지 하며 개인적인 문제와도 관련이 있는 내용을 여러분의 입을 열어 질문해야 하는 것이 부담스러울 수 있습니다. 특히 교수님 연구실에서 다른 학생들과 함께 앉아서 이야기를 나눠야 하는 상황이면 더욱 그렇습니다.

함께 자리한 학생들은 여러분의 질문에 적잖이 당황하거나 놀랄 수 있습니다. 최악의 경우에는 여러분의 질문에 눈살을 찌푸리거나 한숨을 내뱉을 수도 있습니다. 자신들이 원하는 수업 내용 설명을 교수님에게 들어야 하는데 여러분의 질문이 방해가 된 것처럼 말이지요.

많은 학생들은 오피스 아워를 수업 내용을 알려주는 자리로 오해하는 경향이 있습니다. 오피스 아워가 그렇게 흘러가도록 내버려 두면 안 됩니다. 오피스 아워는 개인교습 시간이 아니기 때문입니다. 이럴 때는 미리 조금의 시간적 여유를 두고 화제를 전환하는 것도 도움이 됩니다.

화제를 바꾸고자 하는 의도를 적절히 표현하면 자연스럽게 화제를 바꿀 수 있습니다. 1) 진지한 토론 주제라는 점, 2) 수업뿐만 아니라 교수님의 교육과도 관련이 있다는 점, 3) 교수님이 답변해 줄 수 있는 전문 지식을 갖춘 적임자라는 점을 표현하면 좋습니다. 몇 가지 예시를 들어보겠습니다.

- "강의 때 설명해 주신 내용을 저는 충분히 이해한 것 같아요. 그런데, 괜찮으시면 좀 더 큰 관점에 대해 여쭈어도 될까요?"
- "교수님, 저는 이 과목을 즐겁게 공부하고 있어요. 이 분야를 더 공부하고 싶고요. 혹시 전반적인 학습 방법에 대해서도 여쭈어도 될까요?"
- "고등학교 때는 공부를 곧잘 했었는데 대학에서 공부하는 것이 쉽지가 않아요. 교수님은 대학이라는 곳에서 많은 시간을 보내고 계시고 또 많은 학생을 경험하셨잖아요. 강의를 듣고 공부하는 방식과 어떻게 하면 조금 더 효율성을 높일 수 있을지 이야기를 나눌 수 있을까요?"

짧게라도 자신을 소개할 수 있는 시간은 주어지게 마련입니다. 〈펄프 픽션Pulp Fiction〉이라는 영화에서 하비 케이틀Harvey Keitel은 '해결사' 역할인 윈스턴 울프Winston Wolf를 연기했습니다. 해결사 울프가 등장하는 장면은, 등장인물들이 엄청난 시간적 압박에 처한 순간이었습니다. 하지만 울프는 아주 느긋하게 자신을 소개했습니다. 압박감에 짓눌렸던 그 순간의 느긋한 자기소개는 등장인물들에게는 영원처럼 길게 느껴졌습니다. 그런데 실제로는 11초에 불과했습니다. 중요한 점은 이렇게 짧게라도 자신을 소개하는 것은 교수를 향한 존중을 드러내고, 전문적이고 효율적인 만남이 되도록 분위기를 만들어 줍니다.

오피스 아워 때 교수님 연구실을 방문하면 해결사 울프를 떠올리세요. 긍정적 인상을 심어주는 데는 불과 11초밖에 걸리지 않습니다.

- "저는 페드람Pedram입니다. 환경과 보존에 관심이 있어서 지난 학기에 교수님의 생태학 과목을 들었습니다. 교수님이 설명해 주신 내용이 너무 인상적이어서 제 룸메이트에게도 신나게 떠들었습니다. 혹시 제가 개체군병목현상Population Bottlenecks에 대해 여쭤봐도 될까요?"
- "안녕하세요. 저는 한국에서 교환학생으로 온 수예라고 합니다. 베키Becky라고 부르셔도 좋습니다. 골드만삭스에서 일하셨던 경험을 수업 시간에 들려주셨는데 너무 좋았습니다. 옵션가격결정Options Pricing의 배경에 대해서 조금 더 배울 수 있을까요? 계산 방식은 알겠는데 왜 그렇게 해야 하는지 이해가 잘 안 됩니다. 주가에 호재가 생겼을 때, 때로 풋옵션 가격이 상승하는 이유를 알 수 있을까요? 혹시 제가 반대로 이해하고 있는 걸까요?"

간단히 자기소개를 하면서 자신이 오피스 아워에 와 본 것이 처음이고 떨리고 두렵다는 사실을 알리는 것도 좋은 방법입니다. "저는 애니카

Annika입니다. 교수님 연구실에 와 본 것이 생전 처음이어서 긴장도 되고 왜 왔는지조차 가물가물합니다. 그래도 저는 교수님 수업을 재밌게 듣고 있고 흥미롭게 공부하고 있습니다."

오피스 아워 기본 에티켓

사소하게 보이지만 기억해야 할 사실 하나는, 여러분이 교수님 연구실을 방문하는 이유가 무엇이든 기본적인 에티켓을 꼭 지켜야 한다는 점입니다.

예의 바르게 행동합니다.
- 노크 먼저! 무턱대고 들어가지 마세요.
- 정해진 오피스 아워에 방문했어도 교수님께 시간이 괜찮은지 여쭈어보세요.
- 용건을 마치고 떠날 때는 시간을 내어 준 데 감사를 표하세요.

배려해 주세요.
- 이전에 몇 번 방문한 적이 있더라도 수강하는 과목과 이름을 말하면서 본인을 소개해 주세요. 교수님이 이미 알고 있다고 말하기 전에는 계속 소개해 주세요.
- 이전에 만나서 나눴던 이야기를 교수님이 잘 기억하고 있을 것이라고 생각하지 말아 주세요.

존중해 주세요.
- 오피스 아워로 정해진 시간을 넘기지 마세요.
- 오피스 아워가 아닌데도 예고 없이 불쑥 찾아오지 마세요.

준비하고 오세요.

- 개인 상담이 아니라 몇 명이 함께 방문한 경우라면, 특별한 질문을 굳이 하지 않아도 좋습니다. 대신 "저는 오늘 특별하게 드릴 질문은 없습니다. 괜찮으시다면 그냥 듣고만 있어도 될까요?"라고 말해 주세요.

- 이야기 나눌 용건이 있다면, 명확하고 간결하게 설명할 수 있도록 준비해 오세요.

- 상호작용은 주고받는 것입니다. 단순히 듣기만 하는 것은 상호작용이 아닙니다. 교수님이 질문을 하면 신중하게 대답해 주세요.

 기억하세요!

❶ 오피스 아워는 학생이 직접 대화 주제를 선택할 수 있다. 오랜 기간 교육 분야에 종사했던 사람으로부터 당신과 주변 사람들의 관점과는 매우 다른 관점으로 세상을 볼 수 있는 통찰을 공유해 주는 독특한 기회로 여겨라.

❷ 오피스 아워는 교수와 소통하는 새로운 방식이다. 오피스 아워를 통해 대학에서 평생을 보내는 누군가와 특별한 관계를 맺을 수 있는 기회를 얻게 된다. 교수는 당신의 멘토가 될 수 있으며 멘토에게서 많은 것을 얻을 수 있다.

❸ 흔히 하는 실수를 하지 않도록 주의하라. 시간 낭비 같은 대화, 점수를 올려달라는 요청, 시험 문제 캐묻기 등 이런 행동은 수강하는 과목과 내용, 교수와의 관계보다는 자신이 받는 성적에만 관심이 있다는 인상을 강력하게 심어준다.

❹ 에티켓을 지켜라. 간단한 자기소개를 빠뜨리지 말라. 공손한 자세로 배려심을 갖추어 대화하라. 무엇보다 이야기 나눌 내용을 미리 준비하라.

08 강의실에서 좋은 인상 남기기

미란다Miranda는 테리가 가르쳤던 학생 중의 한 명이었습니다. 어느 날 연구실에 불쑥 찾아와서 머리를 들이밀더니, "교수님, 놀라운 소식을 가져왔어요!"라고 소리쳤습니다. 그러고 들어와 자리에 앉아서 설명하기 시작했습니다. 미란다는 조사할 수 있는 것은 모두 조사했고, 직접 만나서 이야기도 나누어 보고 다양한 취업 분야에 대해 관련 글도 읽어 본 후에 결정을 내렸다고 했습니다. "저에게 딱 맞는 일을 찾아낸 것 같아요. 저는 경제 컨설턴트가 되려고 해요. 틈새시장이어서 잘 알려지지 않았지만, 제 관심사와 계획에 딱 들어맞아요."

그리고 미란다는 물었습니다. "교수님, 제가 이 분야에 진출하고 싶은데 도와주실 수 있나요?" 질문을 받은 테리는, "나도 도와주고 싶은데, 내가 해 줄 수 있는 게 없구나. 정말 미안하구나." 결국 미란다는 자리를 떴고, 테리는 그 후에 어떤 소식도 들을 수 없었습니다.

미란다는 몰랐지만, 테리는 세계 최고의 경제 컨설팅 회사에서 일한 경력이 있습니다. 그뿐 아니라 그 회사의 고위직 중 한 분은 이렇게 말하기도 했습니다. "테리, 자네가 추천하는 사람이면 보지도 않고 고용하겠네."

정보를 조금 더 추가하자면, 미란다는 아이비리그Ivy League 대학에서 수학 전공으로 학위를 받은 수재였고, 테리가 가르쳤던 대학원 경제학 과목에서 최고 점수를 받은 학생 중 한 명이었습니다. 그리고 테리는 자기 제자가 좋은 곳에 취업할 수만 있다면 어떤 노력도 아끼지 않는 교수 중의 한 명이라는 사실입니다.

테리는 도대체 왜 미란다를 도와주지 않았을까요? 우선 다음 이야기를 읽은 후에 미란다의 상황으로 다시 돌아오겠습니다.

◇◇◇◇◇◇◇◇◇◇◇◇◇◇◇◇◇◇◇◇◇

비앙카Bianca는 제이가 UCLA에서 가르쳤던 학부생이었습니다. 신입생이었던 비앙카는 제이의 수업에서 B+를 받았습니다. 이후 비앙카는 의학전문대학원에 지원하게 되었고, 제이는 비앙카를 위해서 아주 자세하면서도 설득력 있는 추천서를 공들여 써주었습니다. 그 추천서는 비앙카가 합격하는 데 중요한 역할을 했습니다.

교수가 쓰는 대부분의 추천서는 비슷한 질문으로 시작합니다. "지원자를 어떤 계기로 알게 되었습니까? 지원자가 추천자의 수강생이었다면 지원자는 어떤 성적을 받았습니까?" 제이는 이 질문에 다음과 같이 적었습니다.

입학사정위원회 위원님께.

귀 의학전문대학원 입학을 위해 지원한 비앙카의 추천서를 쓸 수 있게 되어 매우 기쁩니다. 지원자가 UCLA에 입학한 첫해에, '생명과학2: 세포, 조직, 장기' 과목을 가르쳤습니다. 지원자는 B+를 받았습니다. 이 점수는 수강생 중 상위 50%에 해당하는 점수입니다.

이 추천서의 시작은 매우 불길해 보입니다. 지원자에게 전혀 도움이 될 만한 정보가 아닌 것 같습니다. 하지만 형식적이면서도 불안한 출발은 다음과 같은 내용으로 이어졌습니다.

| [비앙카의 삶을 바꾸게 된 마법의 문장]

마법의 문장? 어떤 대단한 단어와 결정적인 표현을 추천서에 썼던 걸까요? 그 문장을 알면 도움이 될까요? 문장만으로는 영향력을 발휘하지는 못합니다. 모든 사람이 똑같이 감동하지는 않을 테니까요. 어떤 맥락에서 그 단어와 표현이 나왔느냐가 더 중요합니다. 그렇다면, 비앙카의 뒷이야기를 살펴보겠습니다.

대형 강의실이었지만, 비앙카는 항상 두 번째 줄에 앉았습니다. 강의 5분 전에는 늘 도착했습니다. 노트에 필기를 했고 핸드폰과 노트북은 사용하지 않았습니다. 강의에 집중했고 눈빛과 몸짓 모두 강의에 대한 관심을 고스란히 드러냈습니다. 어려운 부분에도 흐트러짐이 없었습니다. 강의 때 학생에게 보여주는 사진이나 자료에도 적절히 반응했습니다.

시크릿 실라버스

비앙카는 수업이 끝나 강의실을 나가면서 가끔 짧은 인사를 남기기도 했습니다. "교수님, 오늘 강의가 너무 좋았어요. FBI 범죄 연구소 이야기는 정말 신기했어요!"

비앙카는 오피스 아워 때도 여러 차례 찾아왔습니다. 아무렇게나 찾아온 것이 아니라, 늘 진지한 고민의 흔적이 엿보이는 질문을 들고 왔습니다. 예를 들어, "교수님 지난번에 강의해 주신 이타적 행동의 진화에 대한 강의가 너무 좋았어요. 수컷 다람쥐보다 암컷 다람쥐가 더 이타적인 이유를 알려주셨을 때 정말 공감했어요. 심리학을 전공하는 건 어떨까 하는 생각도 들었어요. 혹시 이 주제와 관련된 연구에 대해 조금 더 알고 싶은데, 혹시 책을 추천해 주실 수 있나요?"

이런 대화가 오간 후에는, 비앙카는 항상 그 결과도 알려주었습니다. 직접 찾아오기도 했지만, 어떤 때는 메모만 남길 때도 있었습니다. "교수님, 감사 인사를 드리려고 메모를 남깁니다. 제가 '경계 신호의 진화evolution of alarm calls'에 대해 질문했을 때, 폴 셔먼Paul Sherman의 논문을 추천해 주셨었지요. 그 논문을 읽으면서 과학자들이 어떻게 그런 종류의 행동 진화 연구를 수행했는지 알게 되어 즐거웠습니다."

자, 그렇다면 제이는 어떻게 비앙카가 의학전문대학원에 갈 수 있도록 도와주었을까요? 제이가 썼던 그 마법의 문장은 무엇이었을까요? 그 일부만 공개하겠습니다.

정말 드문 경우이긴 합니다. 지적이고 카리스마와 활력이 넘치면서 잠재력이 넘치는 학생을 보면, 오히려 제가 그 학생을 위해 추천서를 쓰고 싶어 안달이 납니다. 지원자인 비앙카는 바로 그런 학생입니다. …

지원자를 처음 만난 후 3년 동안, 지원자가 학문적 관심을 발견하고 그 관심사를 탐구하고, 가능성 있는 진로를 파악해 가는 과정에서 지원자와 수십 번 교류할 수 있었습니다. 이 과정에서 필요한 학습 방법을 배우기 위해 몸부림치는 설익은 학생에서 성숙하고 유능한 학생으로 변화하는 과정을 눈으로 확인할 수 있었습니다. 이 변화의 과정 내내, 지원자의 배움에 대한 열정은 흔들림이 없었습니다. 지원자는 자신이 수강하는 과목에서 마주한 문제들을 문학, 심리학, 수학 그리고 현재 일어나는 사건에까지 연관시켜 생각합니다. 대부분 학생은 보지 못하는 관계와 연결고리를 보는 능력이 지원자에게 있습니다. 그리고 중요한 점은, 우리가 교류하는 기간 내내 지원자는 이례적일 정도의 뛰어난 성숙함과 책임감을 보여주었습니다. …

지원자는 의심할 여지없이 의욕이 넘치고 생물학에 탁월한 이해를 지녔으며, 의학 분야에서도 충분히 성공할 수 있는 지적인 잠재력을 지니고 있습니다. 지원자는 저에게 상당히 독창적인 아이디어를 제안해서 놀라기도 했고, 흥미롭고 도전적인 대화에 저절로 빠져들게 만들었습니다. …

비앙카가 제이의 수업에서 B+ 학점을 받았다는 사실은 바꿀 수 없습니다. 그러나 입학사정위원들이 매우 중요하게 생각하지만 성적표에는 드러나지 않는 비앙카의 여러 특징을 도드라져 보이게 할 수 있었습니다. 그 특징은 결국 평범한 지원자가 합격자로 바뀌게 되는 계기가 되었습니다.

◇◇◇◇◇◇◇◇◇◇◇◇◇◇◇◇◇◇◇◇◇◇

수강생이 400명이나 되는 대형 강의가 시작되기 직전, 제이는 강의실 칠판에 그날의 강의 개요를 적고 있었습니다. 한 학생이 들어와 자리에 앉기도 전에 제이에게 다가와 말했습니다. "교수님, 제 시험 결과를 보았는데, 간단한 질문이 있어요." 그 학생은 시험지를 들어 보이며 말을 이어갔습니다. "교수님이 게시해 놓은 답안 내용이 제가 쓴 답안에 모두 들어 있지만 점수는 다 받지 못했어요. 왜 그런 거죠?" 제이는 대답했습니다. "학생, 강의가 끝나고 이야기해도 될까?"

대형 강의의 시작을 앞둔 제이의 머릿속에 들어갈 수만 있다면, 엄청 분주하게 소리치는 소리가 들리지 않을까 합니다.

조교 11명은 각자 정해진 위치에 있겠지? 유인물을 잘 나눠주고 있겠지? 강의 시작 때 보여 줄 물 위를 걷는 도마뱀 사진이랑 두 번째 화면에 표시할 극지방 사진이 정렬은 잘 맞아 있겠지?

무선 마이크 배터리 충전은 다 되어 있을까? 켜 놓은 배경음악은 제대로 나오고 있는 건가? 소리가 좀 크지 않나? 표면 장력Surface Tension 내용으로 연결될 도마뱀 사진으로 학생들을 웃길 수 있을까? 이해하는 데 효과가 있겠지? 어, 셔츠가 삐져 나왔나? 이빨 사이에 뭐가 껴있지는 않겠지?

대부분의 교수, 특히 대형 강의를 맡은 교수에게 통하는 철칙이 하나 있습니다. "강의 시작 전에는 절대 건들지 마라!"

이 철칙을 깨고 싶은 충동이 든다면, 우선 자신에게 물어보세요. '400명 앞에서 발표를 해야 하는데, 기분이 어떨까?', '머릿속이 복잡한데 준비한 내용에 생각을 집중할 수 있을까?' 강의가 쉬워 보일지 모르지만, 강의는 공연과 비슷합니다. 매우 정교하고 복잡합니다. 강의를 잘 마치기 위해서는 교수도 강의 전에 멘탈 관리가 매우 중요합니다. 특히 강의 시작 몇 분 전은 더 중요합니다. 강의 시작 직전의 교수의 생리학적인 상태는 1라운드 시작을 앞둔 복싱선수의 상태와 비슷합니다.

좀 더 넓은 의미로 보자면, 학생들은 교수를 평범한 인간으로 인식할 필요가 있습니다. 적절한 시간에 상대에게 다가가는 것이 여러분에게도 유익합니다. 교수를 만나는 시간은 수업 전이 아니라 수업 이후가 더 좋습니다.

◇◇◇◇◇◇◇◇◇◇◇◇◇◇◇◇◇◇◇◇

테리가 대학원생 시절에 정식으로 수강 신청을 하지 않고 대학 수업을 청강한 적이 있습니다. 그 과목은 마틴 펠드스타인Martin Feldstein 교수가 가르쳤습니다. 펠드스타인 교수는 레이건Reagan 대통령 재임 시절 경제자문위원회Council of Economic Advisors 의장을 역임했던 저명한 경제학자였습니다. 펠드스타인 교수가 가르쳤던 그 과목은 하버드대학교에서 가장 인기 있는 과목이었습니다.

대학 수업이었지만, 깊은 인상을 받았기에 펠드스타인의 거시경제 대학원 과목도 듣기로 했습니다. 하지만 테리는 이미 학위를 위해 필요한 모든 과정을 마친 상태였기에 순수하게 공부 목적으로 수업을 들었습니다. 청강이기에 학점이나 성적이 없는 오로지 지식만 얻기 위해서였습니다.

어느 날, 펠드스타인 교수가 다가오는 시험에 대비해 재무학 내용을 다시 설명해 주고 있었습니다. 테리는 이미 그 내용을 잘 알고 있었기에 지루한 나머지 신문을 읽기 시작했습니다. 그 과목은 12명의 학생만 듣는 수업이었습니다. (테리가 신문을 몇 페이지를 넘기며 읽은) 몇 분 후에, 펠드스타인 교수는 참다못해 말했습니다. "테리, 계속 신문만 읽을 거면 나가는 게 좋을 것 같네."

테리는 지금도 그때를 떠올리면 창피해 죽을 지경입니다. 전 세계에서 가장 유명한 경제학자가 12명의 학생을 앞에 두고 가르치고 있는데, 그 앞에서 신문을 넘기며 본다? 어떻게 그런 무례한 행동을 할 수 있었을까요? 보통 이런 일은 벌어지고 난 뒤에야 비로소 이불킥하며 후회하는 법이지요. (독자 여러분, 이런 흑역사를 다시 떠올리는 것 자체가 굴욕적입니다. 하지만 여러분이 같은 일을 겪지 않도록 굴욕감을 견디고 있습니다.)

◇◇◇◇◇◇◇◇◇◇◇◇◇◇◇◇◇◇◇◇◇◇

제이는 강의를 준비하며 학생들이 쉽게 예상하기 어려우면서도 영감을 불러일으키는 사진을 보여주기 위해 자료를 찾습니다. 선물을 주는 행위와 이타주의의 생물학적 근거 간의 관계를 설명하는 강의 때, 제이는 스위프트마스Swiftmas 선물을 받고 있는 사람들의 사진을 보여주었습니다. 스위프트마스는 가수인 테일러 스위프트Taylor Swift가 깜짝 선물을 주는 것을 설명하는 표현입니다. 중요한 점은 제이는 깜짝 선물을 받는 기쁨을 설명하면서 사진을 보여주었을 뿐, 그 이상의 설명은 하지 않았다는 사실입니다.

강의가 끝나고 한 학생이 즐거운 메모를 남겼습니다. 선물과 생물학적 배경의 관련성을 설명했던 지난 강의의 주제와 이론과의 관련성, 이론의 구체적 사례를 언급하며 칭찬의 메시지가 구체적으로 적혀 있었습니다.

"와, 테일러 스위프트의 재능이 드러나는 사진을 제대로 고르셨어요! 교수님, 완전 대박이었어요!" 메모를 읽으면서 기분이 좋았을 뿐만 아니라, 학생들이 흥미를 가질 만한 사진을 찾는 노력이 헛되지 않았음을 깨닫고 감사한 마음도 들었습니다. 메모를 통해 칭찬을 받은 사람은 제이였지만, 그 학생도 상당히 긍정적인 인상을 제이에게 남겼습니다. 아마 기회가 된다면, 제이는 어떻게 해서라도 그 학생을 도우려고 할 것입니다.

◇◇◇◇◇◇◇◇◇◇◇◇◇◇◇◇◇◇◇

처음으로 다시 돌아가 자신의 꿈을 찾았다며 좋아했던 미란다 이야기로 돌아가 봅니다. 간단히 다시 설명하자면, 미란다는 매우 똑똑한 학생이었습니다. 그리고 테리가 도와준다면 자신이 원하는 분야에서 일할 수 있었습니다. 그런데 테리는 왜 미란다를 도와주지 않았을까요?

그 이유는 미란다는 학기 중에 여러 차례 테리를 힘들게 만들었다는 사실로 설명할 수 있습니다. 강의 중에 무례한 발언을 하기도 하고, 자신만 특별대우를 해달라고 요구하기도 했으며, 시험 성적에 대해 불평을 하거나 지각도 모자라 수업 중에 잡담까지. 테리에게 도움을 청하러 왔을 때도 이야기 나눌 시간이 있는지 묻지도 않은 채 무턱대고 들어와 자리를

시크릿 실라버스

잡고 앉았습니다.

미란다가 원하는 일을 할 수 있도록 테리가 도움을 줬다고 가정해 볼까요? 취업한 회사에서 어땠을까요? 미란다는 의심할 여지없이 똑똑했습니다. 하지만 미란다가 이제껏 보여주었던 행동으로 볼 때 미란다는 상사의 삶을 더 고달프게 만들 가능성이 있다고 테리는 판단했습니다. 그런 학생을 추천하면 그 회사를 힘들게 만들고 결국 테리와의 관계에도 영향을 미쳐서 향후 다른 학생의 취업 기회도 앗아갈 것이 예상되었습니다.

이 점을 조금 더 구체적으로 설명하기 위해서 다음 장에서는 테리의 다른 학생 파이자Faizah를 만날 예정입니다. 파이자는 테리의 추천으로 골드만삭스Goldman, Sachs & Co.에서 일하게 된 최초의 채프먼대학교Chapman University 졸업생이었습니다. 테리의 추천을 증명이라도 하듯 파이자는 골드만삭스에서 성과가 너무 탁월했습니다. 이는 결국 수십 명의 채프먼대학교 졸업생이 골드만삭스에서 일하게 되는 계기가 되었습니다.

기억하세요!

❶ 학생은 교수에게 강한 인상을 심어줄 수 있다. 물론 대형 강의도 예외가 아니다. 교수가 나를 위한 추천서를 기꺼이 써줄 수 있을 만큼 바르게 행동하라. 늘 똑똑한 학생이었던 것보다 발전하고 변화하는 학생으로 보이는 것이 더 중요하다.

❷ 교수도 사람이다. 교수는 학생의 행동을 기억한다. 눈에 안 띌 것 같지만 모든 것이 눈에 보인다. 대형 강의실에서도 마찬가지며, 하나하나의 행동은 모두 교수에게 기억된다. 특히 이상한 행동을 하거나 아주 예의 바르거나 혹은 그 반대로 무례할 경우 기억에 더 잘 남는다. 늘 자신의 평판을 높이고 관리하기 위해 적극적으로 노력해야 한다.

❸ 강의 시작 직전에는 교수에게 어떤 질문이라도 하지 마라. 강의가 끝날 때까지 기다리거나, 교수가 여유가 있을 때 답변할 수 있도록 메모를 남겨라.

❹ 강의가 좋았다면 교수에게도 알려라! 막연한 칭찬보다는 구체적이어야 효과적이며, 굳이 답변하지 않아도 되는 방식으로 전달하라.

❺ 좋은 교수는 학생을 돕기 위해 늘 노력한다. 교수는 학생의 시험 점수나 학점만으로 평가하는 것처럼 보이지만, 보이지 않는 더 많은 것들을 평가하고 있다.

교수와의 관계 키워 나가기

25살이 된 파이자Faizah는 대학을 졸업한 지 4년이 되었습니다. 뉴욕의 번잡한 지하철을 뚫고, 선망하던 일류 금융 회사에 취업 면접을 보러 갔습니다. 파이자는 흥분되고 몹시 긴장되었습니다. 하지만 지도교수였던 테리에게서 아침 일찍 받은 두 개의 메시지를 떠올렸습니다. 면접에서 좋은 평가를 받을 거니 안심하라는 메시지와 최고의 기회를 얻을 수 있을 것이라는 메시지를 파이자는 떠올리며 진정했습니다.

실제로 테리는 그 회사에 파이자를 잘 소개해 놓았을 뿐 아니라, 구체적인 조언까지 해둘 정도로 포석을 잘 깔아 놓았습니다. 도대체 파이자는 무엇을 어떻게 했길래 지도교수가 이렇게 나서서 최고의 직장에 적극적으로 추천할 수 있었던 걸까요?

파이자는 여러 해 동안 테리와 멘토 관계를 맺고 유지해 왔습니다. 교수와 효과적인 멘토 관계를 맺는 것이 간단하고 자연스럽게 저절로 되는 것처럼 보일 수 있습니다. 실제 그런 경우도 물론 있습니다. 하지만 이 멘토 관계는 여러분의 대학 생활뿐만 아니라 인생에 있어서도 너무 중요하기 때문에 자신이 원하는 것을 얻기 위한 목적으로 섣불리 접근하면 안 되는 문제입니다.

교수와 건강하고 유익한 관계를 유지하면 배우고 있는 과목을 넘어서는 지혜와 지식을 얻을 수 있습니다. 당연히 취업에 도움이 될 수도 있고, 대학원 전형을 통과하거나 혹은 장학금을 받는 기회까지 얻을 수 있습니다. 그래서 여러분이 이런 관계를 미리 계획하고 발전시켜야 할 충분한 이유가 됩니다.

레지 길야드Reggie Gilyard는 채프먼경영대학원Chapman Business School의 원장으로 여러 해 동안 봉사했습니다. 고별 식사 자리에서 한 질문을 받았습니다. "어떤 원장으로 기억되기를 원하십니까?" 이 질문에 원장이 이렇게 대답했습니다. "학생에게 일자리를 많이 얻어준 원장으로요." 레지 길야드가 원장으로 재임하면서 학생을 돕기 위해 노력한 것처럼 수많은 교수가 학생을 돕기 위해 헌신하고 있으며, 성공한 학생들과 멘토 관계를 맺고 있는 것에 자부심을 느끼기도 합니다.

학생은 멘토를 원하고 교수는 멘토가 되고 싶어 합니다. 서로가 원하니 아주 간단한 문제가 아니냐고 물을 수 있습니다. 물론 그렇겠지만, 사람 사이의 관계라는 것은 늘 복잡 미묘합니다. 이 사실은 부모, 형제자매, 혹은 친구, 연인이 있는 사람이라면 누구나 알고 있습니다. 학생과 교수 모두 서로가 원하는 것이 일치하는 것은 도움은 되지만, 그것만으로 충분하지는 않습니다. 좋은 멘토를 찾기 위해서는 전략과 기술, 노력이 필요하며 운도 따라야 합니다.

관계를 능숙하게 발전시켜 나가는 것은 대학에서 과목을 수강하는 것

시크릿 실라버스

과는 전혀 다른 종류의 기술이 필요합니다. 그 기술은 심리학이기도 하고, 협상이면서 예술이기도 하고, 글쓰기이기도 하고 예절이기도 하며, 동물적 행동이기도 하며, 토론 혹은 연설이기도 하고 의사소통이기도 합니다. 관계를 세워나가는 여러 다양한 방법이 있지만, 5단계로 구분해서 생각하면 도움이 됩니다.

1. 전략이 필요하다.
2. 솔직하고 조심스럽게 초기 접촉을 시도하라.
3. 관계를 무르익게 만들 수 있는 기회를 찾아라.
4. 부담 없는 수준에서 관계를 유지하라.
5. 필요한 내용을 구체화하라.

좀 더 구체적으로 살펴보겠습니다.

1. 전략이 필요하다

브랜디Brandee는 하버드에서 경제학 박사과정을 마무리 중이었습니다. 어느 날 브랜디가 캠퍼스를 걸어가고 있을 때, 우연히 싱Singh 교수를 만났습니다. 싱 교수는 그해에 하버드케네디스쿨Harvard Kennedy School에서 경제학자를 선발하는 일을 맡은 책임자였습니다.

브랜디가 싱 교수에게 물었습니다. "안녕하세요. 귀찮게 해드려서 죄송합니다. 제 지원서는 어떻게 되었는지 궁금해서요." 싱 교수는 바로 확인해서 알려주겠다고 했고, 몇 분 후에 전화로 선발 전형의 첫 단계를 통과하지 못했다는 슬픈 소식을 전해주었습니다. 결국 브랜디는 면접 기회를 잡지 못했습니다.

브랜디에게는 하늘이 무너지는 것 같은 소식이었습니다. 브랜디는 자신의 연구실에 도착해서 곧장 지도교수인 엘리너Elinor 교수를 찾아갔습니다. 엘리너 교수는 브랜디와 좋은 관계를 맺고 있었습니다. 브랜디가 면접 기회조차 받지 못했다는 소식을 들은 엘리너 교수도 놀라며 말했습니다. "아니, 뭔가 잘못됐어. 잠깐 통화 좀 할게."

30분 뒤에, 브랜디는 싱 교수로부터 다시 전화를 받았습니다. 좀 전에 캠퍼스에서 만난 이야기나 탈락했다고 말했던 일에 대해서는 일절 언급 없이 "면접 기회를 주게 되어 기쁘다."고 말했습니다. 이렇게 엘리너 교수는 브랜디가 많은 기회를 얻을 수 있도록 물심양면 도왔습니다. (이후 엘리너 교수는 노벨 경제학상을 수상했고, 브랜디는 현재 일류 대학의 교수로 재직 중입니다.)

대학원에서 브랜디의 성적은 훌륭한 편이었지만, 최고 수준은 아니었습니다. 하지만 엘리너의 연구를 도우면서부터 엘리너 교수와 강한 유대감을 형성하기 시작했습니다. 브랜디는 우선 자신의 멘토가 목표를 달성할 수 있도록 성심껏 도왔습니다. 이를 통해 자기만의 발판을 쌓아갔습니다. 바로 이 점이 생산적인 관계의 본질입니다.

여기까지 유대감이 아주 강한 관계의 극단적인 예시를 보여드렸습니다. 파이자와 브랜디의 경우에는 인생의 중요한 단계에서 자신을 돕는 수호천사를 가진 것과 같았습니다. 절망적인 상황에서 전화벨이 울리고 마법처럼 닫혔던 문이 열리면서 어려움 없이 성공이 찾아오는 것처럼 말이 지요.

반면에 많은 학생은 자동차 공장 조립 라인에서 자동차를 찍어내듯 대학을 졸업하고 사회에 진출합니다. 매년, 매 학기 졸업을 향해 전진합니다. 물론 이 조립 라인이 어떤 학생에게는 효과적일 수 있고 성공적인 결과를 가져다주기도 합니다. 하지만 우리는 여러분에게 미래의 가능성을 위한 기회를 과감히 잡아보길 권합니다.

교수와 건전하고 돈독한 관계를 맺게 되면, 더 많이 배울 수 있고 더 즐거울 수 있으며 성공 가능성을 더 높일 수 있습니다. 물론 취업에 도움을 받고 추천서를 부탁할 수 있는 실질적인 혜택도 있습니다.

좀 더 구체적인 내용을 이야기해 볼까요? 한 명의 대학생은 보통 1년에 10명 정도의 교수를 만납니다. 2년 혹은 4년 과정 동안 총 20~50명의 교수를 만나게 되는 셈입니다. 하지만 이렇게 많은 모든 교수와 강의실 밖에서 의미 있는 관계를 맺는 것은 현실적으로 불가능합니다. 그래서 학생 개개인은 어떻게 하면 교수와 유익한 관계를 만들어 갈 수 있을지에 대한 전략이 필요합니다.

영업 분야에는 경험을 기반으로 한 10-3-1이라는 법칙이 하나 있습니다. 10번 미팅을 하면 3명의 잠재 고객을 얻게 되고, 결국 1개의 판매 실적을 가져온다는 법칙입니다. 이 법칙을 적용해 본다면, 1년에 10명의 교수와 만나면 3명의 교수와는 여러 번 만나게 되고, 결국에는 1명의 교수와는 대학 졸업 후에도 그 관계를 유지할 수 있습니다.

2. 솔직하고 조심스럽게 초기 접촉을 시도하라

우선 매 학기마다 교수와 긍정적인 첫 만남을 갖는 것을 추천합니다. 어려운 일이 아닙니다. 3줄짜리 메일을 보내거나 5분 정도 오피스 아워에 방문하는 것처럼 간단한 일입니다. (제7장에 오피스 아워에 대한 상세한 이야기가 있습니다.) 이렇게 모든 교수와 첫 만남을 갖는 것은 1년에 1시간도 채 걸리지 않는 일입니다. 사소한 시간 투자처럼 보이지만, 나중에 엄청난 이점으로 돌아올 수 있습니다. 얼마나 쉬운지 한 번 볼까요?

기반 다지기 (부록 158페이지)

제목: 생명과학4 과목은 저의 최애 강의에요!

제이 펠런 교수님께.

메일을 쓰지 않을 수가 없었습니다. 오늘 강의는 제가 이제까지 들었던 강의 중에서 최고의 강의였습니다. 닭의 공동우성Codominance 연구, 항생제 내성의 진화, 토머스 모건T.H. Morgan의 젊은 시절 이야기와 라쿤 사진까지 오늘 수업은 너무 흥미진진했습니다. 수업 중에도, 수업이 끝난 후에도 머리가 어질어질할 정도였습니다. 다음 수업이 있는 금요일이 기다려집니다.

줄리사Julissa 드림

추신—1년 전 봄학기에 생명과학2 과목을 수강했었습니다. 그때 교수님을 포함해 수강하는 학생들과 함께 점심식사를 한 적이 있었는데, 그때 저에게 꼭 필요한 인생 조언을 해주셨습니다. 감사했습니다.

이 정도면 최고 수준의 첫 번째 만남입니다. 상당히 구체적이면서 진심이 드러나는 메일입니다. 이전에 가졌던 만남도 상기시켜 주었습니다. 하지만 아무런 요구는 없습니다. 어느 교수라도 이런 메일을 받으면 매우 기쁩니다. 하지만 실제로 이런 메일을 보내는 학생은 거의 없습니다. 미래의 어느 시점에 줄리사가 도움이 필요할 때, 이 첫 번째 메일은 중요한 역할을 하게 될 게 분명합니다.

이번 장 끝부분에 학생들에게서 받은 실제 메일 여러 개를 부록으로 실어 놓았고 의견도 덧붙여 놓았습니다.

질문: 거짓말로 쓸 수 있을까요?

이런 상황을 생각해 볼까요. 여러분이 좋아하지 않는 교수에게 첫 메일을 써야 하는 상황입니다. 여러분이 경험했던 가장 지루하고 무례하고 정신없고 서툴렀던 교수를 떠올리면서 말입니다.

누구나 솔직하지 않은 메일을 쓰는 것이 어렵습니다. 우리는 이 일에서 두 가지 점을 배울 수 있습니다. 첫째는 교수에 대한 이미지가 굳어지기 전에 조금 빨리 접근하는 것이 좋습니다. 첫 번째 강의가 조금 부족했어도 긍정적인 부분을 찾을 수 있습니다. "교수님, 강의계획서를 미리 살펴보다가 식물에 대해 배우게 될 다음 달 강의를 기대하게 되었습니다.

제가 2학년 때 파리지옥풀을 키워 본 적이 있었거든요." 둘째는 늘 진실만 말해야 한다는 점입니다. 거짓말을 디딤돌 삼아서 좋은 관계를 만들 수 없습니다. 사실이면서 긍정적인 면을 찾아 전달해야 합니다.

요청하기 (부록 159페이지)

여러분이 연구 경험을 쌓고 싶다고 가정해 봅시다. 연구 기회를 가지는 것은 여러 이유로 매우 바람직하지만 여기에서 그 이유에 대해 논하기보다는 이 바람을 교수와 상호작용하는 방법을 배우기 위해 적용해 보겠습니다.

앞으로 몇몇 학생의 실제 사례를 평가하면서 살펴볼 예정입니다. 학생 대부분은 효과적이었지만, 일부 학생은 매우 비효율적이었습니다. 자신만의 성공 가능성이 높은 방법을 개발하는 것이 필요합니다.

- 자신만의 장점이 있는가? 무엇이 차별적인가?
- 교수에게 어떤 도움을 줄 수 있는가?
- 필요한 일을 모두 완료했는가? 어떻게 증명할 수 있는가?
- 간결하고 명료하게 의사소통할 수 있는가?

놀런의 헛발질

제목: 연구

교수님, 저는 연구 기회를 찾고 있습니다.
교수님은 연구를 하고 있는지, 그리고 학생이 필요한지 알고 싶습니다.

놀런Nolan 드림

시크릿 실라버스

질문: 답장을 받을 수 있을까요? 더 잘 쓸 수는 없을까요?

이런 메일은 차라리 안 썼으면 더 나았을 뻔한 메일입니다. 놀런은 자신이 얼마나 연구 기회를 갖고 싶은지, 왜 연구 프로젝트에 참여하고 싶은지 이유도 설명하지 않았습니다. 아마 이런 메일을 전 세계 수천 명의 교수에게 보냈을 수 있습니다. 그리고 아마도 어떤 교수에게도 답장을 받지 못했을 것이라 생각합니다.

부록에 처음 보내는 메일의 여러 사례 중에 연구 기회를 찾는 학생들의 메일도 약간 수정하여 실어놓았습니다. 물론 의견도 덧붙였습니다.

3. 관계를 무르익게 만드는 기회를 찾아라

밥Bob이 장교로 임관된 지 얼마 되지 않았던 어느 저녁이었습니다. 밥은 서류를 전달하기 위해 백악관에 가게 되었습니다. 확인 서명을 기다리는 동안, 진지한 태도를 잃지 않고 있는 나이 많은 마크Mark를 처음 만났습니다. 거의 일방적인 대화처럼 느껴지는 어색함을 무릅쓰고 밥은 마크에게 말을 걸었습니다.

이 우연한 만남 이후 여러 해 동안, 밥은 모든 방법을 동원해서 마크와 연락하며 지냈습니다. 밥은 물었습니다. "로스쿨에 가야 할까요? 그건 시간 낭비일까요?", "로스쿨을 그만둬야 할까요?", "〈워싱턴 포스트Washington Post〉 기자가 되는 건 어떨까요?"

밥은 마크(와 그 외 다른 사람들)와 수년 동안 관계를 발전시켜온 경험을 이렇게 설명했습니다.

> 나는 새로운 것, 새로운 사람에 대한 관심이 많았고, 에너지도 많이 쏟았다.
> … 그(마크)는 나와 긴 이야기를 나누는 것에 관심이 없어 보였다. 하지만 나
> 는 그와의 대화에 진심이었다. … 나는 그(마크)의 사무실이나 집으로 전화
> 를 걸어 통화하면서 연락을 유지했다. 우리는 친구 비슷한 관계가 되었다.
> … 그는 나의 멘토였고 나는 그의 의견을 듣는 것이 좋았다. … 내가 새로운
> 일을 시작하게 되어 매우 바빴을 때도, 밥은 항상 내 통화목록 우선순위였고
> 연락하며 지냈다.

이 관계를 주목하는 특별한 이유가 있습니다. 미국 대통령의 사임[11]을
이끌어 낸 관계이기 때문입니다. 두 사람은 〈워싱턴 포스트〉 기자였던 밥
우드워드Bob Woodward와 FBI의 마크 펠트Mark Felt입니다. 두 사람은 함께
닉슨Nixon을 대통령이라는 자리에서 끌어내렸습니다. 밥은 칼 번스타인
Carl Bernstein과 함께 〈워싱턴 포스트〉의 심층 취재 기자로 일했으며, 마크
는 익명의 내부고발자라는 뜻을 가진 '딥 스로트Deep Throat'라는 가명으로
FBI의 정보를 은밀하게 제공했습니다.

밥 우드워드는 거의 모든 미국의 주요 저널리즘상을 휩쓸었고, 〈워싱
턴 포스트〉가 두 번이나 퓰리처상Pulitzer Prize을 받는 데 일조했습니다. 밥
이 키워온 관계가 그 성공의 핵심이었습니다. 그 관계는 우연히 생긴 것
이 아닙니다. 관계를 대하는 밥의 전략은 자신에게 중요한 사람을 파악하

---

11 옮긴이 주. 1972년 밥 우드워드는 '딥 스로트Deep Throat'로 불리는 내부고발자의 도움을 받아 워
    터게이트Water Gate 사건을 폭로했고, 결국 1974년 닉슨 대통령은 사임했다.

고 그 후에 그 관계를 발전시켜 나가는 것이었습니다. 발전시켜 나가는 데는 큰 비용이나 노력이 들지 않았습니다. 예를 들어, 어느 누가 젊고 유능하고 심지어 자신의 말 한마디에 감사해하는 사람에게 조언하는 것을 주저할 수 있을까요?

대통령의 범죄 증거를 가진 FBI 요원을 여러분이 우연한 기회에 만날 가능성은 거의 없습니다. 하지만 여러분은 교수와 더 나은 관계를 발전시킬 수 있는 기회는 많습니다. 이 중 일부는 치밀한 작전과 적극성이 필요할 수도 있고 어떤 경우는 교수의 제안에 "네"라고 대답하면 되는 간단한 것일 수도 있습니다.

예를 들어, 예전에 테리가 유명한 금융 회사에서 온 손님들과 함께하는 오찬 자리에 70명의 학생을 초대한 적이 있었습니다. 테리가 학생들을 초대하면서 이런 의미심장한 표현을 썼습니다. "그런데 이 회사는 여름방학 기간에 일할 인턴과 정규직 직원을 모두 구하고 있습니다. 그 일은 매우 재미있으면서 보수도 높습니다."

학생들의 신청이 쇄도할 것이 예상되어, 다음 표현을 추가했습니다. "오찬에 참석할 수 있는 인원이 제한되어 있습니다. 마감 시한 전에 신청한 학생들을 대상으로 행운의 학생 6명을 무작위로 추첨할 예정입니다."

드디어 그날이 되었습니다. 어떤 일이 벌어졌을까요? 점심을 먹다가 두 명의 학생이 면접 기회를 얻었습니다. 그리고 또 다른 한 명은 곧바로 입사 제안을 받았습니다. 당연히 수락했고 현재도 그 회사에서 일하고 있습니다. 그런데 놀랄 만한 일은 따로 있습니다. 70명의 학생 중에서 딱 3

명의 학생만 신청했다는 사실입니다. 추첨할 필요도 없었고, 참석만 했더니 취업 기회까지 얻었습니다. 그러니 여러분의 교수가 누굴 소개해 준다거나, 밥 먹는 기회를 준다거나, 뭔가를 주겠다고 제안한다면, "예!"하고 덥석 물기 바랍니다.

더 신기한 경우도 있습니다. 테리의 또 다른 예입니다. 테리는 한 수업에서 이력서 모음집을 만드는 데 자원봉사자가 필요하다고 공지했습니다. 맨 앞에 앉아있던 카엘라Kaela가 자원했습니다. 카엘라가 이력서들을 정리하는 데 들인 시간은 고작 한두 시간이었습니다. 카엘라는 지금 스톡홀름Stockholm에서 살며 테리의 친한 친구 중 한 명의 회사에서 멋진 일을 하고 있습니다. 우연이었을까요? 결코 아닙니다. 도우려는 카엘라의 의지는 테리의 기억 속에 남았고 절대 잊지 않았습니다.

학기 초에 교수를 만났다면, 이제 다음 단계를 준비해야 합니다. 우선 그 여러 명의 교수 중에서 자신에게 인상적이었고 도움이 될 만한 교수를 추려봅니다. 그런 다음 이들과 더 교류할 수 있는 방법을 찾습니다.

비용이 거의 들지 않으면서 지속적으로 상호작용할 수 있게 만드는 쉬운 방법이 있습니다. 혹시 교수님의 특강이나 연구실 오픈하우스 같은 행사가 있나요? 그렇다면 참석해서 힘이 되어 주세요. "이 시험지를 연구실로 옮겨야 하는데, 도와줄 수 있는 학생이 있나요?" 아주 사소하지만 혹시 교수님이 도움이 필요하다고 말하는 것을 들었나요?

여러분이 특히 중요하다고 생각하는 교수라면 기회를 찾아야 합니다. 교수는 수업 중에 과목과 상관없는 분야에 관심을 드러내기도 합니다.

　　　　　　　　　　　시크릿 실라버스

"저는 지리학에 관심이 있어요.", "요즘 원예에 빠져있죠.", "영화를 많이 봅니다." 또는 교수님이 수업 자료에 아름다운 사진이나 풍경을 삽입하기도 합니다. 이 모든 것들이 접촉 기회를 줍니다. "교수님이 수업 시간에 보여주신 사진이 너무 멋졌습니다. 제가 〈내셔널 지오그래픽National Geographic〉에서 우연히 보게 된 사진인데 교수님이 좋아하실 것 같아 파일을 첨부했습니다."

4. 부담 없는 수준에서 관계를 유지하라

4년(혹은 5년)은 매우 긴 시간입니다. 그 긴 대학 생활이 끝나갈 때쯤이 되면 다양한 필요들이 생겨납니다. 아마도 대부분은 여러분이 현재 예상하지 못했던 것일 수 있습니다. 그러니 지금 당장은 교수가 나서서 도와줘야 하는 상황이 아니더라도 교수와 관계를 발전시키고 유지해 나가는 것이 현명합니다.

멀리 보기 (부록 169페이지)

제목: 교수님, 감사합니다.

제이 펠런 교수님께.

교수님 수업이 필수 교양과목이어서 수강했었습니다. 그런데 지금은 대학원에서 생물학을 공부하고 싶다는 생각도 듭니다. 교수님은 가르치시는 데 천부적인 재능이 있으신 것 같습니다. 분명 대형 강의를 수강하고 있는데 일대일 과외를 받는 느낌입니다.

수업이 끝나고 제가 지능, 결정론, 생물학자에 관해 이상한 질문을 했는데 시간을 내서 답변해 주셔서 감사했습니다. 사람의 몸이 어떻게 기능하는지 알면 알수록 생명이라는 것이 더 신기하고 더 많이 알고 싶어집니다. 이 신비로움 때문인지 이제는 정교한 인체의 기능과 진화의 탁월함으로 저의 관심이 흘러가고 있습니다.

제 인생이 바뀌는 학기를 만들어 주셔서 감사합니다. 교수님의 책, 『다윈이 자기계발서를 쓴다면Mean Genes』을 가족에게 꼭 읽어야 할 책이라고 반강제로 추천했습니다. 그리고 저는 앞으로 개설될 교수님의 생명과학과 관련된 모든 강의를 들을 예정입니다.

아준Arjun 드림

질문: 도움이 되는 메일일까요? 어떤 점이 도움이 될까요?

네, 아주 좋은 메일입니다. 메일을 주고받게 된 배경도 적절합니다. 아준이 이 과목에 관심이 많다는 구체적이고 타당한 사례를 언급하였고, 사려 깊으면서 자신만의 개성이 드러날 뿐 아니라 재미도 있습니다. 교수에 대한 칭찬도 적절한 수준인데다 부탁하는 내용도 들어있지 않습니다!

실수하지 않도록 주의합니다. 메일 내용처럼 실제 대학원에 가기로 마음먹는다면, 대학원 진학에 대한 조언이 필요하게 되고 지원 과정에서 도움이 필요하거나 혹은 추천서가 필요한 상황이 옵니다. 이번 메일로 아준은 기초를 다져 놓은 것이나 다름없습니다. 아마 때가 되면 메일을 받은 교수는 아준이 필요한 것을 모두 도와줄 가능성이 큽니다.

그렇다면, 교수와 맺은 관계는 언제 끝날까요? 간단히 말하면 "절대 끝나지 않습니다."

상호작용을 성공적으로 시작하기 위해서는 교수의 입장에서 생각하는 것이 좋습니다. 첫째, 여러분이 첫 메일부터 질문을 던지면, 질문을 받은 사람은 대답해야 하는 부담감이 생기고 부담감의 작용 때문에 긍정의 느낌이 부정으로 바뀌게 됩니다. 둘째, 간추린 내용보다는 이야기가 더 좋습니다. "오늘 제 사장님이 '오늘 발표 좋았어. 승진도 할 수 있겠어!'라고 칭찬해주었습니다." 이렇게 말하는 것이 "회사에서 일은 잘하고 있습니다."라고 요약하는 것보다 훨씬 좋습니다. 셋째, 메일은 짧아야 합니다. 읽는 데 1~2분 정도면 충분합니다. 아마 "교수님, 잘 가르쳐주신 덕분에 저 잘하고 있습니다! 감사합니다."로 요약되는 메일이지 않을까요?

5. 필요한 내용을 구체화하라: 멘토, 추천서

자신만의 멘토를 갖는 것은 그리 쉬운 일이 아닙니다. 누군가에게 "제발 저의 멘토가 되어주세요."라고 부탁하는 것은 효과가 없습니다. 한 가지 유용한 방법은 특정 문제에 도움을 구해보는 것입니다. 앞서 살펴본 사례에서처럼 밥 우드워드는 마크 펠트에게 로스쿨에 가야 할지, 워싱턴 포스트 기자를 해야 할지 물었습니다. 멘토 입장에서는 즐거우면서도 신나는 일입니다.

단순히 교수에게 수업에서 배운 것을 조금 더 가르쳐 달라고 부탁하는 것만으로는 멘토 관계로 이어질 가능성이 낮습니다. 여러분은 다양한 문제를 만나게 되는데, 이 중에서 교수가 도움을 줄 수 있는 문제이고 도와줄 수 있다고 믿는 이유를 알려 준다면, 이 문제를 통해 멘토 관계로 이어지는 문이 열릴 수 있습니다. 이어지는 한스Hans의 경우를 살펴봅시다.

멘토 (부록 172페이지)

제목: 생명과학2 – 감사합니다.

교수님.

저는 오늘 기말시험 때문에 어젯밤에 늦게까지 공부하다 깜짝 놀랐어요. 이 과목과 정녕 작별해야 한다는 것을 불현듯 깨닫고는 세상이 무너지는 것 같았어요. 이상한 말처럼 들릴 수도 있지만, 짧게나마 UCLA에서 생활하는 동안 제가 가지고 있었던 학구열의 상당 부분을 잃어버렸지요. 의대라는 덫에 빠지니 제가 대학에서 기대했던 것들이 모두 엉망진창이 되어 버렸어요. 하지만 교수님이 배움이라는 것이 얼마나 멋진 일인지 깨닫도록 만들어 주셔서 너무 감사했어요.

저는 뒷북치는 데 남들에게 지지 않는 편이에요. 정말 감사한 마음이 크지만 자존심 때문인지 부끄러움 때문인지 오피스 아워에 찾아가려고 하지도 않았어요.

그래서 아직까지 하지 못한 질문이 남아 있어요. 이번 학기 첫 수업 때, 교수님이 UCLA 학부생 시절에 공부를 따라가는 데 어려움이 있었다고 말씀하신 적이 있었어요. 혹시 비슷한 상황에 처한 학생이 있다면 어떤 조언을 주실 수 있을까요? 어떤 점을 바꾸고자 노력했기에 결국 다시 일어서서 현재의 교수님이 되실 수 있었을까요? 질문이 좀 모호해서 죄송해요. 교수님이 매우 바쁘신 것도 알지만 그럼에도 불구하고 꼭 여쭤보고 싶었어요.

다시 한번, 이번 학기에 환상적인 수업을 해 주셔서 감사해요. 교수님 덕분에 제 가슴이 뻥 뚫린 느낌이에요.

한스Hans 드림

질문: 이 메일은 어떤가요? 어떤 점이 괜찮은가요?

긍정적인 답변을 받을 수 있는 좋은 메일이라고 생각합니다. 이미 우리가 살펴봤던 좋은 메일이 가져야 할 조건들, 즉 배경, 감사와 칭찬, 흥미, 문장 구성까지 모두 갖췄습니다. 그리고 내용도 명확할뿐더러 부탁한 내용도 적절해 보입니다. 이 정도라면 답장을 받는 것은 물론 1:1 면담으로 이어질 가능성도 커 보입니다. 앞으로 멘토 관계로 이어질 수 있을 만한 좋은 시작으로 보입니다.

이번에는 추천서를 요청해야 하는 경우입니다. 학생을 위해 추천서를 쓰는 일은 교수로서는 상당한 시간과 노력이 필요합니다. 하지만 학생들은 교수가 해야 하는 일의 일부분이라고 알고 추천서를 써 달라는 요청을 당연히 받아들일거라 생각합니다. 하지만 추천서를 받아야 할 때가 다가오면 주의해야 합니다. 적절한 방식으로 요청해야 여러분이 필요한 최고의 추천서를 받을 수 있습니다.

추천서 (부록 174페이지)

제목: 추천서

제이 펠런 교수님께.

잘 지내고 계신지 궁금합니다. 교수님이 저를 기억하실지 잘 모르겠습니다. 제 이름은 알로지Alozie입니다. 2016년 봄학기에 생명과학2(세포생물학 및 생리학), 가을학기에 생명과학4(유전학) 과목을 수강했습니다. 최대한 시간을 맞춰서 오피스 아워에도 자주 방문했습니다. 교수님과 조교님들 덕분에 생명과학2 과목은 A−, 생명과학4 과목은 A를 받았습니다.

저는 현재 의학전문대학원에 지원하기 위해 준비 중입니다. 제가 가장 존경하는 교수님이셔서 저를 위한 추천서를 써 주실 수 있는지 여쭙고자 합니다. 실은 제가 교수님의 수업을 정말 즐겁게 수강했기 때문이기도 합니다. 교수님의 수업은 늘 활기가 넘쳤고, 수업에서 배울 내용과 연관된 사진이나 일화를 나타내는 사진을 사용하시기도 하셔서 수업 자료는 항상 흥미로움 그 자체였습니다.

특히 교수님은 늘 배움을 즐거움과 결합하려고 노력하셔서 제가 겪어본 UCLA 교수님 중에서 최고였습니다. 생명과학4를 수강했던 이유도 바로 교수님을 다시 만나기 위해서였습니다. "이로운 사람이 되라."는 주제로 마지막 수업을 해주시고, 모든 학생에게 디디 리즈 쿠키Diddy Reese Cookies를 나눠주시며 작별 인사를 건네셨던 모습이 인상적이었습니다.

교수님께서 저를 자세히 기억하지 못하실 수도 있는데, 좀 더 일찍 연락드릴 걸 그랬나 하는 죄송함도 있습니다. 하지만 저에 대한 이해에 참고하실 수 있도록 자기소개서와 이력서를 보내드릴 수 있습니다. 그리고 교수님이 편하신 시간에 언제든지 찾아뵐 수도 있고, 궁금하신 점이 있으시면 어떤 질문에도 대답할 준비가 되어 있습니다. 바쁘신 중에 시간을 내어 주시면 어떻게든 도울 수 있도록 하겠습니다.

늘 분주한 일정으로 하루하루 보내고 계신 것을 알고 있습니다. 어떤 내용의 답변이라도 주시면 감사하게 받겠습니다. 읽어 주셔서 감사합니다.

알로지 드림

질문: 이 추천서 요청 메일은 잘 쓴 메일일까요?

추천서를 써 달라는 요청이 포함된 이 메일은 이번 장에서 논의한 효율적인 메일에서 필요한 모든 요소가 잘 들어가 있는 메일입니다. 메일을 쓰게 된 배경이 잘 드러나 있습니다. 수백 명의 학생을 만나는 교수에게 과거에 자신과 상호작용했던 사례를 상기시켜 주는 것은 매우 중요합니다.

다른 요소들도 물론 중요합니다. 문법을 틀리지 않고 적절한 단어를 사용하고 문장 구성을 다채롭게 하는 것도 중요합니다. 교수가 머릿속으로 여러분을 자연스레 떠올릴 수 있도록 여러분의 특색이 드러나는 표현이나 자신만이 가진 강점과 잠재력을 은연히 드러내는 자세한 사항을 언급해 주면 더더욱 좋습니다.

질문: 더 잘할 수 있을까요?

추천서를 요청할 때는, 교수가 편하게 추천서를 쓸 수 있도록 여러분이 할 수 있는 일은 다해야 합니다. 필요한 모든 양식을 파일로 첨부(혹은 출력본으로 직접 전달)하고, 교수에게는 추천서 작성에 필요한 시간을 충분히(최소한 2주, 길면 더 좋습니다.) 확보해 주어야 합니다. 다음의 자료를 첨부하면 도움이 됩니다.

- 성적증명서
- 자기소개서
- 추천서를 제출하는 학교 혹은 회사의 구체적인 정보
- 본인 사진
- 정확한 마감 시한

자기소개서의 경우, 개인의 창의성이 가장 잘 드러나는 부분입니다. 자기소개서가 회사이든 대학원이든 합격 가능성을 높일 수 있는 근거가 되기도 합니다. 여러분의 성적은 더 이상 바꿀 수 없지만, 자기소개서는 훌륭하게 쓸 수 있습니다. 제12장에 글쓰기에 대한 설명을 활용해 보길 바랍니다. 대학원을 위해 자기소개서를 쓴다면 자신의 목표와 대학원의 목표를 일치시켜서 일관성 있게 작성할 필요가 있습니다. 게다가 글쓰기는 간결하면서 매력적이고 게다가 재밌어야 합니다. 그리고 반드시 수정할 수 있는 시간을 남겨 놓아야 합니다.

하나 덧붙인다면 교수로부터 답장을 받았거나 추천서를 받았다면, 감사 인사를 전하는 것과 함께 추천서를 제출하고 난 후 최종 결과도 나중에 알려주는 것을 꼭 잊지 않기를 바랍니다.

기억하세요!

❶ 관계는 전략이다. 대학 생활을 하는 동안 여러 교수와 우호적인 관계를 유지하도록 애쓰고 최소 한 명 이상의 멘토를 갖도록 노력하라.

❷ 연구 기회를 얻는 것은 신중한 계획과 정확성이 필요하다. 자신의 가치, 성격, 차별적인 능력을 전달하라. 교수에게 도움이 될 학생인지 의심 가도록 하면 안 된다. 모든 것을 명확하고 간결하게 전달하라.

❸ 매 학기 초에 수강하는 모든 과목의 교수와 간단하면서도 긍정적이고 기억에 남도록 상호작용하라. 자신에게 영감을 주고 유익한 교수를 파악하라. 교수와 접촉할 수 있는 (쉽든지 어렵든지) 기회를 찾아라.

❹ 멀리 내다보라. 아무런 질문이나 부탁이 없으면서 친절하고 명확하며 유익한 정보를 담은 메일은 앞으로 무언가를 요청할 수 있는 관계의 길을 열어 준다. 교수가 학생에게 유익한 영향을 미치고 있다는 사실을 알려주는 것만으로도 교수는 고마운 마음을 갖게 된다. 그리고 당신이 도움이 필요하게 되는 그 순간 기꺼이 호의를 베풀 수 있게 된다.

❺ 추천서가 필요한 상황이 왔을 때, 자신에 대해 정확히 알 수 있고 자신의 장점이 잘 드러나는 정보를 제공해서 교수가 효과적인 추천서를 쓸 수 있도록 하라.

부록: 실제 학생들의 메일 사례 모음

기반 다지기

제목: 교수님, 감사합니다.

안녕하세요. 교수님.

저는 이번 학기 생명과학1을 수강하고 있는 학생입니다. 수업 시간에 직접 말씀드리지 못한 것이 아쉬워 메일을 씁니다. 어느 때보다 지금이 가장 말씀드리기 적절한 때인 것 같습니다. 그 이유는 첫째, 교수님은 저를 모르시기 때문이고, 둘째는 이제 더 이상 뵐 기회가 없으니, 제가 드리는 말씀이 교수님께 잘 보이려고 쓰는 것처럼 보이지는 않을까 걱정하지 않아도 되기 때문입니다.

이번 학기 수업에 감사드립니다. 저는 교수님의 수업 자료가 너무 좋았습니다. 수업 자료뿐만 아니라 교수님의 복장에서 시작해서 세심한 강의 노트, 밝은색의 문제집 등등에 이르기까지 전반적인 수업 분위기가 좋았습니다. 면전에서 이런 말씀을 드리기가 왜 어려웠는지 저도 잘 모르겠습니다. 아마도 제가 그런 말씀을 드리면 교수님의 공감을 얻지도 못하면서 제가 아부하는 것처럼 보이게 될까봐 그런 것 같습니다. 더 이상하면 진짜 아부가 될 것 같아서 이만 줄이도록 하겠습니다.

교수님의 이번 학기 너무 행복했습니다. 감사합니다!

로널드Ronald 드림

질문: 어떤 점이 돋보이나요?

여러 면에서 참 괜찮은 메일입니다. 먼저 자신이 누구이고, 어떤 이유로 메일을 쓰게 되었는지 상황을 잘 설명했습니다. 그리고 상당히 정중하게 교수의 장점을 언급했습니다. 생각해 보세요. 칭찬에 질려 본 적이 있나요? 교수도 비슷합니다. 교수도 사람이지요. 중요한 점은 로널드가 언급한 교수에 대한 칭찬은 상당히 구체적이라는 점입니다. 그렇기에 여타의 칭찬보다는 더 영향력이 있고 가치가 있습니다. 그리고 로널드는 수업을 들으며 매우 사소한 부분까지 주의를 기울이고 있음이 드러납니다. 여러분도 수강하는 과목의 디테일에 주의를 기울이고 있나요? 결코 늦지 않았습니다. 이제부터 시작할 수 있습니다.

로널드는 교수에게 어떤 부탁을 하지 않았습니다. 그렇다고 해서 이 편지가 무용지물이 아닙니다. 오히려 교수와 상호작용으로 이어질 가능성은 더 높아졌습니다.

질문: 그래도 개선할 부분이 있을까요?

자신을 낮추는 것이 나쁘지는 않습니다. 로널드는 조금 과했나요? 이 점을 조금 보완하기 위해 연습 삼아 자신이 수정한다면 어떻게 바꿀 수 있을지 생각해 보시기 바랍니다.

요청하기 - 매들린의 긴 이야기

제목: 연구

제이 펠런 교수님께.

2016년 봄학기 생명과학2 수업 첫날, 저는 생물학에 대한 관심과 자신감도 상당했기에 당당하게 라크레츠110[12]에 들어갔습니다. 그리고 기말고사를 마치고 나올 때, 저는 열정, 의욕, 겸손을 갖게 되었고, 게다가 가장 중요한 능력인 주변을 체계적인 시각으로 바라볼 수 있는 능력을 갖게 되었습니다. 교수님의 모든 수업은 새로운 생각에 눈을 뜰 수 있게 해주었고, 세상을 보는 저의 인식을 시험하는 계기가 되었습니다. 생물학은 이제 저의 모든 일상의 대화에 스며들었습니다. 어느 순간 친구들에게 카페인Caffeine의 특성에 대해 설명하고 있고, 어제는 엄마가 드시는 약 이름을 어떻게 읽어야 하는지 도와드리면서 웰부트린Wellbutrin이 코카인cocaine과 비슷한 작용을 하고, 자낙스Xanax가 GABA의 억제 효과를 증진시켜 준다는 사실을 알게 되어 재미있었습니다.

사실은 두 번째 시험에서 65점을 받았습니다. 저의 생물학에 대한 자신감에 비해 너무 동떨어진 점수였습니다. 과연 이 점수로 과학 분야에서 제 꿈을 펼칠 수 있을지 걱정되었습니다. 하지만 그 점수는 제 꿈을 위해 저의 모든 능력을 쏟아야겠다는 결심을 불러왔습니다. 어떤 수업에서도 이렇게 열심히 노력한 적이 없었던 것 같습니다.

제이 펠런 교수님, 제가 어떤 학생인지 아직 잘 모르시겠지만, 제 자신을 보는 인식과 세상을 바라보는 근본적인 시각이 교수님의 영향을 많이 받았습니다. 그래서 혹시 교수님의 연구실에서 앞으로 함께 일할 수 있는 자리가 있는지 궁금합니다. 교수님께서 과거에 진행하셨던 칼로리 제한과 유전적 영향에 대한 연구는 참 흥미로웠습니다. 교

---

12 옮긴이 주. UCLA 대학 내 강의실로 약 350명을 수용하는 대형 강의실

수님은 저의 기량을 최대한 발휘하도록 도와주실 수 있다고 생각합니다. 저는 생물학 분야에서 흥미로운 발견을 하는 데 기여할 수 있도록 성실하게 열정적으로 일할 수 있습니다.

교수님께서 혹시 참고하실 수도 있어서 저의 이력서를 첨부합니다. 그리고 원하신다면 다른 자료도 보내드릴 수 있습니다. 아무튼 교수님의 생명과학 강의에 혼신을 쏟아 주셔서 감사드립니다. 이번 강의를 들으며 저의 유일한 후회는 오피스 아워에 더 자주 가지 않았다는 점입니다.

매들린Madeline 드림

질문: 이 편지의 강점은 무엇일까요?

매들린의 편지는 훌륭했고 연구 기회를 찾는 질문도 매우 좋았습니다. 자신이 누구인지 왜 편지를 쓰는지에 상황 설명도 적절했습니다. 왜 여러 교수 중에서 한 교수를 선택했는지에 대한 구체적인 설명과 함께 진심 어린 칭찬도 덧붙였습니다. 그리고 매들린의 개성도 빛납니다.

질문: 더 개선할 수 있을까요?

물론입니다. 300단어가 넘어가면 조금 긴 편입니다. 매들린은 자신의 질문을 세 번째 문단 두 번째 문장에 숨겨 놓았습니다. 교수가 이 편지를 좀 서둘러 읽는다면, 이 질문을 못 보고 지나칠 수도 있습니다.

요청하기

제목: 말씀드릴 게 있어요.

안녕하세요, 교수님.

저는 지난 학기에 교수님의 생명과학2를 수강했어요. 그 수업이 저에게 미친 영향이 너무 컸다고 말씀드리고 싶어요. 수업에서 배운 내용도 귀하지만 그것보다는 교수님의 가르치는 스타일, 교육에 대한 철학이 저에게 더 감동이었어요. 특히 마지막 강의 시간에 해주셨던 말씀이 머리에 쏙 박혔어요. (제가 제대로 옮길 수 있을는지 모르겠지만,) 부모님처럼 주변 사람들은 모두 의사만 되면 된다고 몰아붙이지만, 교수님은 스스로가 흥미로운 사람이 되는 것이 무엇보다도 중요하다고 말씀해주셨어요. (저도 의대생이니 그런 압박에 익숙합니다.) 그 말씀에 상당히 공감했어요. 정말 감사해요. 19년 동안 자라오면서 겪었던 교육이 나중에 경제적인 안정을 가져다줄 직업으로 가는 통로로만 여겨졌던 제 인생에 의문을 던져주셨어요.

솔직히 교수님과 좀 더 가깝게 지내고 싶었던 것이 사실이에요. 교수님은 충분히 그 기회를 주셨어요. (예를 들어, 강의 후 점심, 오피스 아워 등) 그런데 어떤 이유에서인지 교수님과 이야기 나눌 용기(?)를 내지 못했어요. 결국 한 번도 점심 식사에 참여하거나 오피스 아워에 가지 않았지요. 교수님의 박식함과 유능함에 조금 겁을 먹은 것 같아요. 교수님 앞에서 감히 흥미로운 말을 할 자신이 없었고, 괜히 교수님의 부족한 시간만 잡아먹을 것 같았어요. 저도 나이로는 이미 성인이 되었지만, 진짜 어른들과는 편안하게 대화하기는 부족한 것 같아요. 그런데… 교수님의 수업을 듣고 나니, 이제는 제 모습을 바꾸고 싶어졌어요. 제가 앞으로 살아갈 인생에서 다른 사람의 말을 수동적으로 그저 받아들이기만 하는 그런 심심한 사람이 되기 싫어졌어요. 제 스스로 무언가를 발견하고 노력하는 사람이 되고 싶어요.

이제 교수님의 수업을 들을 수 없지만, 괜찮으시다면 교수님 연구실에 들러서 이야기를 나눌 수 있을까요? (가능하시다면 언제가 편하실까요?) 여전히 겁이 나기는 하지만 이렇게 하지 않으면 영원히 후회할 것 같아서요. 낯간지럽게 들리시겠지만, 제가 정말 앞으로 되고 싶은 사람이 되기 위해 교수님으로부터 정말 배울 게 많다고 생각되거든요.

마지막으로, 수업 시간에 자주 언급하셨던 교수님께서 진행하셨던 연구에 저도 관심이 있어요. 혹시 지금도 진행하고 계시는 연구가 있을까요? 제가 참여할 수 있는 가능성이 있는지도 궁금하구요.

교수님, 여러모로 시간 내주셔서 정말 감사해요.

신디 셔먼Cindy Sherman 드림

질문: 이 메일의 장점은 무엇일까요?

전반적인 어조가 참 괜찮습니다. 학생의 성격이 잘 드러나는 개인적인 편지입니다. 지나치지 않을 만큼 자신의 부족함을 솔직하게 드러내고 있습니다. 그리고 신중하고 흥미로운 단어를 사용해서 문장도 잘 썼고 길이나 구성, 문체도 적절합니다.

질문: 더 잘 쓸 수 있을까요?

메일에서 언급한 연구 참여에 대한 문의는 조금은 애매하고 모호하게 느껴집니다. 가능하면 조금 더 구체적으로 설명하면 도움이 될 것 같습니다. 그리고 강의 시간에 언급된 어떤 연구가 흥미로웠을까요? 어떤 면에서 관심이 갔을까요? 이 점은 이어지는 메일들을 통해 설명하는 것이 나아 보입니다.

요청하기 - 폭망 사례

제이 펠런 교수님께.

저는 교수님 연구실의 생태학, 원격 환경 탐사 또는 수문학 분야의 연구직에 지원하고 싶습니다. 저는 현재 중국의 유명한 211공정[13] 대학의 하나인 윈난대학교Yunnan University에서 생태학을 공부하고 있습니다.

저의 연구 분야는 습지 수문 모델링Wetlands hydrological modelling, 물 관리Water management에서부터 생태학적 효과분석에 이르기까지 다양합니다. 생물학과 생태학을 4년간 공부했고, 더불어 1년간 연구에 참여하면서 저는 현장 경험을 충분히 쌓았고, 원격 탐사 기술인 지리정보체계Geographic Information System(GIS)까지 능숙함 운용할 수 있습니다.

---

13 옮긴이 주. 1998년 5월에 발표된 985공정은 중국 내 일류대학들을 세계적인 명문대학으로 만드는 것을 목표로 시작된 프로젝트이며, 1990년대에 다시 중국 정부의 주도로 과학기술과 교육의 발전을 도모해서 21세기에 향해 일류대학 100개를 만드는 것을 목표로 211공정 프로젝트가 시작되었다. 최근 이 두 프로젝트는 강조되지 않지만, 민간에서는 985공정, 211공정 소속 여부로 명문대를 가늠한다.

저의 이력서에서 확인할 수 있듯이, 제가 대학을 다니면서 국가프로젝트를 비롯해 여러 프로젝트에 참여하면서 다양한 연구 경험을 할 수 있었던 것은 행운이었습니다. 덕분에 윈난대학교에서 수여하는 우수학생장학금을 2017년과 2019년 두 번이나 받았습니다.

공자의 말을 **인용했다.** "나는 입신에 이르렀다." 저는 더 발전하고 싶습니다. 제 관심 분야의 전문 프로그램을 통해 저의 연구 능력을 키우고자 노력하고 있습니다. 유쾌한 성격에, 낙천적인 태도, 활발한 대인관계 **능력**은 충분한 자격이 있다고 생각하며, 저의 학문 경험과 이력이 교수님이 속해 있는 기관에도 도움이 될 것이라고 확신합니다.

저의 경력과 논문 목록을 포함한 이력서를 첨부합니다. 제가 추가해야 할 내용이 있다면 알려주시길 바랍니다. 감사합니다.

토니Tony 드림

질문: 이 편지가 부적절한 이유는 무엇일까요?
대략 5~6개의 중요한 결함이 있으며, 몇 개는 심각할 정도입니다.

1. 아무런 상황 설명 없이 하고자 하는 말을 쏟아냅니다. 항상 자신이 누구인지, 왜 이 메일을 쓰게 되었는지 그 이유를 설명해야 합니다.
2. 읽는 사람이 잘 모르는 내용, 예를 들어 '211공정'을 언급하기 위해서는 좀 더 상세하고 친절한 설명이 필요합니다.
3. 정작 토니가 관심이 있는 연구 분야는 메일을 받은 교수와는 밀접한 관련이 없는 분야입니다. 아마도 제이 펠런 교수 한 명에게 보낸

메일이기보다는 여러 교수에게 뿌린 메일로 의심됩니다.

4. 인용하는 것은 나쁘지 않습니다. 무언가 새로운 말을 꺼낼 때 흥미를 자아낼 수 있습니다. 하지만 문장이 어색하고 문법적으로 오류(메일의 밑줄)가 있습니다.

5. '저의 학문 경험과 이력이 교수님이 속해 있는 기관에도 도움이 될 것이라고 확신합니다.' 저는 어떤 연구소에 소속한 사람이 아니기에 이 부분도 당황스럽습니다. 다시 한번 말하지만 이 메일은 한 명의 수신자를 위해 세심하게 쓰인 메일이 아닐 가능성이 큽니다.

요청하기

제목: 교수님, 연구조교에 대해 문의드립니다.

제이 펠런 교수님, 안녕하세요.

아마도 교수님은 저에 대해서 전혀 기억하지 못하실 것 같아요. 제 이름은 리시이고, 2016년 겨울에 생명과학2 과목을 수강했고요. 교수님과 점심도 몇 번 함께 먹었어요. 메일을 드리는 이유는, 혹시 요즘 어떤 연구를 하고 계신지 궁금하고, 혹시 기회가 된다면 학부생 연구조교를 할 수 있는지 궁금해서 연락드리게 되었어요. 지난해 이맘때쯤 한 차례 문의 드렸었는데, 안타깝게도 자리가 전혀 없다고 하셨어요.

UCLA에 다닌 모든 기간을 통틀어서 교수님이 제일 친근한 교수님이며, 교수님의 강의는 최고의 명강의라고 생각해요. 수강했던 어떤 수업은 푹 잘 수 있고 맨정신으로 깨어 있기조차 힘들었지만,

교수님의 수업은 너무 재밌게 가르쳐주셔서 졸릴 틈이 없었어요.

교수님을 도울 기회를 얻을 수만 있다면 너무 좋겠어요. 실망시켜 드리지 않을 자신이 있거든요.

감사합니다. 리시Rishi 드림

질문: 이 메일의 장점은 무엇일까요?

간결하고 정중한 메일입니다. 리시는 교수와 가졌던 상호작용을 상기시켜 주었고, 교수님의 장점을 살짝 드러내면서 자신의 문의를 분명하게 전달하고 있습니다.

질문: 손 볼 곳이 있을까요?

자기 입으로 지루한 수업에서는 집중하지 못한다고 말하는 학생을 연구 협력자로서 충분한 자질을 갖춘 학생이라고 볼 수 있을까요? 그리고 왜 굳이 제이 펠런 교수의 연구조교를 하기 원하는지 좀 더 상세한 이유를 곁들였다면 더 좋을 것으로 보입니다. 마찬가지로 애초에 왜 연구조교를 하기 원하는지에 대한 명확한 이유를 설명한다면 교수가 판단하는 데 도움이 됩니다. 그리고 메일을 시작하는 첫 문단도 필요 이상으로 부정적입니다.

요청하기

제이 펠런 교수님께.

제 이름은 파빈입니다. 이번 학기 생명과학1을 수강했습니다. 좋은 강의를 해주셔서 감사합니다. 강의가 정말 재미있어서 한 번도 결석하지 않았습니다. (저에게는 대단한 성취이기도 합니다!) 정직하게 말씀드리면, 이 수업을 전혀 기대하지 않았습니다. 제 룸메이트에게서 이 과목은 외울 게 너무 많아서 지루한 과목이라고 들었기 때문입니다. 하지만 교수님이 가르치는 방식은 정말 인상적이었습니다. 어렵기는 했지만, 제 인생에 도움이 되는 소중한 것들을 많이 배웠습니다. 또 학생들의 학습에 대한 교수님의 진심 어린 관심도 마음에 와 닿았습니다.

저는 과학을 좋아합니다. 하지만 대학에 와보니 과학을 가르치는 교수님들이 학생에게 거의 신경을 쓰지 않는 것 같아서 적잖이 실망했습니다. 하지만 교수님의 수업은 정말 신선했고, 제가 왜 생물학 전공자인지 다시금 일깨워주었습니다. 이 점에 특히 감사드립니다. 교수님, 저는 앞으로 교수님이 진행하시게 될 어떤 종류의 연구라도 참여하고 싶습니다. (저는 마지막 오피스 아워에 찾아갔었던 키 작은 여학생입니다.) 제가 도움이 될 수만 있다면 어떤 일이라도 좋으니 불러 주시기 바랍니다.

파빈Parvin 드림

추신. 교수님이 쓰신 그 책을 지난 주말에 다 읽었습니다. 읽으면서 몇 가지 궁금한 점이 생겼습니다. 시간이 되신다면 교수님과 이야기를 나누고 싶습니다. 책을 읽고 보니, 교수님의 경험과 식견을 수업에 쏟아부었다는 사실을 깨닫게 되었습니다. 생명과학1 같은 수업에까지 말이지요! 아마 교수님의 그 독특한 사례들을 보여주시지 않았다면 계통발생론Phylogeny의 발전 과정을 전혀 이해할 수 없었을 것 같습니다.

파빈 학생도 좋은 메일을 썼습니다. 차분한 어조, 구체성과 명확성을 갖추었고 재미있게 쓰기까지 했습니다.

이어지는 앨리타의 메일도 좋은 예시입니다.

멀리 보기

제목: 감사합니다!

제이 펠런 교수님께.

교수님, 의학전문대학원 지원에 필요한 추천서를 써 주셔서 정말 감사합니다. 교수님의 추천서가 큰 힘을 발휘했습니다! 지금까지 UCLA, UCSF, USC, UConn에 더해 하버드까지 합격했습니다! 교수님의 추천서 덕이라는 것을 부인할 수가 없습니다. 교수님이 바쁜 다른 일을 모두 제쳐두고 저를 도와주시기 위해 애쓰셨다는 점에 너무 감사합니다.

교수님, 제가 하버드에 지원하게 된 이유가 교수님 때문이라는 사실을 알아주셨으면 합니다. 교수님과 상담하기 전까지 저는 하버드에 지원할 자격이 안 된다고 생각했었습니다. 제 모든 친구도 "하버드는 아무나 못 가."라며 만류했었습니다. 그래서 저는 서부에 있는 대학에 지원하는 것으로 만족해야겠다고 생각했었습니다. 하지만 하버드에 지원해 보라는 교수님의 격려와 더불어 교수님이 하버드를 다니면서 겪었던 많은 기회, 그리고 열정적인 경험담을 듣고 지원하지 않을 수 없었습니다. 그리고 결국 꿈꾸던 곳에 다니게 되었습니다!

어느 학교가 저에게 가장 맞는 학교인지 고민하는 중이지만, 교수님께서 도와주신 데에 진심으로 감사드립니다. 여러 학교에 합격하게 된 일등공신은 교수님의 추천서라고 생각합니다! 교수님은 과학의 원리를 일상생활에 적용할 수 있다는 사실을 깨닫게 해주신 분입니다. 교수님의 책이 얼른 출판돼서 저 같은 수많은 학생이 자극을 받았으면 좋겠습니다!

앨리타Alita 드림

멀리 보기

제목: 감사합니다!

펠런 교수님께.

기억하시기는 어렵겠지만, 저는 8년 전에 교수님이 가르치셨던 생명과학1을 수강한 학생입니다. 그 당시 저는 1학년 신입생이었고, 전공을 뭐로 할지 고민하던 중이었지요. 고등학교 때까지만 하더라도 생물학을 좋아했는데, 대학에 와서는 생물학을 전공으로 하려니 조금 망설여졌어요. 그런데 봄학기(2011년이라고 생각되네요.)에 교수님의 수업을 듣고 나서는 생물학에 대한 저의 열정이 식지 않았다는 것을 깨달았어요. 그 수업은 저를 사로잡았고 믿을 수 없을 정도로 흥미로웠지요. 그때 교수님의 책도 사서 처음부터 끝까지 며칠 만에 모두 읽었어요. 교수님의 강의 스타일은 고등학교 때 경험해보지 못한 방식이었고, 생물학을 이해하기 쉽고 공부하기도 쉽게 만들어 주었어요. 그 후 2014년에 저는 생물학과를 졸업했고요.

어제 제가 가르치는(저는 고등학교 선생이 되었어요!) 학생들이 생물학 AP 시험을 치렀어요. 시험이 끝나고 제가 어떻게 여기까지 오게 되었는지, 어떤 분의 도움을 받았는지 돌이켜 보았어요. AP 생물학 선생이라는 자리가 저는 너무 좋고 학생들과 직접 부대끼며 실제 생명 현상을 설명해 줄 수 있어서 너무 좋아요. 최근에 교수님께서 『생명이란 무엇인가?What is Life?』라는 교과서를 출간하셨다는 소식을 다른 선생에게 들었어요. 그리고 저는 '이제 감사 편지를 보낼 시간이 되었구나.'라고 생각했어요. 제가 수업할 때, 개념과 주제를 한데 묶어서 설명하려고 노력하는데, 이 방법은 모두 교수님께서 가르치시던 방법이에요. 제가 가르치는 학생들에게 늘 생물학은 교과서에 쓰인 사실 그 이상의 의미라고 말해주고 있어요. 그리고 교수님께서 생명과학1 수업에서 저에게 해주셨듯이, 학생들이 세상을 새롭게 볼 수 있도록 노력하고 있지요.

어쩌면 교수님의 교수법이 제가 학생을 가르치고 싶어 하는 열정에 불을 붙여준 것 같아요. 사람들에게 과학을 좋아하게 만들 수 있겠다는 자신감을 얻었기 때문이지요. 그래서 계속해서 더 노력하고 있어요. 생물학 석사학위를 받으려고 고민 중이고, 그에 앞서 이번 여름에 캘리포니아주립대학교 풀러턴 캠퍼스California State University, Fullerton에 서 연구에 참여해 볼 예정이기도 해요.

교수님이 쓰신 교과서를 볼 수 있게 되어 정말 기뻐요. 그리고 제가 생물학을 전공할 수 있도록 용기를 북돋아주시고, 가르치는 자리에 설수 있도록 도와주셔서 다시 한번 감사드려요.

에이미Amy 드림

질문: 앨리타와 에이미의 메일에 고칠 점이 있나요?

전혀 없어 보이네요. 메일을 받은 교수는 이들의 든든한 협력자가 될수 있을까요? 한마디로 말할 수 있습니다. "당연하죠!"

멘토

제목: 생명과학4을 수강했던 학생입니다.

교수님, 안녕하세요.

아마 저를 기억하시지 못하시겠지요. 저는 학부생일 때 생명과학4(유전학) 과목을 몇 년 전에 수강했었지요. 그 과목을 수월하게 따라간 편이라서 오피스 아워에는 한 번도 가지 않았네요. (역설적이게도 지금 땅을 치고 후회 중이고요.) 제가 UCLA를 다닐 때 들었던 수업 중에서 최고의 수업 중 하나였다는 말씀을 꼭 드리고 싶어요. 수업이 끝나면 다음 수업이 기다려지는 유일한 수업이었거든요. 저는 소위 혼혈인이기 때문에 개인적으로 교수님의 대칭Symmetry과 유전적 특징에 대한 명쾌한 강의가 참 흥미진진했어요. 저 스스로 어떤 유전적 특징을 가졌는지 늘 궁금했었거든요. 교수님의 수업 덕분에 유전학에 대한 관심이 생겼고, 선택과목으로 몇 과목을 더 수강했어요.

저는 지금 마다가스카르Madagascar의 평화봉사단에서 일하고 있어요. 여기에서 가끔 여우원숭이의 개체 표본 추출을 하는 연구원을 만나기도 해요. (이야기를 나누다가 다른 종으로 분류해야 할지, 혹은 변종으로 구분해야 하는지를 두고 논쟁하기도 하고요.) 연구원들을 도울 수 있게 된 것은 UCLA 다닐 때 교수님의 수업을 들은 덕택이지 않을까 싶어요. 간혹 여우원숭이 발가락의 비율을 연구하는 사람이 있기는 하지만 아직까지 대칭에 대한 연구는 없는 것 같아요. 하지만 지금은 제가 사랑하는 동식물의 보존이 더 걱정되기 때문에 제가 참여하는 프로젝트는 주로 개체 보존과 관련되어 있어요.

이야기가 길어졌네요. 교수님께서 앞으로도 여전히 학생들의 마음을 움직이는 몇 안 되는 교수님으로 남으시기를 응원할게요!

마다가스카르에서 앨리Ali 드림

추천서

제이 펠런 교수님께.

제 이름은 파티마^{Fatima}입니다. 지난 학기 생명과학2를 수강했습니다. 해가 바뀌었지만, 여전히 이 과목은 UCLA에서 들었던 과목 중에서 최고의 과목입니다. 너무 잘 가르쳐 주셔서 정말 감사드립니다. 제가 메일을 드리는 이유는 따로 있습니다. 최근에 제가 캠퍼스 안에서 연구 경험을 할 수 있는 자리가 있어서 면접을 봤습니다. 면접 때 자신을 추천할 만한 교수가 있느냐는 질문에 교수님의 성함을 언급했습니다. 정말 많은 학생을 가르치고 계시고 학생을 일일이 기억하기 어려우시겠지만, 교수님이 학생들에게 좋은 영향을 끼치고 계시기에 이래저래 교수님을 언급하는 학생이 많을 것으로 생각합니다. 불편하실 수도 있겠지만, 린다^{Linda} 박사님께서 저에 대해 물으려고 교수님께 연락하실 수 있다는 점을 알려드립니다. 실은 이 말씀을 드리려고 오늘 아침에 교수님 연구실에 들렀는데, 계시지 않아서 말씀 드리지 못했습니다. 혹시 연락이 올 것을 대비해서 몇 가지 정보를 남겨 드립니다. 교수님 성함을 언급하기 전에 미리 허락을 구하지 못한 점은 죄송합니다.

저는 오피스 아워 때 자주 찾아갔었습니다. 그리고 교수님과 함께하는 점심시간도 자주 참석했습니다. 교수님께서 흥미롭게 생각하시는 외부 연구에 대해서 몇 번 메시지를 보내기도 했었습니다. 그리고 교수님께서 쓰신 책을 저와 제 친구들에게 읽어보라며 빌려주시기도 했습니다. 어느 때인가 점심 식사를 함께 하면서 저희에게 자신의 특이하고 엉뚱한 특징이 있는지 물으신 적이 있습니다. 그때 제가 했던 대답이 옷 입는 일에 대해서는 좀 심한 강박이 있는 편이라고 대답했었습니다. 그때 교수님의 아내도 드레스나 치마 외에는 다른 옷을 절대 입지 않는다고 말씀하시기도 했었습니다. (이쯤 되면 저를 기억하실 것 같습니다!) 저도 뉴욕에서 살다 왔는데, 교수님도 뉴욕에서 글 쓰는 것을 너무나 좋아했었다고 말씀하시기도 했습니다. 린다 박사님께 좋은 말씀을 해주시기를 바라는 의미에서, 민망하지만 교수님의 수업에서 저는 A를 받았습니다! 현재 생리학 전공으로 3학년에 재학 중이고 졸업 후에는 의학전문대학원에 진학할 계획을 가지고 있습니다. 지금은 병원에서 자원봉사도 하고 캠퍼스 안에서 여러 일에 참여도 하고 있습니다.

다시 한번 급하게 말씀드린 점 죄송합니다. 저희에게 빌려주신 책은 다음 주에 연구실에 들러 돌려드리겠습니다. 혹시 다른 정보도 필요하시면 말씀 주시기 바랍니다.

그럼 즐거운 주말 보내시길 바라며, 이만 줄입니다.

파티마Fatima 드림

THE SECRET
SYLLABUS

공부의 기본

10 어떻게 공부할까?

첫 번째 시험 결과가 발표되면 거의 반사적으로 다음과 같은 메일을 받습니다.

안녕하세요, 교수님.

생명과학 수업을 수강하는 에이다Aida입니다. 좀 전에 중간고사 성적을 확인했는데, 너무 실망했습니다. 교수님 수업에 할애한 저의 공부 시간을 정확하게 반영한 점수라면 수긍하겠지만, 제가 이 과목을 위해 얼마나 힘들게 공부했는지를 생각하면 너무 억울합니다. 제가 받은 점수는 시험공부에 들인 저의 노력과 시간에 비하면 너무 터무니없습니다.

저는 강의를 결석한 적도 없고 성실하게 토론에 참여했으며 퀴즈 시험뿐만 아니라 독서 과제도 성실하게 했습니다. 진심으로 열심히 공부했고 수업 내용도 잘 알고 있어서 시험도 잘 봤다고 생각했습니다. 지금도 다음 시험을 위해 준비하고 있는데, 지금 쏟고 있는 노력이 정당하게 평가받지 못할 것 같아 두렵습니다.

이런 메일은 학생들에게 받는 가장 흔한 메일입니다. 표현은 조금씩 다르지만 전하고자 하는 내용은 같습니다. '나는 공부를 충분히 많이 했고, 시험도 잘 봤는데, 점수를 확인하고 충격을 받았다.' 에이다의 메일도 '시험은 불공정했다. 시험 점수보다 내 능력이 훨씬 더 낫다는 것을 알고 있다.'는 내용을 암시하고 있습니다.

나쁜 결과를 받아들고 보이는 이런 반응은 흔합니다. 하지만 모두가 그런 것은 아닙니다. 수영선수 마이클 펠프스Michael Phelps가 올림픽에서 실망스러운 성적을 거뒀던 경험을 예로 들어보겠습니다. 펠프스는 올림픽에서 총 18개의 금메달을 땄습니다. 1896년 근대 올림픽이 시작된 이래로 가장 많은 금메달을 딴 선수이면서, 심지어 두 번째로 많은 금메달을 딴 선수의 두 배나 되는 기록입니다. 100년이 넘는 기간을 통틀어 다른 뛰어난 선수보다 두 배의 기록을 가졌다는 사실은 정말 놀라운 일입니다.

그렇다고 해서 펠프스가 출전한 모든 경기에서 좋은 성적을 거둔 것은 아닙니다. 2012년 런던 올림픽 400m 개인 혼영 부문에서 펠프스는 참패했습니다. 이 부문은 4년 전인 2008년 베이징 올림픽에서 펠프스가 금메달을 딴 부문이었습니다. 여전히 2012년에도 세계 최고기록 보유자였지만 실제 경기에서 다른 선수보다는 느렸습니다.

마이클 펠프스도 에이다처럼 이렇게 말할 수 있었겠지요.

존경하는 올림픽 조직위원께.

방금 400m 개인 혼영에 출전했는데 결과가 끔찍합니다. 제가 훈련한 시간을 정확하게 반영한 결과라면 받아들이겠지만, 제가 이 종목을 위해 얼마나 힘들게 훈련했는지를 생각하면 너무 억울합니다. 4위라는 결과는 이 종목을 위해 훈련한 저의 노력과 시간에 비하면 너무 터무니없습니다.

저는 훈련을 날마다 했고 체력 훈련도 빠뜨리지 않았습니다. 다음 대회를 위해 또다시 준비하고 있는데 지금 쏟고 있는 노력이 정당한 결과로 이어지지 않을까 두렵습니다.

그런데 펠프스는 실제로 어떻게 했을까요?

우승자를 진심으로 축하해주었습니다. 그리고 자신의 레이스가 엉망이었다고 자책했습니다. 한 기자가 펠프스에게 바깥쪽 레인에서 레이스를 했기 때문에 물살의 저항이나 시야 방해가 저조한 결과의 원인이 된 것은 아니냐고 물었습니다. 펠프스는 대답했습니다. "바깥쪽 레인과 제가 4위를 한 것과는 상관이 없어요. 제가 레이스를 형편없이 한 거죠."

메일에 쓴 것처럼 에이다가 시험 결과에 놀란 것은 거짓말이 아닙니다. 하지만 두 가지 잘못된 가정을 전제하고 있습니다. 시험 점수는 반드시 시험을 준비하며 공부한 시간을 반영해야 한다는 가정과, 공부한 내용을 충분히 잘 안다는 자신의 인식이 실제 정확한 시험 결과로 드러나야 한다는 가정입니다.

안타깝지만, 이 두 가지 가정은 모두 틀렸습니다. 그리고 에이다만 그렇게 생각하는 것도 아닙니다. 이런 생각은 널리 퍼져 있습니다. 하지만 좋은 성적을 받는 데 도움이 되지도 않습니다. 많은 학생이 성적을 받으면 우선 놀랍니다. 그런데 이렇게 놀라는 시점은 모든 수업이 끝난 이후가 대부분입니다. 어떤 변화를 주기에는 때가 이미 늦었습니다. 그리고 학생들은 자신이 받은 성적이 불공정하다고, 운이 안 좋았다고, 성적을 잘못 줬다고, 혹은 둘 다라고 믿습니다.

이번 장의 강조점은 학생들이 오해하고 있다는 사실을 지적하는 것에 있지 않습니다. 공부를 많은 시간 동안 충분히 했고, 좋은 성적을 받기 위해 각고의 노력을 기울였는데도 예상치 못한 나쁜 결과를 받았을 때 놀라고 실망하는 것은 당연합니다. 이번 장에서는 여러분에게 이런 문제가 발생하지 않도록 예방하는 방법을 알려주려고 합니다.

교육과 관련해서 가장 이상한 점이 한 가지 있습니다. 우리는 어릴 때부터 학교에 다니며 공부를 시작합니다. 학교에서 교과서를 읽고, 수업을 듣고, 학습 활동을 하고, 시험도 봅니다. 하지만 우리에게 실제로 어떻게 배우고 공부해야 하는지를 알려주는 사람은 드뭅니다.

안타깝게도 배우고 공부하는 방법에 대한 내용은 일반적인 과목의 내용이 아니기 때문에 늘 도외시되었던 것이 사실입니다. 그래서 우리는 잘 배우고 잘 공부하는 방법에 대해 거의 들어보지 못했습니다. 결국 에이다가 경험한 것처럼 우리는 길을 잃고 헤매게 됩니다.

실수#1: 읽고 또 읽고, 밑줄 긋고, 강의 듣고
대부분 학생이 스스로 터득하는 공부 방법의 일반적인 특징이 하나 있습니다. 바로 수동적이라는 점입니다. '책상에 발을 올리고 교과서를 읽

는다. 형광펜을 꺼내 중요한 부분에 밑줄을 긋거나 표시한다.'

아니면, '수업에 사용하는 교과서를 준비하고 강의를 위해 게시된 수업 자료를 출력해 둔다. 교수님 강의를 들으면서 수업 자료를 읽는다. 그리고 형광펜으로 중요한 부분에 밑줄을 긋거나 표시를 한다. 그리고 의지가 있다면, 수업 때마다 반복한다.' 이런 방법도 아니라면, '매주 수십 시간 넘게 열심히 공부한다.'

실수#2: 점검 없는 공부

이렇게 공부했다면, 시험을 앞두고 있더라도 모든 내용이 익숙하게 느껴집니다. 모두 다 아는 것처럼 말입니다. 하지만 여러분은 내용을 인지한 것과 내용을 숙달한 것을 혼동하고 있습니다.

실수#1의 방법으로 공부했을 때는 실제로 자신이 그 내용을 제대로 숙달했는지 알 수가 없습니다. 시험이나 과제에서 좋은 결과를 받지 못했을 때 비로소 깨닫습니다. 하지만 그 깨달음의 시기가 썩 좋은 타이밍이 아닙니다.

효과적인 공부를 위한 6단계

대학에서 공부를 하는 이유는 두 가지입니다. 첫째는 배움이고, 둘째는 시험이나 과제에서 좋은 성적을 받기 위함입니다. 효과를 극대화하려면, 여러분의 공부 계획은 다음의 필수 요소를 꼭 포함해야 합니다.

시크릿 실라버스

- 수동적인 학습에서 능동적인 학습으로 변경하기
- 학습 내용을 실제 활용할 수 있도록 구체적인 방법으로 연습하기
- 효율적인 공부를 위해 공부 시간을 정해놓기
- 아는 것과 모르는 것을 스스로 평가하기

수십 년 동안 발표된 교육 분야의 연구 결과가 반영된 필수 요소입니다. 우리는 효율적인 공부를 위해 이들 필수 요소를 실행할 수 있는 여섯 단계의 계획을 마련했습니다.

시작하기 전에 기억할 것이 하나 있습니다. 굳이 혼자서만 이 고민을 할 필요는 없습니다. 도움을 받을 수 있는 곳이 주변에 있습니다. 우리의 동료 주디스Judith는 수년 동안 대학에 있는 학습지원센터에서 일했습니다. "학생들이 하는 행동 중에서 가장 바꾸고 싶은 한 가지는 뭔가요?"라고 물었을 때, 주디스는 이렇게 대답했습니다. "가급적이면 빨리 저를 만나러 오도록 하고 싶네요."

이어지는 여섯 단계는 꽤 효과적이고, 여러분에게도 분명 효과가 있을 것입니다. (결코 과장하고 싶지 않습니다.) 명심할 점은 우리의 목표는 여러분이 더 많이 공부하게 만드는 것도 더 열심히 공부하게 만드는 것도 아닙니다. 더 똑똑하게 공부하게끔 만드는 것이 우리의 목표입니다.

1. 굳이 손으로 필기를?

학생들이 강의 내용이 정리된 자료를 나눠주면 안 되냐고 묻는다면 교수는 뭐라고 말해야 할까요? 질문에 답하기 전에 이 사례를 생각해 봅시다. 예전에 두 살배기 아이가 담배 피우는 영상이 공개된 적이 있습니다.

격한 반응이 일었고 기자들이 가족에게 달려들어 어린아이에게 왜 담배를 줬는지 물었습니다. 이 질문에 아이의 아빠라는 사람이 이렇게 답했습니다. "담배를 못 피우게 하면 아이가 울면서 짜증을 내거든요."

"안 돼!"라는 말은 부모가 사용할 수 있는 말 중에서도 상당히 중요한 말입니다. 절제력이 부족한 아이들의 욕구는 매우 나쁜 결과로 이어집니다. 보통의 아이들이라면 담배보다는 사탕을 달라고 떼쓰겠지만, 사탕도 마찬가지입니다. 나이가 더 많고 인생을 더 경험한 어른이라면 나쁜 결과를 예상하고, "안 돼!"라고 말해줘야 합니다.

교수가 강의하는 내용을 요약해 놓은 자료는 대학생에게 일종의 사탕입니다. 하지만 대부분 부모는 사탕을 달라고 하면 "안 돼."라고 말하지만 많은 교수는 "안 돼."라고 말하지 않습니다. 강의 요약본을 학생에게 나눠주면, 교수도 더 많은 내용을 편하게 가르칠 수 있습니다. 그렇지 않으면, 교수는 칠판이나 화면에 수업 내용을 모두 적어야 하고 학생들이 필기를 끝낼 때까지 조금 기다려야 하기 때문입니다.

하지만 수업 내용이 더 많아지면 학생들은 교수에게 그 내용도 달라고 요구합니다. "저희가 빨리 받아쓸 필요가 없어지면 교수님 말씀을 놓치지 않고 집중할 수 있잖아요." 상당히 그럴듯하게 들립니다. 교수는 종종 이런 요청에 마지못해 굴복하지만 이는 결국 아이에게 밥 대신에 사탕을 먹이는 것과 같습니다. 당연히 나쁜 결과로 이어집니다. 그러니, 강의 전에 강의 노트가 사탕처럼 주어지더라도 덥석 입에 넣지 마세요.

이유를 살펴볼까요. 세심하게 통제된 여러 연구에서, 연구자들은 학생들이 교수에게서 강의 노트를 받은 경우와 직접 필기해야 했던 경우를 나누어 시험 성적을 비교했습니다.

결과는 역시나 놀라웠습니다. 직접 필기를 해야 했던 학생의 점수가 더 높았습니다. 한 대표적인 연구에서는 그 점수 차이가 18%나 되었습니다. 그런데 한 가지 재미있는 사실이 더 있습니다. 스스로 필기를 했던 (그리고 더 높은 성적을 받은) 학생들은 필기하느라 교수에게 집중하기가 어려웠다고 답했다는 사실입니다.

부정하고 싶은 실망스러운 결과지요? 충분히 이해합니다. 저자인 우리도 교수님이 친절하게 강의 노트를 나눠주신 수업도 들어봤고, 엄청난 필기를 해야 하는 수업도 들어봤습니다. 필기하는 것은 고된 일입니다!

사실 이런 연구 결과도 있습니다. 연구자들이 필기가 실제로 얼마나 힘든 일인지 '인지 노력Cognitive effort'을 측정하는 방법으로 그 강도를 정량화했습니다. (이 연구는 보조 작업을 하면서 주요 작업을 수행해야 하는 상황에서 발생하는 방해의 정도를 측정했습니다.) 단순히 문장을 읽을 때보다 노트 필기는 두 배의 인지 노력이 필요했습니다. 사실, 체스 선수보다 더 많은 인지 노력이 필요합니다!

노트 필기가 힘들다는 것은 우리 모두 잘 알고 있습니다. 하지만 왜 필기하는 것이 더 좋다고 하는 걸까요? 우리는 이 답도 이제 알고 있습니다. 노트 필기할 때 필요한 인지 노력은 학습과 기억에 관련된 뇌 과정 brain process을 활성화 시킵니다. 안타깝게도 그저 강의 노트를 따라 읽을 때는 이런 일은 일어나지 않습니다.

교육에 관련된 연구는 더 많은 통찰을 제공해 줍니다. 필기할 때 학생은 수많은 중요한 의미 신호에 더 집중하게 됨으로써 결국 내용에 대한 이해가 깊어지고 수업에 더 적극적으로 참여하게 됩니다. 필기해야 한다는 시간적 압박에도 불구하고, 강의를 듣고 이해하면서 노트까지 적는 것은 강의를 그저 듣기만 하는 것과는 효과 측면에서 비교가 되지 않습니다.

여러분이 썩 좋아하지는 않겠지만, 노트 필기에 대한 연구가 하나 더 있습니다. 프린스턴Princeton에서 진행된 중요한 연구입니다. 연구자들은 종이에 펜으로 필기하는 학생과 노트북을 사용하는 학생 그룹을 비교했습니다. 노트북을 사용한 학생의 필기는 대본처럼 강의 내용을 거의 그대로 옮겨 놓은 것과 같았습니다. 반면 종이와 펜을 사용하는 학생은 속도가 느렸고 노트의 양도 적었습니다. 하지만 물리적인 방법으로 필기를 하는 경우 학생은 수업 내용에 더 깊이 몰입해야 했고 중요한 내용을 요약해서 적을 수 있었습니다.

그리고 이어진 시험에서 두 그룹은 단순한 사실을 기억해서 푸는 문제에서 동등한 결과를 얻었습니다. 하지만 개념에 관한 질문에 대해서는 손으로 직접 필기를 하는 학생의 결과가 현저히 더 좋았습니다.

No pain, no gain! 고생이 없으면, 얻는 것도 없습니다. 노트 필기를 쉽게 하는 방법이란 없습니다. 전직 보디빌더였던 아놀드 슈왈제네거 Arnold Schwarzenegger가 남긴 명언에서 조금의 위안은 얻어 볼까요?

챔피언이 될 수 있는 유일한 방법은 스스로 괴롭게 하는 방법이죠. 강제적으로 고문과 고통을 반복적으로 가하는 것이지요. 저는 이 방법을 고문 루틴이라 부르죠. 정말 고문과 비슷해요. 내 몸에 스스로 고문을 가하는 것이죠. 고통을 기쁘게 생각하는 것이 도리어 도움이 돼요. 내가 성장하기 원하면, 고통이 나에게는 즐거움이에요. 그래서 고통의 순간이 기분이 끝내주는 순간이죠. 기가 막히죠. 사람들은 자학하는 게 아니냐고 묻지만 아니죠. 이유가 있는 고통이니 즐기는 거예요. 저는 주사 맞는 것조차 싫어해요. 하지만 챔피언이 될 수 있다면, 어떤 고통이든 즐겁게 견딜 거예요.

'고생이 없으면, 얻는 것도 없다.'는 우리의 지성에도 적용됩니다. 교수님이 나눠주시는 강의 노트에만 의존하면 여러분은 강의에서 배울 수 있는 것이 줄어듭니다.

2. 효율적으로 필기하기

노트 필기가 중요하지만 적기만 한다고 모든 것이 해결되지는 않습니다. 테리의 학생 중에 바히티Bahiti라는 학생이 있었습니다. 바히티는 시험 때마다 낙제점에 가까운 점수를 받았습니다. 어떤 학생은 해야 할 일을 전혀 하지 않아서 낙제하지만 바히티는 그 경우가 아니었습니다. 바히티는 모든 수업에 출석했고, 과제도 성실하게 하는 학생이었으며, 고등학교를 수석으로 졸업한 수재였습니다.

어느 수업엔가 바히티는 문제지를 제출해야 하는데, 실수로 자신의 필기 노트를 제출했습니다. 우연한 실수였지만, 문제의 원인이 밝혀진 계기가 되었습니다.

바히티가 노트 필기를 잘하지 못했던 걸까요? 이상한 내용을 적었던 걸까요? 제대로 적지 않았던 걸까요? 아니요. 그녀의 필기 노트는 완벽

그 자체였습니다. 테리가 강의하면서 칠판에 적었던 내용을 한 글자도 놓치지 않고 똑같이 옮겨 적었습니다. 한 페이지만 조금 달랐습니다. 그 페이지에는 테리의 강의 내용에 더해 한 송이 꽃을 그렸습니다. 바히티가 수업에 와서 하는 일은 테리가 쓴 내용을 글자 그대로 옮겨 적는 일이었습니다. 그 이상도 그 이하도 아니었습니다.

오래된 우스갯소리 중에, 대학 강의는 잠시 뇌를 내려놓고 교수의 노트를 학생의 노트로 옮겨 적는 것이라는 말이 있습니다. 〈리얼 지니어스 Real Genius〉14라는 제목의 영화에서 이 우스갯소리를 논리적으로 표현하는 장면이 나옵니다. 영화는 캘리포니아California 주 패서디나Pasadena에 있는 캘리포니아공과대학교Caltech를 모방한 퍼시픽텍Pacific Tech을 배경으로 합니다. 이 퍼시픽텍의 어느 수업에서 시간이 지날수록 수강생이 점점 줄어듭니다. 대신 학생의 자리에는 녹음기가 점점 많아집니다.

강의의 목적이 오로지 교수가 하는 말을 받아 적는 것이라면, 영화처럼 녹음기를 사용하는 것이 백 배 낫습니다. 영화에서 모든 학생이 수업에 오지 않자, 그 과목을 가르치는 퍼시픽텍 교수도 더 이상 강의실에 오지 않고 자신의 강의를 녹음해서 수업 시간에 강의실에 틀어 놓습니다.

수업 내용을 학생이 노트에 잘 옮겨 적도록 하는 것이 중요하다면, 오히려 강의 노트를 교수가 학생에게 주는 것이 훨씬 효율적입니다. 하지만 지식의 확장을 위해서는 결코 바른 방법이 아닙니다.

---

14 옮긴이 주. 1985년 발표된 SF영화로, 국내에는 〈21세기 두뇌 게임〉이라는 제목으로 개봉되었음.

그렇다면 어떤 노트 필기가 효과적일까요? 이 질문에 대한 답은 특별하지 않습니다. 그 답은 수동적인 노트 필기를 능동적인 노트 필기로 바꾸고, 노트 필기를 학습의 일부로 바꾸는 것입니다. (이 질문과 관련해서 수많은 연구 결과가 알려주는 답이 있으며, 그 답이 맞다고 확신합니다.) 이 답은 여러분의 노트 필기의 방향을 정해 줍니다.

- 내용을 종합적이고 일관성 있게 필기하라. 교수가 하는 말을 똑같이 받아 적으려고 하지 마라. 다만, 확실히 이해할 수 없는 경우는 많이 적어라.

- 강의 전체의 명확한 흐름을 나타내는 구조를 짚어 내도록 필기하라. 교수에게 강의 개요를 미리 알려달라고 요청하는 것은 무리한 부탁이 아니다. 보통의 교수라면 강의를 준비할 때마다 개요를 우선 고민한다.

- 슬라이드 화면이나 게시판에 올려 준 자료의 내용을 넘어서는 내용을 필기하라. 특히 중요한 내용과 전후 맥락은 자료보다는 강의로 전해진다. 육성으로만 전해진 중요한 내용을 필기에 옮겨 놓을 경우, 몇 주 또는 몇 달 후 노트를 다시 볼 때 매우 유용하다.

- 결정적으로 중요하다고 판단되는 세부 정보나 다른 주제와 연결 고리가 될 수 있는 것과 같은 예시도 적어 놓으라. 중요한 주제를 상징적으로 나타내는 예시를 통해 배우는 것은 상당히 중요하다.

- 교수의 말투, 어조, 몸짓으로 강조하는 내용이 있다면 적어 놓으라. 교수가 말하는 내용뿐만 아니라 교수가 어떻게 말하는지도 중요하다. 최상급을 사용해서 표현했다면? 재차 반복했다면? '상당히', '중요한'과 같은 표현은 그저 하는 말이 아닌, 주의를 기울여야 하는 부분임을 강조한 것이다. 모든 단어가 똑같지 않다. 중요한 표현이나 내용을 구분해서 적고, 별표 혹은 화살표를 사용해서 표시하라. 교수가 상대적으로 중요한 내용을 말하게 될 때 스스로가 특별한 몸짓이나 보디 랭귀지를 사용하기도 한다. 평소보다 손동작을 과하게 사용해서 강조한다면? 강의 자료를 보면서 설명하다가 학생을 똑바로 바라보며 설명한다면?

마지막으로, 노트 필기를 잘하기 위해서는 고도의 집중과 노력이 필요하기 때문에 수업이 끝난 후에 여러분의 노트를 옮겨 적고, 다듬는 시간이 필요합니다. 그 최종 버전을 여러분이 공부할 때 사용해야 합니다. 옮겨 적고 다듬는 과정은 여러분의 노트 필기를 더 좋게 만들어 줄 뿐 아니라 놀라운 학습 향상으로 이어집니다.

과연 노트 필기를 잘했는지 확인하는 방법이 하나 있습니다. 그 수업을 듣지 않는 룸메이트에게 여러분의 노트를 주고 수업을 듣지 않았는데도 그 수업 내용을 제대로 이해하는지 테스트해 볼 수 있습니다. 여러분이 정말 노트를 잘 적었는지, 효과적인 노트 필기였는지 궁금하면 이 방법을 사용해 보길 바랍니다.

3. 질문하고 답을 써보는 정교화 질문법

대학원에 다닐 때였습니다. 아시시Ashish라는 친구가 어느 세미나에 참석했습니다. 테리는 세미나에 갈 수 없었기에 아시시에게 강의가 어땠는지 물었습니다. "강의 요점이 뭐였어?" 아시시는 강사가 했던 이야기를 줄줄줄 이야기해주었고 테리는 다시 말했습니다. "아니, 강사가 무슨 말을 했는지가 궁금한 게 아니라 요점이 뭐였는지 궁금하다고."

그러자 아시시는 다시 강사가 이야기한 내용을 (놀라울 정도로 정확하게) 설명하기 시작했습니다. 세미나를 통해 강사가 하려고 했던 이야기의 요점을 분명하게 짚어 낼 수 없는 것이 명확했습니다. (강사가 한 말과, 그 말의 요점은 같지 않습니다.) 여러분이 누군가에게 "이번 수업 때 멘델Mendel에 관해 배웠어, 주름진 완두콩과 유전학에 대한 내용이었지."라고 말할 수 있어도 실제로는 어떤 지식도 전달하지 않은 것과 같습니다.

여러분이 체계적이고 깔끔하고 멋있게 노트 필기를 했더라도 완벽하지 않습니다. 여러분은 '질문'을 만듦으로써 여러분의 노트를 더 강력한 학습 도구로 만들 수 있습니다.

매 강의 노트에서 20에서 30개의 질문을 찾아내라. 별도의 노트를 사용하라. 작은 질문부터 시작하라. 새로 알게 된 용어를 질문하라. 각 개념을 설명하기 위해 사용된 사례에 대해 질문하라.

물론 여러분이 문제를 출제하는 전문가가 될 필요는 없습니다. 더구나 여러분이 새로운 지식을 창출해야 하는 것도 아닙니다. 그저 여러분 스스로가 자기만의 제퍼디![15] 퀴즈쇼를 만들면 됩니다.

필기 노트에 모든 답이 있습니다. 여러분은 필기 노트에 적힌 내용이 답인 문제를 만들면 됩니다. 대신 빠뜨리면 안 됩니다. 줄줄 외우는 것이 좋지 않다고 말하곤 합니다. 하지만 암기는 학습에 도움이 될 뿐만 아니라 심지어 필요하기까지 합니다. 작은 질문부터 시작해서 '주요 요점'을 묻는 질문이 마지막 질문이 되어야 합니다. (강의의 요점이 명확하지 않다면, 교수에게 질문해야 합니다.)

나중에는 질문 목록만 보고 답을 적어 봅니다. 대신 머릿속으로만 답을 생각하지 말고 꼭 써 봐야 합니다. 그리고 필기 노트, 교과서, 강의 자료와 비교해 봅니다. 작성한 답 중에 막연하거나 대충 얼버무린 내용이

---

15 옮긴이 주. 제퍼디!Jeopardy!는 역사, 문학, 예술, 팝 문화, 과학, 스포츠, 지질학, 세계사 등의 주제를 다루는 미국의 장수 퀴즈 쇼. 1964년 NBC에서 처음 방송되었으며 현재 시즌 39가 방송 중.

있다면 수정합니다. 모든 질문에 답을 쓰는 연습을 해야 합니다. 그리고 나중에 시험이 다가오면 이 과정을 한 번 더 반복합니다. 질문에 대한 답을 쓰고 그 답을 고치는 과정을 시험공부라고 생각해야 합니다.

이렇게 공부하는 방법을 '정교화 질문elaborative interrogation' 방법이라고 합니다. 엄격하게 진행된 연구에 의하면 정교화 질문을 사용해서 공부하는 학생은 자신의 노트를 읽고 또 읽으며 공부한 학생보다 기말고사 시험에서 약 40% 높은 점수를 얻었습니다. 굉장한 차이입니다.

정교화 질문을 사용해서 시험을 대비하는 전략은 효과적입니다. 하지만 여러분이 세워 놓은 공부 계획에 이렇게 많은 시간이 소요되는 활동을 추가하는 것은 부담이 엄청날 수 있습니다. 그래서 즉시 여러분의 평소 공부 습관에 이 작업을 추가하는 것을 추천하지는 않습니다. 다만, 교과서를 읽고 또 읽고 하는 수동적이면서 비효율적인 학습 방법에 쏟는 시간을 줄이고 훨씬 더 가치 있는 공부 시간으로 바꾸는 방법으로 고려해 볼 수 있습니다. 필요하다면 이 방법은 작게 시작해 보고, 효과가 느껴진다면 점점 그 시간을 늘려가는 것이 좋습니다.

4. 복습이 아닌, 모의 시험
해 보고, 평가하고, 수정하고, 다시 해 보고, 평가하고, 수정하고, …

어떤 일을 개선하기 위해서는 평가하는 작업과 수정하는 작업이 꼭 필요합니다. 눈밭에 얼굴을 처박으며 배우는 스노보드든, 미적분이든 공부에도 똑같이 적용됩니다.

각자의 지식과 이해력을 향상하기 위해서는 우선 여러분의 약점부터 파악하고 개선해야 합니다. 이번 장을 에이다의 편지로 시작했습니다. 에이다는 자신의 공부 방법에 대해 한 번도 피드백을 받지 못했습니다. 그 결과 에이다는 수업 내용을 모두 알고 있다고 생각해서 안심해 버리는 잘못을 저질렀습니다.

하지만 에이다가 만일 수업 내용의 의미나 관련성을 묻는 질문에 답하는 식으로 공부했거나 교수, 조교 혹은 친구들에게라도 조언을 얻었다면, 수업 내용을 제대로 이해하지 못했다는 경고를 빠르게 알아챘을 수 있습니다. 하지만 에이다는 중간고사를 치르고 나서야 깨달을 수 있었습니다. 처참한 성적을 받기 전에 좀 더 빨리 알았다면 더 좋았을 것입니다.

여러 방법으로 피드백을 받을 수 있습니다. 이미 교수가 출제한 적이 있는 시험으로 연습하거나, 온라인 퀴즈 테스트를 활용하거나, 과제로 나온 문제집을 풀어보거나, 교과서에 표시된 학습 질문에 답해 보거나, 강의와 연관된 다른 자료를 살펴보는 방법도 있습니다. 함께 수업을 듣는 친구와 서로 문제를 내고 풀어보는 공부는 특히 효과가 있습니다.

객관식, 단답식, 서술형 등 시험이 어떤 형식으로 출제되는지 교수님께 알아본 다음, 그 유형에 맞는 질문 형식을 사용해서 여러분이 시험에 얼마나 대비했는지를 시험해 보길 바랍니다.

장대높이뛰기 선수가 되려고 육상팀에 들어간다고 가정해 봅시다. 여러분은 장대높이뛰기에 관한 책을 몇 권 읽었고 영상도 좀 봤습니다. 그리고 코치에게서 몇 가지 조언도 받았습니다. 하지만 여러분이 육상대회에 나가서 장대높이뛰기 실력을 보여주어야 한다면, 여러분은 대회 전에 실제로 장대높이뛰기를 연습해야 합니다. 당연하겠지요?

마찬가지입니다. 여러분이 심리학에 관한 주제로 1페이지 분량의 에세이를 쓰는 시험을 앞두고 있다면, 1페이지 에세이를 처음 써보는 날이 시험 당일이면 절대 안 됩니다. 여러분은 시험 전에 1페이지 에세이를 쓰는 연습을 수차례 해봤어야 합니다. 비슷하게 여러분이 객관식 시험을 앞두고 있다면, 시험 준비로 가능한 한 많은 객관식 문제를 풀어봤어야 합니다.

모의시험과 복습을 비교한 수많은 연구가 이미 있습니다. 이들 연구는 모의시험이 기말고사 성적을 약 30% 이상 크게 향상시킨다는 놀라운 결과를 보여줍니다. 중요한 점은, 이 연구 결과는 기말고사가 기본적인 내용을 주로 묻는 시험인지 더 복잡한 개념에 대한 시험인지와 상관없이 일관적이라는 사실입니다.

문제의 출처가 무엇이든 상관없이 여러분의 공부에 대한 피드백을 얻을 수 있다면 좋습니다. 답안지가 있다면 여러분의 답을 그 내용과 서로 비교하는 것도 방법입니다. 교수에게 직접 도움을 받는 것도 좋습니다. 교수에게 여러분이 어떻게 공부했는지 그 방법을 보여 드리고, 어떻게 생각하는지 어떤 점을 개선하면 좋을지 알려달라고 물어볼 수도 있습니다. 자, 이제 다시 해 봅시다. 시험 전에 여러분이 잘 모르는 것이 무엇인지 알아내 봅시다!

5. 블로킹보다는 인터리빙

일반적으로 학생들은 한 가지 주제씩 나누어 집중해서 공부합니다. 이 공부법은 소위 '블로킹Blocking'이라 불립니다. 한 주제를 공부하고 다음 주제로 넘어가기 전에 공부한 주제에 관련된 모든 문제를 풀어보는 방법도 포함됩니다. 또 다른 방법으로는 '인터리빙Interleaving'이 있습니다. 한 번의 공부 시간에 서로 다른 여러 주제를 넘나드는 방법입니다.

공부할 때, 동시에 여러 주제를 머릿속에 집어넣는 것은 어렵습니다. 그래서 블로킹 방법으로 공부하고 연습문제를 푸는 경우 일반적으로 성적이 더 좋습니다. 연구에 의하면 블로킹 방법으로 공부했을 경우, 학생의 정확도는 30% 정도 높았습니다. 그렇다면 당연히 인터리빙 방법보다 블로킹 방법이 우위에 있다고 자신 있게 말할 수 있겠네요? 하지만 그렇지 않습니다.

여러 주제를 포괄하는 과목의 시험을 치를 때는 인터리빙 방식을 사용하는 학생의 점수가 월등히 높았습니다. 앞서 언급한 실험과 같은 실험에서 인터리빙 방법으로 공부한 학생의 시험 점수가 블로킹 방법으로 공부한 학생보다 40% 더 높았습니다. 이제까지 이야기한 공부법을 다시 강조하지 않을 수 없습니다. 결국은 시험을 치르는 방식에 맞추어 자신의 지식을 최대한 활용할 수 있도록 공부하는 것이 중요합니다.

블로킹 방법에 대한 미련을 버리고 우리와 연구 결과를 믿고 이제는 인터리빙 방법으로 공부할 것을 권합니다. 여기 조금 이상한 연구 결과도 하나 있습니다. 학생들이 서로 다른 시험을 각기 블로킹과 인터리빙 방식으로 공부한 후 치렀습니다. 그리고 연구자들은 학생의 시험에 대해 스스로 평가해 보라고 했습니다. 학생 중 60% 이상이 블로킹 방법으로 공부하고 치른 시험을 더 잘 봤다고 대답했습니다. 반면 20%의 학생만 인터리빙 방식으로 공부했을 때 더 잘 봤다고 대답했습니다. (나머지 학생은 차이가 없다고 대답했습니다.)

그러나 실제 성적은 학생들이 느낀 것과는 전혀 달랐습니다. 인터리빙 방식으로 공부한 학생의 80%가 블로킹 방식으로 공부했을 때보다 성적이 더 좋았습니다. 블로킹 방식으로 공부하고 성적이 더 좋았던 학생은 단지 15%에 불과했습니다. 이상한 결과이지만 진실을 말해 줍니다. 자신이 인식하는 것이 반드시 옳은 것은 아닙니다.

6. 공부하고 잊어버리고 다시 공부하고

공부 시간을 줄여도 시험 성적이 더 좋아질 수 있다? 가능할까요? 혹은 "일주일 안에 10kg를 감량할 수 있습니다."와 같은 다이어트 식품 광고처럼 과장 광고일까요?

좀 더 진지하게 이 질문을 생각해 볼 필요가 있습니다. 여러분은 적은 시간을 들여 공부하고도 충분히 더 잘 할 수 있습니다. 필요한 것은 오로지 의지입니다.

공부 시간을 어떻게 배치하느냐가 핵심입니다. 시험 보기 몇 시간 전에 벼락치기로 공부하는 것은 어떤가요? 절대 좋은 방법이 아니지요. 거의 그러는 경우가 없지만, 테리는 어떤 학생에게 벼락치기로 공부하라고 권한 적이 있습니다. 그 이야기는 잠시 뒤에 자세히 설명하겠습니다.

한 과목의 성적을 잘 받기 위해서 충분히 공부한다면 몇 시간이 필요할까요? 물론 과목에 따라 다르겠지요. 그런데 질문이 틀렸습니다. 한 과목을 공부하는 시간이 100시간으로 정해져 있다고 가정할 때, 그 100시간을 어떻게 분배하느냐에 따라 여러분의 공부 효과와 공부한 내용을 잘 유지할 수 있느냐가 좌우됩니다.

쉽게 설명하면, 2일 동안 하루에 10시간씩 총 20시간을 벼락치기로 공부하는 것은, 20시간을 4주 동안에 나누어 공부하는 것에 비해 공부의 효과도 떨어지고 오래가지도 않습니다. 이번 장에서 이제까지 설명한 소중한 전략과 기술을 모두 사용하더라도 결과는 마찬가지입니다.

이를 가리켜 '간격 효과Spacing Effect'라 부릅니다. 모든 교육 분야의 연구에서 가장 일관성 있게 증명된 현상 중의 하나입니다. 그리고 여러분도 이미 벼락치기는 좋은 공부 방법이 아니라는 점을 잘 알고 있습니다.

어떤 종류의 학습이든 간에, 짧은 시간 동안 여러분의 노력을 집중해서 쏟아붓는 것보다 공부와 공부 사이에 시간적 간격을 두고 틈틈이 공부하는 것이 훨씬 더 효과적입니다. 실제로, 공부를 했지만 시간이 충분히 지나자 내용을 잊어버려서 다시 그 내용을 공부하게 된다면, 오히려 여러분의 학습은 더 효과적이고 더 오래 기억될 수 있습니다. 이게 바로 인간의 뇌가 작동하는 방식입니다.

더군다나 이미 블로킹과 인터리빙을 비교할 때 살펴보았듯, 여러분의 본능과 인식은 이 부분을 오해하게 만듭니다. 여러분이 공부하면서 느끼기에는 벼락치기를 해도 성적이 충분히 잘 나오는 것처럼 느껴집니다.

물론 그럴 수 있습니다. 하지만 기말고사처럼 장기적으로 준비해야 하는 시험의 경우, 벼락치기 공부는 약간이 아니라 기대에 상당히 미치지 못합니다.

그 차이는 엄청납니다. 지난 50년 동안의 수많은 연구 결과가 이를 명확히 보여줍니다. 총 공부 시간이 동일하더라도 시간적 간격을 두고 공부할 경우, 그 결과는 두 배나 차이가 났습니다!

그래서 벼락치기가 좋지 않습니다. 그런데 테리는 왜 어떤 학생에게 벼락치기를 권했던 걸까요? 그 이유가 있습니다. 테리는 1년 동안 진행되는 경제학 입문 과정을 가르치고 있었습니다. 수업 중에 자신의 전화번호를 알려주면서 자신 있게 말했습니다. "여러분이 경제에 대해 생각할 때면, 저도 함께 경제에 대해 생각할게요." 이렇게 말하며 언제든지 전화해도 된다고 했습니다.

어느 날 밤 새벽 두 시에, 그렉Greg이라는 학생에게서 전화가 왔습니다.

테리: 그렉, 무슨 일이니?

그렉: 7시간 뒤에 기말시험이에요. 중요한 내용이 뭔지 조언을 듣고 싶어서 전화했어요.

테리: 공부는 좀 했니? 어디까지 했니?

그렉: 아직이요. 이제 막 시작했어요.

(이 과목은 1년 동안 진행되는 과목이라는 점을 기억해야 합니다.)

테리: 음… 그렉, 보통 이 시간에 이런 전화가 오면 잠을 더 자는 게 낫다고 말해준단다. 그런데 너 같은 경우에는 밤을 샐 작정을

하고 지금 말해주는 자료를 공부하는 게 좋겠구나!

아예 공부를 안 하는 것보다는 벼락치기가 낫겠지만, 다른 어떤 공부법보다 좋지 않은 방법입니다.

여기까지의 내용을 알았다는 것만으로도 여러분은 경쟁력이 있습니다. 더 좋은 성적을 받기 위해 더 많이 공부하지 않아도 된다는 것처럼 기쁜 소식이 있을까요? 여러분은 더 스마트하게 공부하면 됩니다. 하지만 유일한 단점이 하나 있습니다. 시험일이 아직 멀었어도 공부를 해야 한다는 점입니다.

◇◇◇◇◇◇◇◇◇◇◇◇◇◇◇◇◇◇◇◇◇◇◇◇

이번 장을 읽으며, 저자가 학생에게 너무 많은 것을 요구한다고 생각하고 있을지도 모르겠습니다.

- 종합적이고 일관성 있게 필기하라.
- 교수의 말을 글자 그대로 옮겨 적지 말라. (가능한 경우라도)
- 적극적으로 공부하라. 수업자료를 활용하고, 사전 지식과 경험을 수업 내용과 연결시켜라.
- 노트를 옮겨 적어라.
- 직접 문제를 만들어 보라. 그리고 그 문제에 답을 직접 써보라.
- 스스로 점검하라. 그럴만하다면, 자신에게 과감히 F를 줘라.
- 편하지 않은 방법으로 공부하라. 자신에게 엄격하라.
- 당장 눈앞에 닥친 시험이 없더라도 규칙적으로 공부하라.

이쯤 되면, 여러분은 '이 교수들이 제정신이 아니구나.'라고 생각할 수도 있겠습니다. 네, 제정신이 아닙니다. 노련한 여우처럼 교활하지요. 우리는 이미 어떻게 해야 효과가 있는지 배웠습니다. 이 기술이 바로 여러분의 야심 찬 목표를 이룰 수 있도록 도와주는 방법입니다.

물론 여러분은 일반적인 공부 방법을 따를 수 있습니다. 수업 시작 20초 전에 수업자료를 챙겨서 허겁지겁 도착하고. 수업 내내 딴생각으로 이리저리 방황하고, 시험 전날 밤에 모든 수업자료를 모아서 벼락치기 공부를 하고, 교과서를 다시 찾아 읽고 결국은 공부한 것에 비해 점수가 낮다며 놀라고 당황스러워 교수에게 연락하는… 이런 방법으로 말입니다.

아니면, 다른 방법을 선택할 수도 있습니다. 수업에 깨끗한 노트와 펜 몇 개를 챙겨 가고, 수업을 자세히 듣고, 노트 필기를 많이 하고, 수업을 들으며 떠오른 생각, 감정, 이해를 여백에 적어보세요. 특이한 방식이지만 과감히 받아들여야 합니다. 한번 저질러보고 애써 노력해보세요. 분명 성공할 수 있습니다!

기억하세요!

❶ 강의에 온전히 집중하고, (교수가 강의 노트를 제공해 주더라도) 스스로 노트 필기하면 강의 내용을 온전히 이해하고 잘 기억할 수 있다.

❷ 교수가 보여주는 강의 자료나 칠판에 적는 내용을 넘어서 자신이 이해한 대로 종합적이고 일관성 있게 노트 필기하라. 구체적인 중요한 세부 사항을 포함해서, 강의 중에 강조된 내용을 꼭 기록해 두라. 수업이 끝난 후에는 다시 옮겨 적으며 다듬어라.

❸ 필기한 노트를 토대로 강의 내용에 대한 질문을 만들어 보라. 공부 시간을 그 질문에 대한 간결, 명료하고 정확한 답을 직접 쓰는 데 할애하라. (답안을 쓰고 수정하고 다시 쓰라.)

❹ 시험을 준비할 때, 모의시험처럼 여러 자료를 활용하라. 시험이 출제되는 방식에 따라 자신의 지식을 최대한 활용할 수 있는 능력을 갖추라. 어느 부분에서 어떻게 개선이 필요할지 정확하고 전문적인 피드백을 받아보라.

❺ 한 번에 하나의 주제에만 한정해서 공부하지 말고 여러 주제를 교차하여 같이 공부하라.

❻ 공부에 시간 간격을 두라. 최적의 학습과 최고의 기억을 위해 공부하고, 잊어버릴 충분한 시간을 두고 다시 공부하라.

11

시험을 어떻게 치를까?

결코 쉽지 않을 거야. 저 팀이 너희를 덮치려고 할 거야.
어떻게 해서든 너희를 치려고 할 거야.
우리는 무조건 치는 거야. 무조건 달리는 거야.
무조건 막는 거야. 무조건 태클하는 거야. 그렇게만 해.
경기 결과는 정해져 있어. 의심하지 말고, 침착해.
―빈스 롬바르디Vince Lombardi,
스포츠 역사상 가장 위대한 감독 중 한 명으로 여겨지는 그가
제2회 슈퍼볼 경기를 앞두고 선수들에게 한 연설
(롬바르디가 이끄는 그린 베이 패커스Green Bay Packers 팀이 최종 승리)

시험은 스포츠 경기와 비슷한 점이 많습니다. 롬바르디의 말을 적용해 보면, "결코 쉽지 않을 거야. 이 시험은 너희를 덮치려 할 거야. 무조건 생각하는 거야. 무조건 계산하는 거야. 무조건 쓰는 거야. 의심하지 말고 침착해."

대학에서 치르는 시험은 세 단계로 구분할 수 있습니다. (스포츠 경기와 비슷합니다.) 우선 준비 단계가 있습니다. 그리고 시험을 치르는 단계. 마지막은 시험 결과를 돌아보는 단계입니다. 준비 단계에 대해서는 제10장에서 다뤘고, 제15장은 마지막 단계에 대해 설명합니다. 이번 장은 시험 그 자체에 초점을 맞춥니다. 여러분이 시험을 시작하는 순간부터 끝내는 순간까지입니다. 시험이 시작되면, 여러분의 유일한 목표는 제한된 시간 내에 여러분이 아는 것을 토대로 최대한 높은 점수를 받는 것입니다.

문제 풀기 전, 꼭 명심할 사항

학교라는 곳에 다니기 시작하면서 자연스레 배우게 되는 시험 치는 방법에 대해 간략하게 복습해 보겠습니다. 그 후에 좀 더 세밀한 전략으로 넘어가겠습니다. 모두가 잘 아는 시험 치는 방법은 다음과 같습니다.

1. 시험 문제 전체를 읽어본다.
2. 순서대로 풀지 않고, 쉬운 문제부터 먼저 푼다.
3. 모든 문제의 답안을 채운다.

테리가 치렀던 2학년 수학 시험이 이랬습니다.

이 시험은 날짜와 이름만 써야 만점입니다. 시험이 시작되고, 시험지를 처음부터 끝까지 읽은 몇몇 학생은 몇 분 안에 시험이 끝납니다. 하지만 학생 대부분은 끝까지 읽지 않았기 때문에 수학 문제를 풀기 시작합니다. 시험을 끝낸 학생들은 열심히 수학 문제를 풀고 있는 학생을 재미있게 바라보며 슬며시 웃습니다.

이 시험은 초등학생 2학년에게 당황스럽고도 웃기는 시험이지만, 가르치는 입장에서 보면 대학생에게도 의미가 있습니다. 시험이라는 게 늘 시간에 쫓기기 마련이지만, 가급적 시작하기 전에 처음부터 끝까지 훑어

보는 것이 필요합니다. 사실 시간이 부족하기 때문에 훑어보는 것이 더 중요합니다. 그 이유를 설명해 보겠습니다.

제이는 UCLA에서 치른 시험에서 학생이 받은 점수를 통계로 분석했습니다. 그리고 이 자료를 토대로 학생들이 늘 쉬운 문제를 풀지 않거나, 급하게 답을 쓰는 바람에 정작 점수를 제대로 받지 못한다는 사실을 알게 되었습니다.

제이가 가르치는 어느 과목의 중간고사에 6개의 서술형 문제를 출제했습니다. 각 문제는 15점이고, 문제당 1페이지를 써야 했습니다. 5년 동안 학생이 받은 점수는 다음과 같습니다.

문제	평균 점수
1	85%
2	73%
3	69%
4	80%
5	54%
6	42%

눈에 띄는 특징을 찾을 수 있나요? 마지막 두 문제(특히 마지막 문제)의 점수가 다른 문제의 점수보다 현저히 낮습니다. 왜 그럴까요?

1) 마지막 두 문제의 난이도가 더 높았을 것이다.

네, 그럴 수도 있지만, 다른 가능성도 있습니다.

2) 어느 문제가 공부를 충분히 한 문제고, 좋은 점수를 받을 수 있는 문제인지 고민하지 않고 1번부터 순서대로 문제를 풀었을 것이다.

원인을 파악하기 위해 제이는 문제의 순서를 조정해 보았습니다. 결국 마지막 두 문제의 점수는 앞의 네 문제의 점수보다 항상 낮게 나온다는 점을 확인했습니다. 특이한 점은 어떤 문제라도 순서가 1번 혹은 2번으로 출제되면, 6번으로 출제되었을 때보다 30~40% 더 점수가 높았습니다. 어려운 문제여서 점수가 낮은 것이 아니라 문제의 순서가 낮은 점수의 원인이었습니다.

이 사실을 통해 무엇을 알 수 있을까요? 가능하다면, 문제를 풀기 전에 전체 내용을 잘 살펴봐야 합니다. (온라인으로 치르는 일부 시험은 불가능할 수 있습니다. 이 경우 미리 전체 문제를 확인할 수 있는지 여부를 확인해야 합니다.) 그런 다음에 여러분이 공부해서 머릿속에 들어있는 지식을 바탕으로 가장 잘 풀 수 있는 문제부터 풀어야 합니다.

객관식 문제와 단답식 문제가 섞인 경우에도 가장 좋은 점수를 얻을 수 있도록 어느 부분을 먼저 풀지 계획하고 시작해야 합니다. 가능하다면, 시험 볼 때는 1번부터 차례대로 풀면 안 됩니다.

교수가 생각하는 시험 문제와 채점

시험에서 좋은 성적을 받는 방법을 함께 고민하고 있습니다. 이번에는 시험의 다른 측면인 채점을 살펴보도록 합시다. 시작하기 전에, 채점자에게 시험은 어떤 의미일까? 어떻게 성적을 주는 걸까? 이 점을 생각해 봅시다.

교수에게 있어 채점은 시간이 정말 많이 걸리는 일입니다. 어느 한 과목의 수강생이 120명입니다. 각 학생은 기말고사를 3시간 동안 치렀습니다. 이 시험을 채점하는 데 시간이 얼마나 걸릴까요? 한 학생의 시험 시간만큼 채점 시간이 걸린다고 가정하면 360시간이 필요하고, 일주일에 40시간 일한다면 총 9주가 필요합니다. 물론 9주 동안 채점만 하는 것은 불가능합니다. 그렇다면 당연히 교수가 채점하는 데 걸리는 시간은 학생이 시험을 본 시간보다는 적게 걸릴 것이라고 짐작할 수 있습니다.

학생의 성적을 매겨야 하는 것 자체를 좋아하지 않는 교수도 꽤 많습니다. 하지만 대부분의 대학은 교수가 학생에게 다양한 성적을 부여하도록 요구합니다. 정말 이상한 일도 있었습니다. 테리가 채프먼대학교에서 처음 1년을 보냈을 때, 성적을 너무 높게 줬다는 이유로 경고를 받았습니다. 얼마나 성적을 잘 줬길래 경고를 받은 걸까요? 대학은 테리가 학생들에게 줄 수 있는 평균 학점의 최고점은 4.0 만점에 2.7점이라는 확인서를 보냈습니다. 2.7점이면 학점으로는 B-에 해당하는 등급입니다.

테리도 알고 있었습니다. 테리가 성적을 입력하기 전에 2.7점 제한에 걸리지 않기 위해 안전하게 평균을 2.65점으로 맞췄습니다. 그런데 왜 경고를 받았을까요? 테리는 같은 과목을 두 개의 반으로 나누어 가르쳤습니다. 한 반의 평균은 2.75점이었고, 다른 반은 2.55점이었습니다. 테리는 같은 과목인 전체 학생의 평균 점수를 맞추었지만, 반을 나누었더라도 각 반의 평균 점수는 상한을 초과하면 안 되는 것이 대학의 규정이었습니다.

대학에서 교수는 두 가지 임무를 수행합니다. 가끔 이 둘은 서로 갈등을 빚기도 합니다. 첫째는 가르치는 일이고, 둘째는 배우는 학생을 평가하는 일입니다. 둘째 임무는 일반적으로 학생의 성취도, 즉 시험을 치른 결과를 이용합니다. 학교마다 학생이 받는 성적 분포는 엄청나게 다양합니다. 하지만 모든 학생에게 A를 주는 교수를 좋아하는 대학은 없습니다.

교수는 다양하게 성적을 주어야 하기 때문에 성적이 다양하게 분포될 수 있도록 난이도를 고려해 시험 문제를 출제합니다. 그래서 시험은 과목을 수강하는 학생들의 상대적인 성취도를 파악할 수 있는 자료가 됩니다. 다음 세 가지 유형의 질문을 생각해 봅시다.

1. 모든 학생이 정확하게 답할 수 있는 낮은 난이도의 문제
2. 모든 학생이 틀릴 수 있는 높은 난이도의 문제
3. 일부 학생은 정확히 맞추고, 일부 학생은 틀리거나 부분 점수만 얻을 수 있는 중간 난이도의 문제

교수가 어떤 학생이 내용을 정확히 이해했는지 분별할 수 있는 문제는 중간 난이도의 문제입니다. 교수가 시험 문제를 이렇게 출제하면 채점을 효율적으로 할 수 있을 뿐 아니라 학생의 성취도에 따라 공정한 점수를 부여할 수 있습니다.

시험 보는 요령 세 가지

1. 쉬운 문제부터

가장 빨리, 그리고 가장 안전하게 확보할 수 있는 점수부터 챙겨야 합니다. 어떻게 하냐구요? 시험공부할 때 교수의 입장에서 시험을 생각해야 합니다. 대부분의 교수는 강의 첫날부터 대놓고 이게 시험에 나온다고 말하지 않습니다. 시험 문제는 강의와 과제 내용, 그리고 강의 자료에서 나옵니다.

공부를 일종의 게임이라고 생각하면 좋습니다. 시험에 분명히 나올 것 같은 주제를 예상해보고 친구들과 한번 토론해 보는 것도 도움이 됩니다. 시험에 분명 나올 것 같은 문제는 글로 짧게 써보는 연습을 해야 합니다. 그런 다음, 필기 노트와 강의 자료를 참고해서 수정하고 그 답변을 고쳐 나갑니다. 그 후에 문제에 대한 답을 다시 써 봅니다.

시험이 시작되면 여러분이 이렇게 연습했던 주제가 출제되었는지 찾습니다. 그리고 이미 준비하고 연습하고 다듬기까지 했던 바로 그 답을 적습니다. 이 방법으로 식은 죽을 후딱 먹어 치웁니다.

2. 당황하지 않고 스마트하게

대학원에서 생물학을 공부하며 2년의 시간을 보내던 어느 날, 제이는 큰 시험에 맞닥뜨렸습니다. '구술 종합시험Oral Qualifying Exam'은 3~4명의 심사 교수가 전공 분야의 모든 주제에 대해 몇 시간 동안 끊임없이 질문을 던지는 시험입니다. 그런 다음 교수들이 자신의 운명을 결정하는 토론을 하는 동안 학생은 복도에 앉아 토론 결과를 기다립니다.

마침내 교수들은 학생을 다시 불러 결과를 알려줍니다. 시험에 합격하면 하버드에 남아서 박사학위를 마칠 수 있습니다. 하지만 결과가 나쁘면 짐을 싸야 하고 대학원은 물론 학교를 떠나야 합니다. 실패자라는 낙인이 찍혀 집으로 돌아가게 됩니다. ("제 아들 제이에요. 공부한다더니 낙제해서 다시 돌아왔네요.") 오히려 "구술 종합시험을 앞둔 사람은 스트레스를 엄청 받는다."라는 표현은 아주 절제된 표현입니다.

몇 달 동안 꾸준히 시험을 준비해왔기 때문에 제이는 조심스럽게 낙관적인 기대를 걸었습니다. 하지만 첫 질문을 받고는 적잖이 당황했습니다. 보세르트Bossert 교수가 입을 열었습니다. "쉬운 질문부터 시작해 보세. 안정적인 연령 분포로 전개되지 않는 레슬리 행렬Leslie matrix에 대해서 설명해 보게." "네? 뭐, 뭐라고요?"

제이는 몇 분 동안 당황하며 무슨 말을 해야 할지 몰라 쩔쩔맸습니다. 혹시라도 힌트나 조언을 주지 않을까, 아니면 보세르트 교수가 농담이었다고 말하지 않을까 기대하면서 말입니다. 하지만 그런 일은 일어나지 않았습니다. 제이는 칠판으로 걸어가며 마지막 전략에 실낱같은 희망을 걸었습니다. 나중에 여러분도 이런 충격과 공포의 당황스러운 상황을 마주하게 된다면 이 전략이 도움이 될 수도 있습니다.

음. 이 행렬을 보시면, 행렬 안에는 몇 개의 열column이 있습니다. 자, 4개의 열이 있다고 하고, …

그리고 행렬에는 행row이 있습니다. 똑같이 행도 4개가 있다고 해 보겠습니다. …

시크릿 실라버스

긴 침묵이 흐릅니다. 역시나 어떤 교수도 도와주지 않습니다.

그리고 어…음… 행렬 상단을 가로지르며, 각 연령대의 출생률을 표시할 수 있고, 하향 대각선 방향으로 각 연령대의 생존율을 표시할 수 있습니다.…

이제 제이가 알고 있는 모든 내용을 다 써먹었을 때쯤 되니, 목소리도 작아지기 시작했습니다.

그때, 마침내 보세르트 교수가 입을 열었습니다. "자, 질문은 이해하고 있는 거 같네." 이 딱딱한 말 한마디는 "네 운명을 쥐고 있는 우리 심사위원은 아직 너에 대해 긴가민가해."라는 뜻으로 들렸습니다. 제대로 하지 않으면 정말 짐을 싸야 할지도 모릅니다. 보세르트 교수는 조금 누그러진 목소리로 다시 말했습니다. "음. 이 문제에 대해서 장황하게 논하지는 않겠네. 넘어갑시다."

제이가 받은 레슬리 행렬에 대한 질문에 적절히 대답하려면 오일러−로트카Euler−Lotka 방정식을 적용해서 설명해야 합니다. 지금은 제이도 그래야 한다는 걸 잘 알고 있지만, 당시에는 조리 있게 설명하지 못했습니다. "아, 잘 모르겠네요."라고 간단히 인정해 버릴 수도 있었겠지만, 만일 그랬다면 더 큰 참사로 이어졌을 것입니다.

받은 질문에 대해 정확하게 대답하지 못했다는 것은 피할 수 없는 사실입니다. 엄밀히 말하면 제이는 대답조차 할 수가 없었기 때문에 틀린 답을 말한 것도 아니었습니다. 하지만 제이가 한 가지 잘한 것이 있습니다. 몰랐지만 스마트하게 대처했다는 점입니다. 제이는 망쳤지만 얻을 수 있는 교훈이 있습니다.

어느 시점이 되면 여러분도 각자의 '레슬리 행렬'을 만날 수 있습니다. 중요한 문제 앞에서 어떻게 대답해야 할지 막막할 수 있습니다. 어림짐작 하기도 어려운 상황일 수도 있습니다. 하지만 그 문제의 답을 빈칸으로 두고 싶지는 않을 겁니다. 대부분의 교수는 여러분이 시험을 통과하고 그 과목을 잘 이수하기를 원합니다. 그러니 여러분은 무언가를 보여줘야 합니다. 시험 문제와 관련한 확실한 사실 하나가 있습니다.

아무것도 쓰지 않으면, 아무 점수도 못 받는다.

답을 모르는데 어떻게 스마트하게 대처할 수 있다는 걸까요?

1. 질문을 쪼개서 더 간단하고 쉬운 질문으로 분해합니다.
2. 질문을 자신의 말과 표현으로 다시 설명합니다.
3. 답이 가질 수 있는 특징이라도 명확하게 설명합니다. 예를 들면, "그리고 이것은 다음과 일치하는 주장일 수 있습니다."라는 식의 표현을 사용합니다. 그리고 가능하다면, 확실하게 알고 있는 사실을 함께 언급하면 좋습니다.
4. 답의 일부가 될 수 있거나 답과 관련이 있어 보이는 모든 용어와 지식을 정확하게 자신의 말로 정의합니다.

정답을 도저히 알 수 없는 객관식 문제라도 이 방법을 적용해야 합니다. 조금이라도 점수를 얻을 수 있도록 자신에게 유리한 상황을 만들어야 합니다. 여러 개의 선택지 중에서 오답을 한 개라도 걸러내는 것은 의미가 있습니다. 오답을 두 개 걸러낸다면 더 좋습니다. 긴 시간 동안 치르는 시험에서 여러분이 조금이라도 정확한 답에 근접했다는 사실이 합격과 불합격의 차이를 만들어 낼 수 있습니다.

3. 채점이 쉽게

자, 하나의 시험 문제와 두 개의 답안지를 보겠습니다.

문제

보툴리눔 독소(보톡스)botulinum toxin(Botox)는 미국 내에서 가장 흔하게 사용되는 비수술적 미용 시술이다. 보톡스는 어떤 메커니즘에 의해 미용의 효과를 얻을 수 있는가? 시냅스synapse의 정상적인 신호 전달에 관한 설명을 포함하여 설명하라.

첫 번째 답안지

보톡스는 근육 세포와 시냅스를 형성하는 뉴런으로부터 아세틸콜린의 방출을 차단하여 근육을 마비시킨다. 구체적인 메커니즘은 다음과 같다. 보톡스는 운동 뉴런motor neuron의 종말 단추terminal buttons의 (SNAP-25를 포함한) 단백질을 비활성화한다. 이 단백질은 아세틸콜린을 함유한 소포vesicles가 시냅스 전 뉴런presynaptic neuron 막과 결합하여 신경전달물질neurotransmitter을 시냅스로 방출하여 근육 수축을 일으키는 데 필수적이다. 결과적으로 뉴런이 근육 수축을 위한 신호를 보낼 때, 보톡스에 의해 아세틸콜린은 방출되지 않고 근육이 수축하지 않는다. 본질적으로 사실상 마비된 결과이며, 2~4개월이 지나면 그 효과는 사라진다.

두 번째 답안지

보톡스는 근육 세포와 시냅스를 형성하는 뉴런으로부터 아세틸콜린의 방출을 차단하여 근육을 마비시킨다.

구체적인 메커니즘은 다음과 같다.

보톡스는 운동 뉴런motor neuron의 종말 단추terminal buttons의 (SNAP-25를 포함한) 단백질을 비활성화한다. 이 단백질은 아세틸콜린을 함유한 소포vesicles가 시냅스 전 뉴런presynaptic neuron 막과 결합하여 신경전달물질neurotransmitter을 시냅스로 방출하여 근육 수축을 일으키는 데 필수적이다.

결과적으로 뉴런이 근육 수축을 위한 신호를 보낼 때, 보톡스에 의해 아세틸콜린은 방출되지 않고 근육이 수축하지 않는다. 본질적으로 사실상 마비된 결과이며, 2~4개월이 지나면 그 효과는 사라진다.

어떤 답안이 더 나아 보이나요? 두 답안의 내용은 모두 같습니다. 그렇지 않나요? 하지만 아닐 수도 있습니다. 이 두 답안지는 서로 다른 점수를 받아야 합니다. (실제로 그렇습니다!) 첫 번째 답안이 나쁘지는 않습니다. 하지만 점수를 잘 주고 싶은 답안인가요? (아마 여러분은 첫 번째 답안은 꼼꼼하게 읽지 않고, 대충 읽었을 것이라 확신합니다.) 어떤 이유에서 두 번째 답안이 더 좋아 보일까요?

어쩔 수 없는 일입니다. 헌신적이고 의욕 넘치는 교수라도 채점은 정말 힘듭니다. 빨리 해치워 버릴 수 있는 일도 아니며 지적으로도 소모적이며 부담스러운 일입니다. 하지만 학생이 채점자의 수고를 덜 어 주면 점수를 더 잘 받을 수 있습니다.

답안을 쓸 때는 채점자가 보기에 여러분이 문제의 모든 부분에 대한 답을 정확하고 간결하게 썼다는 것을 쉽게 알아볼 수 있도록 해야 합니다. 이렇게 하면 자신이 받을 수 있는 점수보다 더 높은 점수를 받을 수 있습니다. 작은 노력으로 큰 효과를 보는 셈입니다.

여러분의 답안을 더 효과적으로 더 쉽게 채점할 수 있도록 하려면 다음 세 가지 방법을 사용해 보기 바랍니다.

- 강조 표시를 하세요. 답안을 작성하면서 수업 주제와 관련된 모든 용어를 정확하게 정의합니다. 답안의 흐름을 방해하지 않도록 각주 형태로 답안 본문과 구분해서 작성합니다. 그리고 그 용어에 네모 박스를 표시하는 등의 강조 표시를 하면 여러분이 답안에 사용하는 용어를 정확하게 이해하고 있다는 사실을 한눈에 알 수 있습니다.
- 문단 구분을 하세요. 답안을 작성할 때, 문단에 적절한 간격을 두어 구분되게 합니다. 모든 내용을 한 문단에 몰아넣어서 교수가 직접 그 속에 숨은 보물을 힘들게 찾도록 하지 마세요. 자신이 알고 있는 사실을 효과적으로 전달하는 것은 더 중요합니다.
- 번호를 붙이세요. 논리적인 전달을 위해 번호를 붙여가며 작성합니다. 여러분의 생각에 예시를 곁들여 순서대로 답안을 씁니다. 한 번호의 내용은 연관된 내용이 모두 포함되고, 다른 번호의 내용과 구분되도록 작성합니다. 이 방법은 채점자가 읽기도 편하고 평가도 용이하게 만듭니다. 숫자는 답안을 작성하는 학생의 일련의 논리 전개를 나타낼 때 채점자의 이목을 끌게 만드는 이점이 있습니다. 숫자와 별개로 글머리 기호는 길이가 긴 문단을 구분해 줄 때 용이합니다.

❶ 가능하면 문제를 풀기 전에 시험지 전체 내용을 읽거나 훑어본다. 점수를 최대한 잘 받기 위해서 1번부터 순서대로 풀지 않고, 제한된 시간 내에 가장 잘 풀 수 있는 순서대로 푼다.

❷ 교수에게 평가는 매우 힘든 일이다. 교수는 학생이 수업 내용을 제대로 이해했는지 여부를 평가할 수 있는 객관적인 방법을 사용한다. 시험은 효율적이며 공정하게 점수를 주기 위해 설계된다.

❸ 마땅히 받아야 할 점수는 반드시 확보하라. 어떤 주제, 개념, 논제가 출제될 가능성이 있는지 예상하여 공부하고 대비하라.

❹ 모르는 문제 앞에서 스마트하게 대처하라. 답을 전혀 모르는 문제가 나온 경우라도 무언가를 적어야 부분 점수라도 받을 수 있다는 사실을 명심하라. 관련된 내용을 공부했으며 그 지식으로 답안을 쓰기 위해 노력했다는 사실이 드러나도록 작성하라.

❺ 단답형이나 서술형 문제의 경우, 문제의 모든 부분에 간결하고 정확하게 답을 했다는 것을 채점자가 쉽게 알아볼 수 있도록 하라. 시각적인 방법으로 강조 표시를 하고, 문단을 구분하고, 일련의 번호를 사용해서 채점자가 답안을 처음부터 끝까지 한눈에 살펴볼 수 있게 하라.

더 잘 쓸 수 있을까?

『최악의 상황에서 살아남는 법Worst-Case Scenario Survival Handbook』[16]이라는 책에는 '살인 벌의 공격을 피하려면'이라는 내용이 있습니다.

- 달아나라. 팔을 휘저어 벌을 쫓으려 하면 오히려 벌을 화나게 만든다. 나무 사이나 수풀 사이로 도망쳐라.
- 손톱을 이용해서 비스듬히 긁어내듯 침을 제거하라.
- 호수나 수영장에 뛰어들지 마라.

이 책은 다양한 극단적인 상황에서 어떻게 행동해야 하는지 알려주는 책입니다. 모래수렁에서 벗어나기. 칼싸움에서 이기기, 폭발물 식별하기, 긴급하게 택시에서 출산하기 등 여러 상황의 대처법을 알려줍니다. 그런데 여러분 앞에 닥친 위험이 이 책에서 알려주는 40가지의 위험 중의 하나가 아니라면 혼자서 스스로 해결해야 합니다.

---

16 옮긴이 주. 1991년 조슈아 피븐Joshua Piven이 저술한 책으로 국내에는 2014년 번역 출판됨. 해당 번역서의 목차를 활용함.

그런데 대학 과제를 어떻게 해야 하는지 조언을 해주는 입장에 서 있는 우리는 비슷한 위기에 처했습니다. 학생이 대학에서 받는 과제의 종류는 정말 다양하기 때문입니다. 수학 문제, 미술 스케치, 소설 습작, 무용 작품, 단편 영상 제작, 구두 토론, 연구보고서 등 수십 종류의 다양한 유형이 있습니다.

모든 종류의 과제에 대해 구체적인 조언을 할 수 없기에 보다 일반적인 글쓰기에 관한 조언을 한다는 관점에서 대학에서 많이 받는 글쓰기 과제에 한정해서 집중하려고 합니다.

◇◇◇◇◇◇◇◇◇◇◇◇◇◇◇◇◇◇◇◇◇◇

해병대 기갑병 훈련(일명 '기갑학교') 기간 동안, 테리는 100명의 훈련생으로 구성된 동기 중에서 최우수 교육생에게 수여하는 상을 받았습니다. 그 상과 함께 1계급 특진하는 영예도 누렸습니다. 테리는 이 경험을 통해 성공 방법에 대한 값진 교훈을 얻었습니다.

기갑학교의 훈련에는 전차포 사격, 총기 분해 및 조립, 대전차 속도 측정 등 광범위한 군대의 임무와 지식에 대한 이론 평가와 실기 평가가 포함되었습니다. 어떤 평가에서 단 한 번이라도 불합격하면 상을 받을 수 있는 자격을 잃게 됩니다.

"위스키 탱고 폭스트롯, 여기는 알파 식스.[17] 코드 확인 후 포격 좌표

---

17 옮긴이 주. 포네틱 코드Phonetic code로 무전으로 교신할 때 알파벳이나 숫자의 혼동을 배제하고 명확히 전달하기 위해 약정된 단어로 대체하여 전달하는 음성 코드를 일컬음.

시크릿 실라버스

제공한다. 오버." 이런 표현의 대사를 영화에서 들어본 적이 있을 것입니다. 이런 군사 용어도 기갑학교에서 가르치고 당연히 평가 내용에 포함됩니다.

평가일이 되자, 각 훈련생이 개별적으로 평가받기 위해 도열하고 있었고 테리는 중간에 서 있었습니다. 몇몇 훈련생이 와서 알파벳 Q의 발음을 문제 삼아 시험관이 훈련생을 낙제시키고 있다고 불평하는 것을 들었습니다.

군대에서 알파벳 A는 알파Alpha, B는 브라보Bravo이고, Q는 퀴벡 Quebec[18]입니다. 캐나다의 주 이름과 같습니다. 이 시험관은 훈련생에게 퀴벡을 발음할 때 'w(위)' 소리 없이 발음하라고 했습니다. 사전에는 퀴벡의 발음이 'kwi bek(퀴 벡)'으로 나와 있지만, 기갑학교에서 교신 테스트를 통과하기 위해서는 'w(위)' 소리를 없앤 'ki bek(키 벡)'으로 소리를 내야 했습니다.

사소한 것처럼 보이는 팁이지만, 이 내용을 잘 이해하고 있던 테리는 시험에 통과했고 수상자가 될 자격을 잃지 않았고 결국 상을 받게 되었습니다.

그렇다면 우리가 기억해야 할 점은 시험에 뭐가 나올지 미리 아는 것이 중요하다는 점일까요? 물론 아닙니다. 모든 시험은 사람이 만듭니다.

---

18 옮긴이 주. 흔히 알려진 캐나다 퀘벡Quebec주의 한글 표기는 관용에 따른 것으로 실제 영어 발음은 퀴벡[kwɪˈbɛk]이다. 본문의 내용은 실제 영어 발음을 따름.

그 사람은 주로 어느 분야의 전문가이고 무엇이 가장 중요한지에 대한 신념이 있는 사람입니다. 테리를 가르쳤던 시험관은 Q를 잘못 발음하는 경우 전투에서 혼란을 일으키고 결국 전사로 이어질 수 있다고 믿는 사람이었습니다. 결국 훈련 중 그 점을 가장 중요하게 생각했기 때문에 평가 내용에 포함했습니다.

학생은 교수나 채점자가 무엇을 가장 중요하다고 생각하는지 (합법적으로) 알아내기 위해 시간을 투자할 필요가 있습니다. 보통은 강의를 들으면 자연스럽게 드러나게 마련이지만 그렇지 않을 때도 있습니다.

한 가지 확실한 방법은 첫 번째 과제가 끝난 후 교수와 상담을 하는 것입니다. 첫 번째 과제에서 자기가 받은 점수를 바꾸기 위해서가 아니라, 앞으로의 과제를 더 잘하는 것이 상담의 목적임을 분명히 밝히고서 말입니다. 다른 방법은 교수가 지난 학기에 과제로 냈던 내용을 살펴보는 것입니다. 또한 강의계획서에 표시된 지침이나 강의 중이나 토론 중에 드러나는 교수의 반응에서 오는 힌트에 주의를 기울이는 것이 필요합니다.

◇◇◇◇◇◇◇◇◇◇◇◇◇◇◇◇◇◇◇◇

제이가 유난히 힘들어했던 어느 학기였습니다. 제이는 특히 실험 과목에서 뒤처졌습니다. 다른 과목을 따라가느라 실험 과목을 소홀히 했고 결국 실험보고서 하나를 제출하지 못했습니다.

강의계획서에는 총 5번 제출하는 실험보고서를 토대로 학점을 부여한다고 정확히 적혀 있었습니다. 구체적으로는 '각 실험보고서의 만점은 20

점이며, 마감일 수업시간까지 제출해야 함. 1일 지연 시, 1점 감점'이라고 적혀 있었습니다.

다른 과목을 어느 정도 따라잡고 보니, 리포트 마감일이 이미 2주나 지나있었습니다. 계산해 보니, 지금 보고서를 제출하는 것은 의미가 없어 보였습니다. 아마 실험보고서를 완벽하게 쓰더라도 제대로 된 점수를 받을 수 없을 것 같았기 때문입니다.

그 과목의 조교가 왜 보고서를 내지 않냐고 묻자, 제이는 지금 와서 내는 것은 의미가 없다고 간단하게 대답했습니다. (오히려 점수도 못 받는데 무의미한 일을 하는 것은 헛수고라는 걸 잘 안다는 식의 대답이었습니다.) 제이는 교수가 학생을 평가하기 위해 정해 놓은 규칙이 가장 중요하다고 생각했습니다.

이런 생각은 큰 오산입니다. 꼭! 여러분이 받은 과제가 있다면 모두 끝내기 위해 최선을 다해야 합니다. 교수도 사람인지라, 그 과목을 배우기 위한 여러분의 노력도 중요하게 생각한다는 점을 기억해야 합니다. 교수는 학생도 사람이며 누구나 실수한다는 것을 잘 알고 있습니다. 교수는 학생을 돕고 싶지만 도울 수 있는 조건을 만드는 것은 여러분의 몫입니다.

늦었기 때문에 과제를 아예 내지 않겠다고 하는 것은 교수가 여러분에게 줄 수 있는 교육적인 가치를 적극적으로 거부하는 것과 같습니다. 채점기준표에 공식적으로 표시되지 않았더라도 여러분이 표현하는 (혹은 표현하지 않는) 관심이나 노력을 평가하게 됩니다.

정해진 점수에서 조금, 혹은 전부를 받을 수 없다는 사실을 알지만, 제이는 학기가 끝나기 전에 그 실험보고서를 완성해서 제출했어야만 했습니다. 그리고 마감 시한을 지키지 못한 이유를 설명하고 사과했어야만 했습니다. 그리고 수업에서 귀중한 지식을 얻을 수 있었고, 늦었지만 과제에 대한 피드백을 주시면 감사하겠다는 말을 전했어야만 했습니다.

효과적인 글쓰기를 위한 구체적인 방법

지금까지는 과제를 대하는 방식에 대해 몇 가지 큰 그림의 조언을 했습니다. 1) 정해진 '규칙'에 주의하라. 2) 평가하는 교수를 생각하고 그 주제 대한 교수의 관점을 인식하라. 3) 평가자도 사람이며 학생의 노력과 발전을 중요하게 여긴다는 점을 잊지 말라.

그렇다면 작은 그림의 조언은 무엇일까요? 모든 과제에 일률적으로 적용할 수 있는 조언을 하기란 쉽지 않습니다. 리포트의 종류와 주제는 천차만별이고 채점하는 교수도 다양합니다. 모든 학생, 모든 상황에 딱 들어맞는 유일하고 완벽한 글쓰기란 없습니다. 그렇지만 적어도 다음의 세 가지 규칙이 효과적인 글쓰기에 필수적이라고 할 수 있습니다.

1. 체계적으로 접근하기

쉬운 방법은 오히려 글쓰기 시간을 더 늘립니다. 여러분은 마감 시한까지 미루고 미룰지도 모릅니다. 그래서 이 규칙이 중요합니다. 막무가내로 시작하면 안 됩니다. 쓰다 보면, 힘닿는 데까지 써가다가 보면, 나의 의식의 흐름이 자연스럽게 정리되고 무언가 일관된 결과물이 나오겠지라고 생각하면 안 됩니다. 자신이 해야 할 과제가 어떤 종류이든, 체계적으로 접근하면 분명 정확한 목표를 이룰 수 있습니다.

브레인스토밍

교수는 왜 그 과제를 주었을까요? 우연이었을까요? 강의 내용, 학생과의 토론, 강의 주제와 일치하는 부분이 있지 않나요?

시간 여유도 있고 기회가 주어진다면, 교수를 만나서 여러분의 생각을 나눠보는 것이 좋습니다. 여러분이 왜 그렇게 생각하게 되었는지를 구체적으로 설명해 보세요. 자신의 관점에 대해 분명하고 간결하게 설명하고 맞닥뜨릴 수 있는 문제도 설명해 보세요.

필요한 자료를 얻을 수 있는 좋은 기회이기도 합니다. 자신이 스스로 준비 작업을 이미 했다는 점을 분명히 해야 합니다. 그리고 주의 깊게 들으며 여러분의 생각을 정리하고 명확하게 만들 수 있는 교수가 가진 전문 지식의 혜택을 받을 수 있습니다.

그런 후에 여러분이 확실한 주제나 관점을 갖게 되었다면, 다음 단계로 나아갑니다.

하나의 파일에 모으기

초안 작성에 쓸 수 있는 모든 종류의 정보를 타이핑 하거나 복사해서 하나의 파일에 정리합니다. 그 내용은 논문에서 발췌한 내용일 수도 있고 교과서 내용일 수도 있으며, 자신만의 생각 혹은 분석이거나 해결해야 할 문제일 수도 있습니다. 이 시점에는 구조를 어떻게 할지 고민하지 않아도 됩니다. 일단 모든 것을 하나의 파일로 모으는 것이 중요합니다.

핵심 요점 선별하기

서너 개의 간결한 문장으로 요점을 명확하게 적어봅니다. 이 단계는 여러분의 아이디어를 다듬는 단계이고 전달하고자 하는 자신만의 생각이 있는지 확인하는 과정입니다. 이 과정을 거친 후 문장을 읽었을 때, 앞으로 작성할 글의 명확하고 간결한 요약처럼 느껴져야 합니다.

개요 만들기

자, '개요 만들기'라는 표현을 보자마자, 여러분은 굳이 이렇게까지?라며 의아해할 수도 있습니다. 하지만 이 작업을 너무 딱딱한 과정으로 여길 필요는 없습니다. 아무 종이에나 간단히 대략적인 로드맵만 그려보면 됩니다. 자기 생각을 간단명료하게 요점으로 말할 수 있다면 여러분은 글을 쓸 준비가 되었다는 뜻입니다. 들어줄지는 모르겠지만, 룸메이트나 친구를 붙잡고 설명해 보기 바랍니다.

글쓰기 시작

글을 쓸 때 내용을 좀 더 작은 부분으로 쪼개어 쓰고 서로 연결해 나가는 것이 도움이 됩니다. 각 작은 부분은 자신의 중요한 핵심 요점을 전달할 수 있도록 (각 부분에 핵심 요점이 명확하게 드러나는지와 관계없이) 써야 합니다. 그런 다음 핵심 요점을 구체화하도록 각 작은 부분에 흩어져 있는 근거, 예시와 사례를 한데 묶습니다. 이때는 조금 과감해질 필요가 있습니다. 자신의 의견을 명확하게 뒷받침하는 경우만 선별해서 포함합니다.

글을 쓸 때 첫 페이지부터 순서대로 써야 한다는 부담을 가질 필요가 없습니다. 예를 들어, 마지막 단락이나 결론부터 쓰는 것이 더 효과적일 수 있습니다. 자신의 주장이 결국 어디를 향해 가는지 알 수 있습니다. 자신이 이해한 내용과 자신이 생각하는 내용을 명확하게 밝히면서 거꾸로 한 부분씩 써 갈 수도 있습니다.

독창적이야 합니다. 어떤 주제에 대해서 글을 쓰든지 자신만의 것이어야 합니다. 수업 중에 언급되었거나 온라인에서 발견한 내용을 본문에서 다룰 수도 있지만, 전달하고자 하는 내용은 순수하게 자신의 것이어야 합니다.

2. 글쓰기의 핵심, 수정하기

모차르트Mozart는 역사상 가장 인기 있는 작곡가 중 한 명입니다. 모차르트는 음악적인 모든 면에서 놀라울 정도로 재능이 탁월했습니다. 모차르트의 작품에 대해 일반적으로 알려진 흥미로운 사실 중 하나는 대부분이 작품이 빠르고 쉽게, 그리고 단번에 쓰였다는 사실입니다. 다시 말해, 모든 곡이 초안이자 최종안이었다는 점입니다.

낭만적인 전승에 따르면, "모차르트는 곡을 만들지 않았습니다. 그저 신이 불러준 대로 받아 적었을 뿐입니다."

모차르트의 그 걸작들이 정말 초안이었을까요? 낭만을 깨뜨려서 미안하지만 그 대단한 작품들은 초안이 아닙니다.

울리히 콘라드Ulrich Konrad는 독일의 음악학자입니다. 모차르트의 실제

작곡 과정을 연구하기 위해 모차르트와 관련된 서신, 발표 자료, 조그만 증거까지 수집하고 분석하는 데 수십 년을 바쳤습니다. 조사 결과, 콘라드는 모차르트의 곡은 신이 불러준 것도 아니고, 초안이 바로 걸작이 된 것도 아니라는 결론을 내렸습니다.

오히려 모차르트는 신중하고 끈질긴 과정을 거쳤습니다. 우선 구조를 먼저 그린 후에 체계적으로 수정하는 작업을 거쳤고, 수정한 초안을 최종 작품으로 완성하기까지 뜯어고치는 작업을 수차례 반복했습니다. 환상이 깨진 것은 아쉽지만, 글 쓰는 과제 때문에 고달플 때는 조금이나마 위안이 됩니다. 어린아이부터 전설적인 문학 작가에 이르기까지 누구나 초안을 씁니다. 그리고 그 초안은 노력을 기울여 더 다듬어야 합니다.

이어서 소개할 책의 저자 스트렁크Strunk는 이렇게 말했습니다. "명심하세요. 당신의 원고가 수술대에 올라가야 하는 이유는 원고가 빈약하거나 문제가 있어서가 아닙니다. 모든 글쓰기는 이 과정을 거칩니다. 최고의 작가도 예외가 아닙니다."

글 쓰는 시간도 부족한데 더 좋게 고쳐 쓸 시간이 어디 있냐고 반문할 수 있습니다. 하지만 틀린 생각입니다. 글쓰기는 하나의 제품을 만드는 수단인 동시에 하나의 과정입니다. 따라서 글쓰기에 몰입했을 때가 글을 더 좋게 고칠 수 있는 최고의 시간입니다.

시중에 도움이 될 만한 훌륭한 글쓰기 책이 많이 있습니다. 너무 많다고 당황하지 말고, 한두 권을 읽어보길 바랍니다. 다음 책을 추천합니다.

『글쓰기의 요소The Elements of Style』[19]

– 윌리엄 스트렁크William Strunk, B.B. 화이트B.B. White

1918년에 처음 쓰여진 이 책은 고작 128페이지에 지나지 않지만, 놀라운 지혜와 대담한 조언으로 가득 차 있습니다. (1,000만 부 이상 판매된 데에는 다 이유가 있습니다.) 책에 담긴 조언 중 하나를 맛보기로 소개합니다. "자신이 전달하는 내용이 흥미롭다고 말하지 말고, 흥미롭다고 느끼게 만들어라."

많은 사람이 좋아하는 작가인 도로시 파커Dorothy Parker는 이런 말을 남겼습니다. "작가를 꿈꾸는 젊은이가 있다면, 이들에게 베풀 수 있는 두 번째로 큰 호의는 『글쓰기의 요소』, 이 한 권을 선물하는 것이다. 물론 가장 큰 호의는 지금 당장 주는 것이다."

(이 책을 싫어하는 분들도 많이 있습니다. 이 책이 너무 확신에 찬 명령조로 쓰였기 때문이기도 합니다. 이 책의 명령을 모두 따라야 할 필요도 없으며 명령을 위반하더라도 걱정할 필요가 없습니다.)

『센스 오브 스타일The Sense of Style』

– 스티븐 핑커Steven Pinker

여러분은 인상적이고 효과적인 글을 쓰면서도 즐거울 수 있을 것이라고는 상상하지 못했을 것입니다. 핑커는 글을 통해 세상을 더 나은 곳으로 바꿀 수 있다고 말합니다. 분명 여러분이 쓰는 모든 글의 수준을 높여 줄 수 있는 책이라고 생각합니다.

---

19 옮긴이 주. 국내에는 2016년 번역 출판됨.

몇 가지 예시가 있습니다. "신선한 문장, 솔깃한 은유, 재치 있는 비유, 우아한 표현, 이들 모두 인생의 커다란 기쁨이 아닐까요.", "좋은 글을 써야 하는 이유? 생각의 지경을 넓히고 작은 부분에 대한 관심을 보여주고 세상에 아름다움을 더하는 것 아닌가요?" 멋진 문장이지 않나요?

여러분의 글쓰기 실력을 향상하기 위한 도전을 포기하지 마세요. 편법은 끼어들 여지가 없습니다. 늘 조금씩 나아지겠다는 생각으로 간단하고 쉬운 목표를 세우고 노력해야 합니다. 글을 수정하는 단계에 이르렀다면 이제 노력을 더욱 집중해야 시기입니다.

수정은 피할 수 없는 현실입니다. (이는 마치 "치실을 더 많이 하세요."라고 말하는 치과의사의 말처럼 들릴지 모르겠습니다만.) 인상적이고 흥미로운 글과 평이하고 지루한 글이 갈리는 지점은 수정 단계에서 얼마나 많은 생각과 노력을 쏟아부었는가에 의해 결정됩니다.

가장 흔히 저지르는 실수 중 하나는 과제 마감일 직전에야 글을 쓰고 처음 쓴 초안을 제출해버리는 것입니다. C+밖에 못 받을 똑같은 초안이더라도 며칠만 일찍 끝낸 후에 다시 수정해서 제출하면 쉽게 A를 받을 수 있습니다.

이 점을 꼭 알아야 합니다. 최고의 진전은 이제 진짜 수정이 끝났다고 생각했을 때 또 한 차례 수정하는 과정에서 이루어집니다. 자, 여러분이 여기까지 왔으면 이미 자신만의 생각을 잘 표현했고 적절한 구조를 정했으며, 내용을 잘 다듬는 기회를 가졌을 것이라 생각합니다.

3. 읽는 재미가 있는 글쓰기

다음 문장들은 대학생이 쓴 에세이의 첫 줄입니다.

"마치 세월의 때를 품은 듯한 손을 가졌다."

"시신을 넣을 가방이 있나요? 방수가 되는… 최대한 많이 필요해요."

"미토콘드리아mitochondria에 이렇게 열광하는 사람을 본 적이 없다."

대학생이 쓰는 에세이를 많이 읽어야 하는 사람에게 가장 큰 어려움은 지루함입니다. 여러분이 쓴 글을 어떤 사람이 읽는다면, 그 사람은 아마 다른 많은 학생의 글도 읽는다는 점을 기억해야 합니다.

위의 세 문장은 '대학 에세이 최고의 첫 문장'으로 검색해서 찾은 문장입니다. 반대로 '최악의 첫 문장'으로 검색하면 다음 문장을 보게 됩니다.

"벤자민 프랭클린은 이렇게 말했다. …"

"지난 세 번의 여름방학 동안, 나는 어린이 여름 캠프에서 자원봉사를 했다."

어떤 점이 글을 지루하고 단순하며 혹은 재미없게 만드는지 단정적으로 말하기는 어렵습니다. 여러 원인이 있겠지요. 하지만 여러분의 글을 읽는 독자의 관점을 고려한다면 더 나은 글을 쓸 수 있습니다. 독자가 흥미를 느끼도록 만들어 보세요. 그리고 독자가 글을 읽고 웃을 수 있게 만들어 보세요.

좋은 글쓰기의 핵심 요소

어떤 종류의 글이라도 더 나은 글로 만들 수 있는 몇 가지 조언과 함께 이번 장을 마치려고 합니다.

- **짧을수록 좋다.** 학술적인 글쓰기에 대해 힘주어 말할 수 있는 점은 가급적 적은 단어로 관련된 모든 내용을 말해야 한다는 점입니다. 수정하면서 중복된 표현을 찾아내고 불필요한 단어와 문장을 찾아서 없앱니다.

- **문장 구조를 다양하게 구성하라.** 자신이 작성한 글의 각 문단 길이와 사용된 문장의 길이를 확인합니다. 그리고 각 문단에서 사용한 문장이 더 짧은 문장으로 나누어 쓸 수 있으면 바꾸어 보고, 혹은 너무 짧은 문장은 긴 문장으로 바꾸어 봅니다. 글의 지루함을 줄이면서 가독성을 높일 수 있습니다. 확실히 효과가 있습니다.

- **단조로움을 줄여라.** 때때로 수사적인 질문을 던져 보는 것도 좋은 방법입니다.

- **미리 대비하라.** 여러분의 글이나 발표를 더 강력하게 만드는 방법은 자신의 주장에 대한 반대의견이나 비판을 예상하고 미리 반박하는 것입니다. 이렇게 하면, 자신만의 분석의 깊이를 보여줄 수 있을 뿐만 아니라 다른 사람의 관점에서 대상을 바라보고 가질 수 있는 오해를 인식하고 해결할 수 있는 능력까지 보여줄 수 있습니다.

- **강력하게 시작하라.** 글의 도입부는 늘 어렵습니다. 수정할 때도 다른 부분보다 항상 글의 첫 부분에 많은 주의를 기울여야 합니다. 대충 넘기면 안 됩니다. 실생활과 마찬가지로 첫인상이 중요합니다. 첫 문장이 독자를 사로잡을 수 있습니다. 호기심을 자극하는 아이디어, 쉽사리 납득이 되지 않는 제안, 주제와 전혀 관련이 없어 보이는 예시, 신선한 통찰을 주는 재미있는 사례를 사용할 수 있습니다.

  어느 유명 대학에서 오랜 기간 글쓰기를 가르쳤던 어느 (익명을 요구한) 교수가 이런 이야기를 했습니다. "첫 시작이 좋으면, 이 리포트는 A라고 생각하기 시작하죠. 나머지 부분이 썩 좋지 않더라도, 시작이 좋았기 때문에 결국 좋은 점수를 받는 거죠."

덧붙여, 항상 다른 유명한 사람의 말에 의존해서 인용문으로 시작하려고 하지 마세요.

- **자신의 목소리를 찾아라.** 대학생들은 글을 쓸 때 꼭 복잡하고 형식적이며 무미건조하고 지루한 톤으로 선언문을 작성하듯 합니다. 어떻게 해서든 똑똑하게 보이게끔 노력하지만 결국 자신의 목소리를 잃게 됩니다.

　　문법적으로 완벽하고 구조적으로도 손색이 없는 글은 사실과 의견을 전달할 수 있을 뿐 아니라 나만의 개성도 전달할 수 있는 장점이 있습니다. 여러분의 개성, 세상을 보는 관점이나 식견이 여러분의 글 속에 녹아질 수 있도록 해야 하고, 충분히 그럴 수 있습니다. 위 조언을 활용해서 자신만의 목소리를 찾고 여러분의 글에 활력을 불어넣길 바랍니다. 한번 해 보세요!

기억하세요!

❶ 평가하는 교수의 특성을 파악하라. 채점 규정을 숙지하고, 효율적으로 쓰기 위한 전략을 세워라.

❷ 강의계획서에는 노력에 대해 점수를 준다는 내용은 없다. 하지만 교수도 사람이기 때문에 진심 어린 관심과 노력을 가치 있게 판단한다.

❸ 체계적으로 접근하라. 자신이 쓰고자 하는 내용을 구상하고 발전시킨 후에 글을 써라.

❹ 재미있게 써라. 읽는 이의 입장에서 생각하라.

❺ 최고의 초안을 썼더라도 수정을 거치면 훨씬 더 좋아진다. 전체 초안을 작성하고 적어도 하루 정도의 간격을 두고 다시 수정할 수 있을 만큼 여유 있게 초안을 써라. 첫 번째 초안을 쓰는 것은 모두에게 어려운 일이다. 다행히 수정하는 일은 (상대적으로) 쉽고 재미있다.

외국어는 어떻게 공부할까?[20]

대학에 가면 졸업을 위해서 보통 1~2년 동안 외국어를 공부해야 합니다. 이미 외국어를 잘하는 경우라도 더 잘하고 싶어서, 혹은 쉬운 수업이 필요해서 외국어 수업을 들을 수 있습니다. 구독하는 외국 영상을 자막 없이 보고 싶어서, 혹은 외국어 자막을 입히는 일을 하고 싶어서 배우는 경우도 있습니다. 어떤 경우든, 여러분이 외국어를 배울 수 있는 기회가 대학에 있습니다. 하지만 대학 수준의 언어 학습법을 제대로 아는 학생이 거의 없습니다. 심지어 어떤 학생은 외국어 학점 이수가 필수인 것에 불만을 갖기도 합니다. 아마도 외국어를 공부하면서 겪게 되는 '문법'에 대한 부담감이 작용한 것이지 않을까 생각합니다.

이번 장에서는 여러분이 자발적으로 선택했든 그렇지 않든, 외국어 수업을 최대한 활용하는 방법에 대해 살펴보고자 합니다. 이번 장은 외국어 습득에 관한 내용으로 한정되어 있습니다. 자신과 관련이 없다고 생각하

---

20 **옮긴이 주.** 이 책은 영어로 수학하는 학생을 대상으로 하기에 영어를 제외한 외국어 학습에 초점이 맞춰져 있음. 번역은 최대한 원문을 그대로 옮기되, 부득이한 경우만 독자의 입장을 고려하여 의역하였음.

면 건너뛰어도 좋습니다.

카페에서 주문을 하면 이런 대화를 나누게 됩니다.

점원: 주문 도와드릴까요? How can I help you today?

나: 아메리카노 작은 사이즈요. Small Americano.

점원: 공간을 좀 비워둘까요? D'you need room?

나: 네. Yeah.

점원: 더 필요한 건 없으세요? Anything else I can get for you?

나: 괜찮아요. I'm good.

점원: 어떤 이름으로 불러 드릴까요? Name for the order?

나: 케이시에요. Casey.

점원: 감사합니다. 곧 준비해 드릴께요. Thank you. Casey.

나: 네, 감사합니다. Thanks so much.

이 간단한 대화는 영어를 배우고 있는 사람에게는 상당히 곤혹스럽게 들릴 수도 있습니다. '스몰 아메리카노Small Americano'는 작은 미국인이 아니라 음료 이름입니다. '공간room' 역시도 그 카페에 사람이 얼마나 많은지와 전혀 상관없습니다. 공간은 크림이나 우유를 넣을 공간을 위해 커피를 조금 덜 담는 것을 의미합니다. "괜찮아요I'm good"는 "아니요!" 대신 쓸 수 있습니다. 'For the order'나 맨 첫 줄의 'today'는 안 해도 되는 말이기도 합니다. 그리고 미국 영어에서의 "감사합니다.Thank you"의 맥락상 대답은 "감사합니다.Thank you"이지, 교과서처럼 "천만에요.You're welcome"가 아닙니다.

이 대화가 외국인에게는 이해하기 어렵고 섣불리 따라 하기 어려운 것은, 특정 정보를 전달하고 받기 위해 가장 효율적인 사회적으로 공유된 규칙을 기반으로 하기 때문입니다. 두 사람의 대화를 처음부터 끝까지 보면, 이들이 사용한 단어는 사실 매우 간단합니다. 반면, ESL[21] 학생이 이 장면을 본다면 당황스러울 수 있습니다. 이 단어를 해석하려면, 이 상황에서 쓰이는 실제 의미를 알아야 합니다. 이때는 문법이 별로 도움이 되지 않습니다.

◇◇◇◇◇◇◇◇◇◇◇◇◇◇◇◇◇◇◇◇◇◇

'몇 개 국어를 할 수 있나요?' 이 질문에 가장 놀라운 대답을 한 사람은 메조판티Mezzofanti라는 19세기 이탈리아 신부입니다. 메조판티는 히브리어에서 알곤퀸어에 이르기까지 약 30개 언어에 능통했다고 알려져 있습니다. 메조판티의 놀라운 언어학습의 비밀을 알기 위해 노력했던 마이클 에라드Michael Erard라는 작가는 예상치 못한 발견을 하게 되었습니다. (스포일러 주의!)

마지막 상자가 하나 남았다. 목록에는 '잡동사니'로 구분되어 있었다. 며칠 동안 파일철과 서류에만 몰두해 있다가, 상자의 덮개를 열고 깜짝 놀랐다. 상자 안에는 사각형 모양의 뭉치들이 있었다. 심장이 뛰기 시작했다. 그 뭉치 하나를 꺼냈다. 살펴보니 종이였다. 빳빳한 종이로 쌓여 있었고 왁스가 발라진 끈으로 단단히 묶여 있었다. 안에 든 것은 가로 1인치, 세로 3인치의 네모난 종이 더미였다. 종이의 한 면에는 단어가 적혀 있었다. 그리고 뒷면

21　옮긴이 주. ESL(English as a Second Language)은 모국어가 아닌 외국어로 배우는 영어.

에는 외국어로 그 단어가 적혀 있었다.

메조판티의 비밀은 플래시 카드flash card였습니다. 에라드는 다른 비밀도 알아냈습니다. 다양한 언어에 능통한 사람들은 언어를 배우게 되는 동기가 "한국어를 잘하면 취업에 도움이 될거야!"와 같은 실용적인 목적이 아니었습니다. 오히려 플래시 카드로 공부하는 것처럼 반복 학습에 뇌가 어떻게 반응하는지 느끼면서 즐거워했습니다. 한국어가 유창하게 되는 것은 어느 순간에 나타나는 현상에 불과했습니다.

그 이유는 새로운 것을 배울 때 우리 뇌의 구조가 바뀌기 때문입니다. 역사적으로 보면 과학자들은 뇌의 좌반구인 브로카 영역Broca's area을 주로 말을 생성하는 영역으로, 뇌의 우반구인 베르니케 영역Wernicke's area을 말을 이해하는 영역으로 구분했습니다. 하지만 최근 신경과학자들은 언어를 습득하는 과정에서 물리적으로 뇌가 성장하게 되는 것을 포함하여 광범위하게 뇌가 관여하게 된다는 사실을 밝혀냈습니다. 힘이 세지기 위해서는 근육 성장이 필요한 것처럼, 새로운 언어를 배우는 것은 뇌의 성장이 필요합니다.

따라서 음악 작품을 연습하거나, 연극을 준비하거나, 체육관에서 운동하는 것처럼 플래시 카드로 반복적으로 연습해야 합니다. 물론 목표를 이루는 것도 중요하지만 연습도 보람 있어야 합니다. 주의를 흩트리는 방해물(특히 핸드폰 채팅 금지) 없이 플래시 카드에 집중할 수 있다면, 비디오 게임에 몰입하는 것과 비슷한 일종의 명상과 같은 상태에 이를 수 있습니다. 한 가지 중요한 차이가 있다면, 게임은 레벨이 높아지지만 플래시 카드는 넘길 때마다 다음 한국어 시험에 통과할 가능성이 높아진다는 점입니다.

플래시 카드를 가장 잘 활용하는 방법은 답을 추측하고 헷갈리는 단어는 더 자주 연습하는 과정을 반복하는 것입니다. 이렇게 시작하는 것이 좋습니다. 우선 한국어 단어를 먼저 본 후에 그 뜻을 추측해 봅니다. 그리고 뒤집어서 정확한 뜻을 확인한 후에 다시 한국어를 떠올려 봅니다.

소리나 이미지가 추가되면 기억에 더 도움이 됩니다. 특이할수록 더 기억에 남습니다. 알리샤Alicia는 "죄송합니다."라는 뜻의 튀르키예어 "아페데르시니즈afedersiniz"를 외우기 위해, 테니스 스타 로저 페더러Roger Federer가 이스탄불 거리를 걸으며 사람들과 부딪칠 때마다 "아페데르시니즈, 아페데르시니즈"라고 말하는 것을 상상했습니다. 이제는 알리샤가 튀르키예 여행을 한 지 10년이 지났고, 그 이후에 튀르키예어를 쓸 일이 없었지만, "죄송합니다." 이 단어는 아직도 기억하고 있습니다.

『도덕경』에 이런 말이 있습니다. "도를 도라고 말할 수 있다면 그 도는 진정한 도가 아니다." 역설적이게도 새로운 단어를 배우는 가장 큰 비결은 단어를 공부하지 않는 것입니다.

단어 대신에 구phrase로 공부해야 합니다. ESL 학생이 영어 단어 'set'를 배우고 있다고 생각해 봅시다. 옥스퍼드 영어사전에는 47개의 다른 뜻이 있습니다. 그것도 명사로 쓰일 때의 뜻만 말입니다. 그렇다면 학생은 플래시 카드 뒷면에 뭐라고 적어야 할까요?

요령은 'set'라고만 적지 않는 것입니다. 대신에 구 형태로 플래시 카드에 적어야 합니다. '준비된all set', '규정집set of rules', '경기game, set, match' 이런 식으로 말입니다. 모두 'set'라는 단어가 들어가지만, 다양한 구의 표현은 다른 언어에 정확하게 대응하는 단어가 있습니다. 학생들은 이렇게 구 형태로 공부해야지 애매한 단어인 'set'만 붙들고 있으면 안 됩니다.

스페인어를 공부하고 있다면, 카드 한쪽에 '파르티도partido', 그리고 다른 한쪽에 '게임'이라고 적으면 안 됩니다. '게임'이라는 단어는 많은 뜻이 있고, 스페인어로 '쥬에고juego'라는 단어가 사용되기도 합니다. 그래서 축구 경기는 '파르티도 데 풋볼 partido defritbol', '제로 섬 게임zero-sum game'은 '쥬에고 데 슈마 세로juego de suma cero'로 카드를 만들어야 합니다. 이렇게 공부하면 원어민처럼 표현할 수 있습니다.

◇◇◇◇◇◇◇◇◇◇◇◇◇◇◇◇◇◇◇◇◇

방법을 더 고민해 볼까요?

플래시 카드로 공부하며 구 형태를 잘 활용하고 있다면, 수업 시간은 어떻게 보내야 할까요? 좋은 외국어 수업은 그 언어를 설명하는 수업이 아니라 그 언어를 사용할 수 있도록 해주는 수업입니다. 하지만 많은 학생이 이 기회를 잘 활용하지 못합니다. 이 시간을 제대로 활용하기 위한 몇 가지 요령이 있습니다.

일반적으로 머릿속에서 언어를 처리하면 우리의 기억 속에 남는 것은 특정 단어가 아니라 그 말의 의미입니다. 상대방이 어떤 말을 했을 때 그 단어나 표현을 이해했다고 해서 자신이 그것을 말로 다시 할 수 있다는 것을 의미하지 않습니다. 마틴 루터 킹 주니어Martin Luther King Jr.의 "나는 꿈이 있습니다.I Have a Dream." 연설을 듣고 단어와 표현을 모두 이해할 수는 있더라도, 25만 명의 청중 앞에서 인권을 주제로 즉흥 연설을 해달라고 부탁받는다면 아마 입도 뻥긋 못하는 상황을 마주하게 됩니다.

중국어 수업에서 매주 대화 장면을 하나씩 배웁니다. 여러분은 그 대화를 열 번 넘게 읽고 또 읽었지만, 자기소개를 중국어로 해 보라고 한다면 그 자리에서 얼어붙습니다. 이게 바로 제10장에서 이야기했었던 인지와 숙달의 중요한 차이입니다. 연습한 대화가 이미 익숙해서 잘 알고 있는 것 같지만 아직 완전히 자신의 것이 되지 못했습니다. "바이잉아이Bai Ying'ai는 왕펑Wang Peng을 저녁 식사에 초대하려고 합니다." 무슨 내용을 말해야 하는지는 알지만 어떻게 말해야 하는지는 모르는 상황과 같습니다.

이 '어떻게'를 배우려면 사용되는 실제 표현을 살펴봐야 합니다. 예를 들어, 바이잉아이가 "내일이 친구 생일이다."라고 말할 때, '~다'라는 말은 'shì'입니다. 그러나 왕펑이 "내일은 바쁘다."라고 말할 때 사용한 '~다'는 'hěn'입니다. 중국어에서 '~다'라는 표현은 두 가지 용법이 사용되는 것 같습니다. 하나는 동일함(A는 B다.)을 나타내고, 하나는 특성(A는 B의 상태다.)을 설명하기 위해 사용되는 것 같습니다.

먼저, 이 추측이 맞는지 확인하기 위해 교과서에 '~다'라는 표현이 있는 문장을 찾아서 확인해 봅니다. 그런 다음 '~다'의 바른 용법을 적용해서 스스로 몇 개의 문장을 만들어 봅니다. (앞서도 말했지만, 특이할수록 기억에 더 좋습니다.) 자신이 만든 문장에 어떤 단어를 사용해야 하는지 확신이 없다면 수업 후에 선생님께 물어보는 것도 좋습니다. (언어를 가르치는 선생님은 보통 이런 질문을 굉장히 좋아합니다.)

플래시 카드를 만들 때, '~다'의 표현으로 'shi' 또는 'hěn'처럼 딱 그 표현만 적으면 안 됩니다. 대신에 구 형태나 표현 전체를 적어야 합니다. "내일은 나의 생일이다."와 "왕펑은 바쁘다." 이렇게 적어야 합니다. 만약에 적어 놓은 내용이 직접 만든 것이라면 더 기억에 남습니다. 재미있는 표현은 머릿속에 더 잘 남는 경향이 있습니다. 나중에 선생님이 여러분에게 옆 사람과 즉석에서 대화를 나눠보라고 할 때, 몇 가지 자신만의 표현을 익혀 놓는다면 확실히 도움이 됩니다.

◇◇◇◇◇◇◇◇◇◇◇◇◇◇◇◇◇◇◇◇◇◇◇

좋습니다. 이제 대화를 연습하는 방법도 익숙해졌습니다. 하지만 나머지 95%의 수업 시간은 어떻게 해야 할까요? 그 시간은 다른 사람들이 말하는 시간입니다. 보통은 다른 사람의 말을 주의 깊게 듣지 않습니다. 다른 학생들이 실수를 연발하고 있을 텐데 굳이 듣고 있어야 할까요? 하지만 여러분은 꼭 귀 기울여 들어야 합니다. 왜일까요? 자, 크리스틴^{Kristen}을 만나봅시다.

크리스틴은 한 가지 언어만 사용하며 컸습니다. 영어였습니다. 하지만 지금 크리스틴은 네 개의 아랍어 방언까지 구사합니다. 그중 두 개는 원어민처럼 구사합니다. 비결이 무엇일까요? 현재 크리스틴은 아랍어 교수가 되었지만, 학생이었을 때 늘 맨 앞줄에 앉아 경청하며 손을 들던 학생은 아니었습니다.

실제 크리스틴은 심각할 정도로 수줍음이 많았고 대학 생활 4년 내내 어학 수업에서 말 한마디 않던 학생이었습니다. 그런데 카이로^{Cairo}에서 해외연수 프로그램에 참여하면서 갑자기 말문이 트였는데, 거의 지금 수준처럼 아랍어를 구사하게 되었습니다. 크리스틴은 4년 동안 수업 내내 그저 듣기만 했습니다. 그런데 여기에 반전이 있었습니다. "저는 다른 학우들이 말하는 것을 듣고 있었어요. 그리고 머릿속으로 친구들이 틀리게 말하면 그걸 고치고 있었죠."

아마 여러분이 좋은 선생님께 외국어를 배우고 있다면, 말 한마디 하지 않고 앉아서 듣기만 하는 것도 쉽지 않은 일입니다. 하지만 여러분은 크리스틴이 했던 것처럼 다른 학생들이 말하는 것에 귀 기울이며 그 시간을 효율적으로 활용할 수 있습니다.

◇◇◇◇◇◇◇◇◇◇◇◇◇◇◇◇◇◇◇◇◇◇◇

함께 배우는 학생들에 대한 이야기가 나온 김에 이번에는 언어를 가르치는 선생님들이 항상 듣는 불평거리에 대해 귀를 기울여 보겠습니다. "같이 수업 듣는 다른 애들은 이미 히브리어를 잘해요." 맞는 말이면서 틀린 말이기도 합니다. 히브리어 초급반에는 유태인 학교를 다녔던 학생이 다수일 수 있습니다. 러시아어 수업을 듣는 옆 친구는 집에서 부모님과 러시아어로 이야기하는 친구일 수도 있습니다.

하지만 유태인 학교를 다닐 때는 히브리어로 된 뉴스 홈페이지를 본 적이 없었을 테고, 러시아어를 잘하는 옆 친구는 러시아어 철자는 전혀 모를 수 있습니다. 대학 강의실에서 배우는 언어의 다양성은 사람들이 속해 있는 가정과 종교단체 등을 통해 접하는 언어의 다양성과는 다른 것이 현실입니다.

이른바 언어를 물려받은 학생들은 수업이 시작하는 초반, 특히 첫 주에는 다른 학생들이 주눅이 들 정도로 잘하는 것이 사실입니다. 하지만 읽기와 쓰기 부분에서는 플래시 카드로 공부하거나 적극적으로 들으려고 하는 친구들보다 못하는 경우가 많습니다. 그러니 중국어Mandarin 수업에서 중국인 옆에 앉게 되더라도 걱정할 필요가 없습니다. 그 학생은 중국어가 아닌 광둥어Cantonese만 구사할 가능성이 있고 글자를 읽는 것은 여러분보다 못할 수 있습니다. 어떤 경우든, 그 학생의 말에 귀를 기울이고 머릿속에서 틀린 부분을 교정하려고 노력해 보길 바랍니다.

이 상황을 뒤집어서, 자신이 언어를 물려받은 학생이라면 A를 쉽게 받을 수 있을 거라고 기대하면 오산입니다. 당연히 유리한 조건에서 시작하지만 그것은 기껏해야 2~3주밖에는 못 갑니다. 결국은 교과서를 찾고 강의 내용을 뒤적이게 됩니다. 제대로 하지 않으면 옆에 앉은 크리스틴이 학기가 끝날 때쯤이면 훨씬 더 좋은 성적을 받게 될 테니까요.

◇◇◇◇◇◇◇◇◇◇◇◇◇◇◇◇◇◇◇◇◇◇

읽고, 듣고, 말하는 방법까지 이야기를 했으니, 이제는 전통적인 언어 기술 중 마지막인 쓰기에 대해 이야기를 해보겠습니다. 학생들이 외국어 쓰기를 배울 때 저지르는 가장 큰 실수는 작문을 하려고 한다는 점입니다. 다시 말해, 자신의 글이 창의적이어야 한다고 생각해서 무언가를 지어냅니다. 그런 다음 배우고 있는 언어로 번역합니다. 한 단어 한 단어씩 말이지요. 그 결과는 가르치는 선생을 오히려 당황스럽게 할 뿐 아니라, 언어를 배우는 데도 별로 도움이 되지 않는다는 사실입니다.

주말에 한 일에 대해서 써오는 것이 과제라고 가정해 보겠습니다. 가장 먼저 떠오른 것은 '축구 경기'를 본 일입니다. 그러면 "주말에 나는 축구장에 갔다."는 문장을 프랑스어나 독일어로 한 단어씩 번역해야 할까요? 그럴 필요가 없습니다.

우선 여러분은 '주말 동안'을 의미하는 '주말에'라는 표현을 어떻게 바꿔 써야 할지 고민하느라 많은 시간을 허비할 가능성이 있습니다. "축구장에 갔다."는 표현이 축구를 하러 갔다는 것인지, 축구 경기를 봤다는 것인지 구분해서 옮겨야 합니다. 그리고 앞서 살펴본 것처럼 축구 경기 football game의 경기game라는 단어를 잘못 옮기는 경우 골치 아플 수 있습니다.

그러면 어떻게 해야 할까요? 핵심은 스포츠 경기가 있었다는 사실입니다. 외국어를 배우는 입장에서 축구 경기에 대해 프랑스어로 이야기하는 법을 아는 것이 목표이기 때문에 여기에 노력을 기울여야 합니다. 우선 '프랑스 축구 리그'를 검색하는 것부터 시작해 봅니다.

검색 결과는 대부분은 지명과 관련되어 있습니다. 'AS 모나코AS Monaco' 팀을 예로 들어보겠습니다. 우선 AS 모나코 누벨nouvelles(누벨은 뉴스를 의미합니다.)을 검색합니다. 수천 개의 기사가 뜨지만, 이해하기 힘들 정도로 어렵습니다. 하지만 조금 쉬운 기사가 눈에 들어옵니다. 'Enfin une bonne nouvelle pour l'AS Monaco', '마침내 AS 모나코에 희소식!' 이제 작문이 아니라 쓰기를 시작할 수 있는 길이 열렸습니다.

주말에 본 경기가 UCLA가 USC를 이긴 경기였다면, 'Enfin une bonne

nouvelle pour l'UCLA'로 고쳐서 첫 줄을 시작할 수 있습니다. 프랑스어에서 '뉴스' 단어가 단수가 될 수 있다는 문제와 더불어 다른 문법적인 문제까지도 모두 해결되었습니다.

그런데 (이런 의문을 품을 수도 있습니다.) 주말에 '내'가 한 일을 적어야 하는데, '나'는 뭘 한 거지? 문장에서 주어인 '나'가 사라졌지만 다행입니다. 우리는 글쓰기에서 주어인 '나'가 중요하지만 프랑스어 사용자들은 '나'를 전면에 내세우지 않습니다. 프랑스인처럼 썼으니 설득력이 더 높아집니다. 때로는 자신이 모르는 사이에 무언가를 배울 수도 있습니다.

이게 표절에 해당할까요? 아니요. 다른 사람의 아이디어를 여러분의 아이디어인 것처럼 속이는 것이 아니라, 그 표현 방식을 빌리는 것이기 때문입니다. 오히려 이것은 언어학습의 핵심입니다. 그리고 단순히 내용을 그대로 복사하는 것이 아니라, 여러분이 말하고 싶은 내용을 표현하기 위해 수정하는 작업이 병행됩니다. 이 또한 언어학습의 방법입니다.

모든 공부가 다 그렇듯이 복사해서 붙여넣기 하기보다 스스로 다시 적는 것이 기억에 효과적입니다. 여러분의 플래시 카드에 'une bonne nouvelle pour l'를 적고 뒷면에 '~에게 희소식'이라고 적으면, 새로운 지식을 얻었다는 기쁨도 누릴 수 있습니다.

기억하세요!

❶ 어휘를 익혀라. 대신 단어가 아니라 구 표현을 익히고, 플래시 카드를 활용하라.

❷ 사람들이 실제 사용하는 표현을 찾아서 학습하라.

❸ 다른 사람의 말에 귀를 기울여라. 그리고 머릿속으로 수정하라.

❹ 이미 언어를 잘 구사하는 학생에게 주눅 들지 마라. 반대로 자신이 이미 그 언어를 잘한다고 교만하지 마라.

❺ 원어민이 사용하는 표현을 찾고 모방하라. 자신의 상황에 맞도록 수정하라.

THE SECRET
SYLLABUS

성공 장벽 넘어서기

실패 앞에서 필요한 회복력

모두가 넘어집니다
하지만 몇몇은 다시 일어납니다

나쁜 짓이라는 것을 알지만, 아는 것만으로는 나쁜 짓을 저지르는 것을 막을 수는 없습니다. 린다Linda는 제이가 가르치는 UCLA의 유전학 과목의 수강생이었습니다. 린다의 남자친구도 그 수업을 함께 들었지만, 그 과목을 유독 힘들어 했습니다. 그 과목을 통과하지 못할 것 같은 남자친구는 린다에게 부정행위를 할 수 있도록 도와달라고 했습니다.

매주 치르는 퀴즈에서 린다 자신의 이름을 적는 대신 남자친구의 이름을 적는다면, 남자친구는 그 과목을 무사히 통과할 만큼의 충분한 점수를 얻을 수 있었습니다. 린다는 시험 성적이 이미 뛰어났기 때문에 퀴즈 점수가 굳이 없어도 그 과목을 통과하기에 충분했습니다. 마지못해 린다는 그 부탁을 들어줬습니다. 그리고 몇 주 동안 그 부정행위가 통했습니다. 그런데 이들에게서 무언가 수상함을 느꼈던 다른 학생들과 조교에 의해 그 부정행위는 결국 들통이 났습니다. 이어진 조사와 청문 절차를 거쳐 린다는 UCLA에서 결국 퇴학당했습니다.

'대학 생활의 성공'이라는 기준으로 본다면 린다는 대학에서 겪을 수 있는 가장 큰 실패를 맛보게 되었습니다. 하지만 거기가 끝이 아닙니다. 다시 회복하는 것은 얼마든지 가능합니다. 여러분은 자신이 저지른 실수에서 배울 수 있는 교훈을 늘 찾을 수 있습니다. 그 교훈을 앞으로 있을 여러분의 행동과 결정에 적용해 본다면 더 나은 결과를 얻을 수 있습니다.

린다는 기숙사에서 쫓겨나 집으로 돌아왔습니다. 자신이 저지른 실수와 잘못된 선택에 대해 생각할 시간이 많았습니다. 또한 약사가 되고자 했던 꿈이 사라져 버렸다는 사실에 슬퍼하며 시간을 보냈습니다.

하지만 몇 달 후 제이는 린다에게서 편지를 받았는데, 그녀의 삶을 바꿀 만한 회복력resilience을 엿볼 수 있었습니다.

성적이 좋아도 약대에 들어가기는 힘들어요. 저와 성적이 같더라도 저는 퇴학 이력이 있어서 (불리하게) 비교될 것 같아 걱정이에요. 하지만 제가 할 수 있는 것은 최선을 다해 보는 것밖에 없어요. 새해를 맞아서 기뻐요. 왠지 다시 새로운 마음으로 시작할 수 있을 것 같아서요.

다음 주부터 이 동네에 있는 대학에서 공부를 시작해요. 그리고 더 좋은 학교로 옮기기 위해 알아보고 있구요. (합격할 수 있을지 모르겠지만, 시도도 안 하는 것보다는 해보는 것이 나을 테니까요.) 봉사활동 단체에도 지원을 해 놓았어요. 그것도 재미있을 것 같아요.

제 계획은 제가 공부에도 전념하는 창의적인 학생이라는 것을 보여주는 거예요. 무엇보다, 제가 저지른 실수로부터 배울 수 있다는 것을 보여주고 싶어요.

보통 입학심사위원회는 매우 엄격해서 결점이 없는 학생만 뽑는다는 선입견이 있습니다. 하지만 린다는 결국 다음 해 서던캘리포니아대학교 USC에 합격했습니다. 그리고 마침내 약대에 입학했고 그곳에서도 뛰어난 성적을 거두었습니다.

현재 린다는 자신의 약국을 운영하는 성공한 약사가 되었습니다. 린다는 멀리 돌아오느라 시간이 오래 걸렸을 뿐만 아니라 계획했던 처음 경로와는 분명 다른 길로 왔습니다. 하지만 우리는 린다가 그 이전보다 훨씬 더 나아졌고 현명해졌을 것이라 생각합니다. 그녀는 자신이 오래전에 저지른 판단 실수로부터 교훈을 얻었고, 다시금 자신이 원하는 사람이 되기 위해 더 노력했기 때문입니다.

◇◇◇◇◇◇◇◇◇◇◇◇◇◇◇◇◇◇

오늘날 대학은 학생에게 스트레스, 불안, 실패의 무한한 기회를 제공합니다. 최근 어느 설문조사에서는 대학생의 절반이 넘는 인원이 전년도에 "엄청난 불안감을 느낀 적이 있다."고 답했습니다. 삶의 중요한 변화과정에서 스트레스를 받는 것은 당연합니다. 대학에 진학하는 것 자체가 가장 큰 스트레스 원인 중 하나입니다. 오늘날의 기술 발전 또한 잠재적으로 이롭지 않은 감정을 자라나게 합니다.

기술은 매혹적인 이미지로 우리를 둘러싸고 있지만, 많은 기술은 우리를 기만하고 상처를 주기도 합니다. '노이즈 제거noise reduction'라 불리는 사진 편집 기능을 예로 들어봅시다. 이 기능은 광센서의 사진 촬영 능력을 저해하는 요소를 제거해서 디지털 이미지를 개선하는 도구입니다.

이 기능을 사용하여 노이즈를 제거하면, 얼굴 사진에서 주름(나이도 함께)이 없어지는 놀라운 마법이 일어납니다. 제이는 이 기능을 사용하면서, "제가 +를 누를수록 제 얼굴에서 노화가 더 없어지는 거네요?"라고 말합니다. 그리고 제이는 이제 노이즈 제거가 되지 않은 사진은 보여주기 싫어합니다. 우리 대부분은 자신이 조금이라도 젊어 보이기 원합니다. 노이즈가 제거된 자신을 세상에 보이고 싶어 하는 제이처럼 말입니다.

하지만 대부분 사람에게 온라인 세상이 현실보다 나아 보이는 이유는 '노이즈 제거' 기능 때문만은 아닙니다. 디지털 이미지를 개선시키는 기능 외에도, 사람들은 실제 자신의 삶을 세상에 보여줄 때 선택적으로 행동합니다. 오히려 이는 불행한 결과를 불러오기도 합니다. 우리가 보는 다른 이들의 삶은 좋은 모습, 엄격하게 선택된 모습입니다. 하지만 실제 우리는 편집되지 않은 주름진 얼굴, 각종 실수와 갈등이 포함된 '노이즈'를 매일매일 마주하며 각자의 삶을 살아갑니다.

나는 매일 각종 불안과 불확실성에 시달리며 사는 반면에, 다른 사람은 승승장구하며 사소한 어려움도 없이 세상을 살아간다는 것은 불가능합니다. 어느 날, 버트Burt가 요리대회에서 수상한 사진, 미아Mia의 완벽한 몸매를 과시하는 헬스장 사진, 알리야Aliyah가 배낭을 메고 (완벽하게 정돈된 헤어스타일로) 오지여행을 하는 영상을 봅니다. 이 친구들을 보며 오히려 불안해합니다. 흔히 말하는 가면증후군Imposter syndrome 때문일까요?

우리가 느끼는 불안은 생리학적 원인에 근거합니다. 여러분의 뇌는 자신이 보는 것과 자신의 실제 삶을 비교하도록 설계되어 있습니다. 주변 사람들과 비슷한 수준을 유지하지 못하면 우리의 뇌는 도파민을 억제하는 벌을 내립니다. 다른 사람들의 흠 없고 완벽하게 보이는 삶의 모습은 꼭 힘든 시기를 겪고 있는 대학생들에게 여지없이 찾아옵니다. 대학이라는 삶의 새로운 국면에 접어들었고, 새로운 환경에 대해 경험이 전혀 없는 상황에서 실패를 겪는다면, 당연히 이 실패를 나만 겪는다고 믿게 됩니다.

학생 대부분은 자신을 지지해주는 친밀한 관계와 집을 떠나 대학에 왔기 때문에 이 불안은 더욱 가중됩니다. 게다가 졸업이 가까워질수록 학자금 대출로 인해 장기적인 재정적 부채가 커져만 갑니다. 정리하자면, 대학에 오면 많은 문제에 직면하게 됩니다. 그래서 이런 도전에 맞서기 위해서는 회복력이 꼭 필요합니다.

회복력이란 무엇일까요?

아리안Arianne이 대학신문 칼럼니스트에 뽑히지 못했을 때의 반응을 보면 여러분은 상당히 놀랄 수 있습니다. "이 실패는 내가 이 세상에서 겪을 수 있는 가장 큰 재앙이다. 내 인생이 무너져 버렸다."

당혹스러운 것은 비록 아리안이 감정적으로는 자신의 인생에서 가장 최악의 순간을 경험하고 있지만, 현재 하버드 학생이라는 사실입니다. 하버드 학생들이 작은 실패 때문에 낙담하는 것은 마치 어린아이가 새로 산 킥보드의 색깔이 생각했던 파란색이 아니어서 실망하는 것과 비슷합니다. "얘야, 그래도 새 킥보드가 생겼으니 감사해야지. 세상 대부분 아이들은 킥보드를 살 수도 없단다."라는 부모의 말은 아이에게 아무런 위로

가 되지 않습니다. 이미 킥보드를 가진 아이가 직면한 불행에 전혀 영향을 미치지 못합니다.

객관적으로 볼 때, 전반적으로 잘 되어가는 중인데 어떻게 좌절감을 느끼는 걸까요? 우리의 뇌는 상황변화에 정교할 정도로 민감하다는 것이 답이 될 수 있습니다. 아주 조그만 센서들을 사용한 연구자들의 실험을 통해 겉으로는 사소해 보이는 일에도 사람들은 감정적으로 매우 크게 반응한다는 사실을 밝혔습니다. 구체적으로 설명하면, 참가자들은 몇 달러를 이용한 투자 게임에 참여했습니다. 작은 금액을 얻은 경우에 뇌에 도파민이 넘쳐나는 결과를 확인했고, 적게 잃은 경우에는 도파민 결핍이 확인되었습니다.

아리안은 당시 그녀의 뇌에 도파민이 결핍된 상태였기 때문에 사소한 실패임에도 불구하고 '인생의 무너짐'을 느끼게 되었습니다. 도파민이 차오르고 도파민이 만들어 내는 행복감은 기대하는 것보다 더 나은, 그리고 다른 사람에 비해 더 좋은 결과를 요구하게 됩니다. 분자 수준에서 보면, 우리는 매우 민감하며 질투하는 존재로 만들어졌습니다.

다행인 것은, 바로 이점이 회복력을 가능하게 합니다. 실패─사소한 좌절이라도─를 대하는 우리의 감정적인 반응은 극단적이지만 일시적입니다. 성공을 위해서 참고 견뎌야 합니다. 감정은 더 좋아질 것이고 결국 회복할 수 있습니다.

실제 아리안의 좌절은 일시적이었습니다. 그녀의 이름은 아리안 코언 Arianne Cohen이며, 현재는 놀라운 작가 반열에 올라 있습니다. 현재 그녀는 뉴욕타임즈NY Times, 패스트컴퍼니Fast Company, 블룸버그 비즈니스위크Bloomberg Businessweek를 비롯한 파퓰러 메커닉스Popular Mechanics에도 기고를 하고 있을 정도로 성공했습니다. 마샤 스튜어트Martha Stewart는 자신의 쇼 전체를 아리안 코언에게 헌정하기도 했습니다.

아리안의 완벽함이 그녀를 성공하게 하지 않았습니다. 오히려 자신의 약점을 면밀하게 살핌으로써 성공했습니다. 그녀는 이렇게 말합니다. "자신의 결점을 드러내라. 그리고 세상의 눈으로 자기 자신을 보고 있는지, 항상 현실을 직시하라."

아리안이 경험한 것처럼 여러분도 혹시 인생 전체가 무너지는 느낌을 가져 본 적이 있나요? 회복력의 측면에서 보면, 우리가 직면하는 문제의 성격과 크기는 그리 중요하지 않습니다. 훨씬 더 중요한 것은 우리가 겪는 어려움과 실패에 대해 어떻게 반응하는가입니다.

힘든 시험을 준비하거나, 관계 개선을 위해 노력하거나, 중요한 인턴십 자리를 얻으려 할 때처럼 문제 앞에서 어려움을 겪고 있을 때, 사람들은 그 도전을 받아들일 수도 있고 포기해 버릴 수도 있습니다. 회복력은 실패, 갈등, 좌절에 직면했을 때, 다시 일어나 회복하고 성공할 수 있는 능력입니다.

회복력은 누구에게는 있고 누구에게는 없는 것이 아닙니다. 오히려 우리는 상황에 따라 다양한 수준의 회복력을 드러내 보여줄 수도 있고, 아닐 수도 있습니다. 가장 중요한 것은 회복력은 개발할 수 있는 성격 특성이라는 점입니다.

이번 장의 목표는 단순히 실패했을 때 대처하는 기술을 가르쳐주는 것에서 좀 더 나아가고자 합니다. 오히려 실패하지 않고 성공에 이르는 방법보다, 실패를 딛고 일어섰을 때 더 나은 결과를 얻는 방법을 알려주고자 합니다.

◇◇◇◇◇◇◇◇◇◇◇◇◇◇◇◇◇◇◇◇

고등학교 재학시절 힐다 솔리스Hilda Solis의 진학상담 선생님은 힐다에게 "대학에 갈 만한 능력이 안 되니 비서(secretary) 같은 직업을 갖는 것이 좋겠다."고 권했습니다. 하지만 그녀는 자기 소신대로 대학(그리고 대학원)에 진학했습니다. 이후 그녀는 미국 하원의원으로 선출되었고 실제로 비서가 되었습니다. 그 비서의 직함은 노동부 장관(Secretary of Labor)이었습니다. 특히 그녀는 이 직책을 맡은 최초의 히스패닉계였습니다.

시드니 포이티어Sidney Poitier는 처음 참가한 오디션에서 단순히 탈락한 게 아니었습니다. 연기는 고사하고 식당에서 접시나 닦으라는 조롱까지 당했습니다. 하지만 그는 연기에 더 전념했습니다. 그리고 결국 아카데미 남우주연상을 수상할 만큼 대단한 성공을 거두었으며, 미국에서 민간인이 받을 수 있는 가장 최고의 훈장인 대통령자유훈장Presidential Medal of Freedom도 받았습니다.

실패와 회복을 다루는 이야기들은 삶에 있어 중요한 시사점들을 남겨줍니다. 하지만 이런 사례들을 반복해서 들려주는 것보다는, 그 안에서 성공을 위해 도움이 될 만한 실질적인 교훈을 도출하는 것이 중요합니다. 고등학교 농구팀 선발에서 탈락했던 마이클 조던Michael Jordan의 사례부터 시작해 보겠습니다. 결국 그는 농구선수로서의 업적을 훨씬 뛰어넘는 수준의 명성을 얻었습니다. 한동안이었지만 조던은 아마도 지구상에서 가장 유명한 사람이었습니다.

실패를 대하는 마이클 조던의 생각은 다음과 같습니다.

나의 선수 생활을 통틀어 9,000개가 넘는 슛을 놓쳤다. 300번의 경기를 졌다. 26번의 승패를 가르는 결정적인 슛 기회를 살리지 못했다. 나는 살면서 실패하고, 실패하고, 또 실패했다. 하지만 이것이 바로 내가 성공한 이유다.

유명인들의 실패담을 듣노라면, 그러려니 할 수 있습니다. 마이클 조던은 가진 재능이 이미 뛰어나니 분명히 성공했을 것이라고 말입니다. '나는 타고난 능력이 없으니, 마이클 조던에게서 특별히 배울 것도 없어.' 하지만 재능이 성공을 보장한다는 생각은 틀렸습니다. 실제 마이클 조던은 노력과 경쟁을 바탕으로 승리를 만들어 냈습니다. 결코 그는 타고난 재능만으로 여섯 번의 NBA 챔피언십에서 우승한 것이 아닙니다.

조던의 고등학교 코치 중 한 명이었던 론 콜리Ron Coley는 이렇게 설명했습니다. "선수 선발을 위한 입단 테스트에서 그를 만났다. 그에게서 특별히 뛰어난 점을 발견하지는 못했다. 그래서 2학년 때 선수로 선발되지 못했다." 반면 조던은 입단 테스트에서 탈락한 후에 이렇게 말했다. "집에 돌아와 엄마에게 탈락했다고 말했다. 나는 완전히 의욕을 잃었다. 더 이상 아무 운동도 하고 싶지 않았다. 그 코치가 나를 좋아하지 않는 것 같았다."

그 말을 들은 조던의 어머니는 조금 더 노력해 보자고 다독였습니다. 조던은 실제로 그렇게 했습니다. 그리고 다음 해에 선수단에 선발되었습니다. "조던은 집중했어요. 종일토록 연습하곤 했지요. 한시도 농구공을 손에서 떼지 않을 정도였지요."라고 조던의 어머니는 회상했습니다. 실패에 대해 이렇게 생산적으로 반응(엄마의 도움과 함께)하는 것이 성공의 첫걸음입니다.

NBA의 신인 선수 선발식에서 조던은 3순위로 지명받았습니다. 이는 그해 대학을 졸업하는 선수 중에서 최고 선수로 평가되지 못했다는 것을 의미합니다. 결과만 보면, 분명 재능이 마이클 조던을 최고 선수로 만든 것처럼 보입니다. 그러나 3학년이 되어서야 고등학교 농구팀에서 선발이 되고, NBA에서도 3순위로 지명된 것이 오히려 그가 더 열심히 노력하는 원동력이 되었고, 결국 성공할 수 있었습니다.

한 명의 이야기를 더 해 보겠습니다. 다음은 에이브러햄 링컨Abraham Lincoln의 초기 경력 내용입니다. 실직, 주 의원 선거 낙선, 사업 실패, 신경 쇠약, 의장 선거 낙선, 상원 의원 선거 낙선, 부통령 후보 지명 실패, 다시 상원 의원 선거 낙선.

그러나 25년간의 힘겨운 싸움과 실패 끝에 링컨은 대통령이 되었고, 게티즈버그연설Gettysburg Address과 노예해방선언Emancipation Proclamation을 역사에 남기게 되었습니다. 어느 누구의 인생도 끝날 때까지 끝난 것이 아닙니다. 수십 년간 실패했다는 결과가 능력이 부족하다는 것을 의미하지 않습니다. 절대로 포기하지 마세요!

누구나 실패합니다. 하지만 실패가 능력을 나타내지 않습니다.

학업 실패가 자랑할 만한 것이 아니지만, 만약 그럴 수 있다면 아마도 조지 처치George Church는 명예의 전당에 오를 만한 인물입니다. 〈실패에 대한 성찰Reflections on Rejections〉이라는 이야기 모음집에 실린 기고문에서 처치는 자신의 실패담을 9학년을 다시 다녀야 했던 경험에서 시작합니다. 나중에 듀크대학교Duke University 대학원에 진학했지만, 결국 박사과정 중에 낙제했습니다. 처치는 그때 받았던 퇴학통지서를 삶의 원동력으로 삼고 있다고 했습니다.

지난 학기 성적 공시 결과, 귀하는 전공과목에서 F학점을 받았음이 확인되었습니다. 전공 분야에서 F학점을 받는 경우 해당 학위 과정에서 제적됩니다. 이에 귀하는 더 이상 박사과정생으로 재학할 수 없음을 알려드립니다. 이 조치가 필요하게 된 것에 대해 유감스럽게 생각하며, 귀하가 선택한 학위 과정을 끝마칠 수 없게 만든 문제가 무엇이든 간에 향후 앞으로의 성공적인 진로에 방해가 되지 않기를 기원합니다.

조지 처치는 이 실패 경험으로 자신의 습관을 바꾸고 학습에 대한 태도를 재정비했습니다. 결국 그는 극적인 반등을 이뤘습니다. 현재 하버드 의과대학과 MIT 유전학 교수로서 2021년 기준 공동저자로서 622편의 논문, 156건의 특허 실적을 남겼습니다. 뉴스위크Newsweek는 조지 처치를 '10명의 인기 있는 괴짜들'이라는 기사에서 특집으로 다루었고, 2017년 〈타임매거진Time Magazine〉은 '가장 영향력 있는 100인' 중 한 명으로 선정하였습니다. 지금 듀크대는 조지 처치를 어떻게 생각하고 있을까요?

실패는 성공과 떼려 해도 뗄 수 없는 관계지만, 그 사실을 잊어버리기 쉽습니다. 우리의 정신이 혼미할 정도로 편집되고, 완벽한 모습만 보여주는 소셜 미디어 세계를 고려한다면, 이 점은 어느 때보다 중요한 사실로 다가옵니다. 실패가 성공하기 위한 여러분의 노력을 엿보면서 비웃고 있는 것이 아니라는 점을 알아야 합니다. 실패는 결코 "너는 절대 할 수 없어! 그러니 포기해!"를 의미하지 않습니다.

하지만 우리는 그런 생각에 취약합니다. 여러분이 깨달을 수도 있고 아닐 수도 있지만, 우리는 세상에서 일어나는 일들의 원인과 결과의 관계를 다루는 몇 가지 이론을 가지고 살아갑니다. 예를 들어, 지적 능력에 관해서는 사람마다 타고난 정도가 있다고 믿습니다. 어떤 것에 타고난 소질이 없다면 그저 운이 없는 것이라고 생각합니다. 하지만 이미 밝혀진 것처럼, 이런 이론들은 정확하지 않을뿐더러 그렇게 믿는 것이 오히려 더 나쁜 결과를 초래하기도 합니다.

고등학생을 대상으로 한 대형 연구에서, 절반의 학생은 교과과정을 통해 마리 퀴리Marie Curie, 알버트 아인슈타인Albert Einstein을 비롯한 여러 과학자의 업적에 대해서 배웠습니다. 나머지 절반은 과학자들의 업적뿐만 아니라 과학자들의 개인적인 고충과 지적인 노력에 대해서도 함께 배웠습니다. 교과과정상의 근소한 차이처럼 보이지만, 이 차이는 학생들의 삶에 두 가지 큰 차이점을 낳았습니다.

1) 위대한 과학적 업적에 대해서만 배운 학생들은 그 업적이 과학자들의 타고난 능력, 즉 다른 사람들과 구별되는 재능에 기인한 것으로 돌리는 경향이 있다.

2) 개인적인 고충과 지적인 노력을 함께 배운 학생들은 실제로 과학 과
   목을 더 공부했고 더 높은 점수를 받았다.

똑똑하고 유명하며 성공한 사람들도 원래는 실패했었다는 사실을 그
저 아는 것만으로도 더 열심히 공부하고 더 나은 성과를 얻는 데 도움이
됩니다. 관련 연구에 따르면, '성장형 사고방식Growth Mindset'22 — 지적 능력
은 개발하고 향상시킬 수 있다는 이해 — 을 지닌 학생들은 학업성취도가
월등히 높았으며, 자신이 배우는 과정을 마칠 가능성이 더 높았습니다.
바른 사고방식을 가지는 것만으로도 다시 회복할 수 있으며, 더 많은 것
을 성취할 수 있습니다.

실패로부터 중요한 것을 배울 수 있습니다
(하지만 성공으로부터는 배울 수 없는 것입니다)

대학에서 F학점을 받으면 수치스럽게 생각합니다. 그러나 달리 생각
하면, F학점을 받는 것이 학습 과정의 핵심이기도 합니다. 예를 들어, 대
부분의 비디오 게임은 처음 시작한 후 숙달되기까지 엄청난 실패의 반복
이 필요합니다. 열 살의 찰리Charlie가 이렇게 설명합니다. "이게 바로 뭘
어떻게 해야 하는지 배우는 방법이죠." 이렇게 실패를 통해서 배우게 되
고 결국 성공을 맛볼 수 있습니다. (이제 부모님께 비디오 게임이 여러분의 회복
력 향상에 도움이 된다고 자신 있게 말할 수 있습니다. 감사는 사양합니다.)

---

22 **옮긴이 주.** 동기 학습 실험에서 유래된 용어로서, 성장형 사고방식의 반대는 고착형 사고방식
    Fixed Mindset으로 지능은 바뀌지 않는다는 운명론적 이해를 의미함.

비슷한 예로 조종사는 난관에 부딪히도록 설계된 시뮬레이션 훈련을 받습니다. 이 훈련을 통해 조종사는 회복력을 키우며, 자신의 전문성을 키워나갑니다. 군사훈련도 마찬가지입니다. 결국은 실패할 수밖에 없는 도전을 받도록 훈련생은 내몰립니다. 윌리엄 블레이크William Blake는 이런 말을 남겼습니다. "과도함의 길은 지혜의 궁전으로 인도한다. … 지나침이 무엇인지 알지 못하면 충분한 것이 무엇인지 결코 알 수 없다."

실패를 용인하는 것에 대해서 우리의 학문 세계는 한심할 정도로 문외한입니다. 비디오 게임에서 군사훈련, 조종사 훈련에 이르기까지 효과적인 교육은 새롭게 마주치는 상황을 탐구하고 실패하는 데 상당한 가치를 두고 있습니다. 실패는 학습에 있어 필수적인 요소입니다.

실패로부터 배울 수 있는 교훈은 단지 문제를 해결하거나, 어려움에 직면할 경우를 잘 대비해야 한다는 것에 그치지 않습니다. 포스트잇Post-it 발명자의 발견처럼, 실패는 여러분이 잘못된 문제에 몰두하고 있다는 것을 알아채도록 도와주기도 합니다.

강력접착제를 개발하려던 스펜서 실버Spencer Silver 박사는 접착력이 약한(재접착이 가능했지만) 제품을 만들게 되었을 때 실패한 것 같았습니다. 하지만 다른 문제에 적용해 보니, 오히려 그 접착제가 훌륭한 해결책이 되었습니다. 그다지 끈적이지 않는 종이 메모지는 오늘날 매년 10억 달러가 넘는 수익을 창출하고 있습니다.

더 복잡한 문제도 있습니다. 어떤 실패는 여러분의 노력이나 능력과는 전혀 관계가 없을 수도 있다는 사실입니다. 자신이 어떻게 할 수 없는 요인들이 있을 수 있습니다. 대학원 과정이 끝나갈 무렵, 제이는 국립과학재단National Science Foundation이 지원해 주는 학위논문 연구 보조금 Dissertation Improvement Grant을 받기 위해 제안서를 제출했습니다. 제이는 탈락했는데, 단순히 탈락한 정도가 아니라 제안서에 대해 신랄한 비판을 받고 거절되었습니다.

다음 해, 제이는 새로운 박사학위 지도교수를 만났습니다. 지도교수는 왜 보조금을 신청하지 않았느냐고 물었습니다. 제이는 지난해에 있었던 처절한 실패담을 털어놓았습니다. 경험이 많았던 지도교수는 사연을 듣고 도리어 웃었습니다. 그리고 보조금을 받고 못 받고는 제안서의 우수성으로 결정되는 것이 아니라고 말하며, "그건 복권 당첨과 같은 거지. 하지만 반드시 복권을 사야 해."라고 말했습니다.

지도교수는 지난해 신랄한 비판을 받았던 제안서를 전혀 수정하지 말고, '똑같은' 제안서를 그대로 제출해 보라고 했습니다. 결국 보조금 수혜자로 선정되었을 때, 제이는 얼마나 놀랐을까요? 처음 거절 받았던 경험 때문에 더 이상 침울해 할 필요가 없었던 것처럼, 돌덩이가 황금이 되었다고 찬사가 쏟아질 때 우쭐할 필요도 없었습니다.

회복력은 키울 수 있습니다

거의 모든 상황에서도 적용되는 유용한 경험칙rule of thumb이 하나 있습니다.

같은 방법을 사용하면, 같은 결과를 얻는다.

순조롭게 모든 일이 흘러가고 있다면 다행입니다. 하지만 인터뷰나 시험을 망쳐 실망스러운 결과를 얻었다면 몇 가지 변화가 필요하다는 신호입니다.

단순한 실수를 넘어 큰 실패가 되기 전에 돌이켜 생각하고 점검해 보아야 합니다. 원인이 무엇이었는지 심사숙고해야 합니다. 그리고 핵심 요인을 찾아 실패를 철저히 분석해 봅니다. 그렇게 할 때, 여러분은 앞으로 다가올 실패의 가능성을 줄이고 여러분의 삶도 나아집니다.

납득이 될지 모르겠지만, 중요한 첫걸음은 여러분의 감정을 살피는 것입니다. 〈행동의사결정Journal of Behavioral Decision Making〉 저널에서 연구자들은 상당히 실용적인 가치가 있는 실험 결과를 발표했습니다. 자신의 감정, 특히 실패에 따라 생겨나는 나쁜 감정을 깊이 생각한 사람은 이어지는 시도에서 자신이 했던 실수를 바로잡을 수 있었습니다.

그런 다음, 조금 민망할 수도 있겠지만, 여러분의 실패담을 이야기로 만듭니다. 실패의 경험을 검토하고 분석하면서 실망스러웠던 순간을 음미해 봅니다. 실패에 대해 변명하거나 회피하려고 하지 말고 오히려 희극적인 요소를 찾아야 합니다. 이 방법은 여러분이 다시 회복하는 데 도움이 됩니다.

실패 경험담을 이야기로 바꾸는 것은 실패의 감정을 극복하는 데 상당한 가치가 있습니다. 조금은 카타르시스[23]적이지만, 한편으로는 자신의 결

---

23 옮긴이 주. 비극을 봄으로써 마음에 쌓여 있던 우울함, 불안감, 긴장감이 해소되고 마음이 정화되는 일.

점을 완전히 이해할 수 있는 강력한 방법이기도 합니다. 이 방법을 통해 다음 기회를 대비하는 건설적인 대안을 마음속에 그려 볼 수 있습니다.

여러분이 느끼는 실패의 감정을 이야기하는 것은 건강에도 유익합니다. 한 과학 연구는 HIV 양성 반응인 사람들에게 자신의 감정에 대해 적어보도록 했습니다. 자신의 상태에 대한 감정적인 반응을 분석하며 더 표현하는 환자일수록 실제 더 건강했습니다. 감정, 특히 나쁜 감정을 표현하는 것은 여러분을 더욱 건강하게 합니다. 여러분이 어떤 기분인지 살피고 분석하는 것이 회복을 위한 중요한 단계입니다.

예를 좀 더 들어볼까요? '스탠퍼드, 난 망했어.Stanford, I screwed up'라는 콘서트[24] 동영상을 한번 찾아보길 바랍니다. 한 영상에서 줄리 하임스Julie Haims라는 학생이 등장합니다. 그리고 스탠퍼드에서 첫 학기 때 커뮤니케이션1 과목에서 D 학점을 받았다고 고백합니다. 당시 쉬울 것이라고 예상했던 과목에서 그렇게 낮은 성적을 받고 나니, 줄리는 자신이 스탠퍼드에 맞지 않는 학생이라는 생각을 했습니다. 그 과목의 시작부터 끝까지 줄리는 너무 힘들었습니다. 그런 자신이 너무 부끄럽고 당황스러워 자신의 처지를 말할 수조차 없었습니다. 몇 달 후, 부모님과 성적에 대해서 의논하면서 울기 시작했습니다.

줄리에게 있어, 실패를 극복하고 다시금 회복하는 길, 즉 스탠퍼드를 무사히 졸업하기 위한 방법에는 도움을 구하는 것도 포함되어 있었습니

---

24 옮긴이 주. 스탠퍼드대학교의 교수학습센터Stanford)'s Center for Teaching and Learning에서 운영하는 유튜브 채널(https://www.youtube.com/@StanfordResilience)의 해당 콘서트에서 학생들의 발표를 들을 수 있음.

다. "누군가에게 가서, '저… 제가 이 과목이 너무 어렵고 힘이 드는데, 도움이 필요해요.'라고 말하는 것은 두렵고 떨리는 일이었다."라고 줄리는 고백합니다.

아마 여러분은 다른 학생들의 실패와 회복의 경험담이 담긴 영상을 보면서 웃게 될 것입니다. 그렇게 똑똑한 학생들의 성적표에 D-, F, C- 같은 점수들이 숨어 있을지 어떻게 상상이나 했을까요? 이들이 다시 실패를 딛고 일어선 경험을 듣다 보면 여러분 각자에게 떠오르는 영감이 있을 것입니다.

◇◇◇◇◇◇◇◇◇◇◇◇◇◇◇◇◇◇◇◇◇◇◇◇

실패로부터 교훈을 얻는 한 가지 생산적인 방법은 '실패 해체Failure Deconstruction'입니다. 여러분이 겪은 실패 중에서 하나를 골라 다음의 질문에 대한 답을 찾아서 구체적으로 답해 보길 바랍니다.

1. 원했던 결과는 무엇인가? 돌이켜 보았을 때, 그것은 합리적이었나?
2. 실패의 정확한 원인은 무엇인가?
3. 도움을 청했나? 충고를 받아들였나?
4. 문제가 생겼다는 사실을 어느 시점에 알게 되었나? 더 일찍 깨달을 수 있었나?
5. 문제가 있는지 없는지에 대한 피드백을 받을 수 있도록 진행 과정을 조직화했나? 그렇지 않았다면 이유는 무엇인가?
6. 피드백을 받았다면 어떤 점을 바꾸었나?

'실패 노트'에 여러분의 대답을 기록해 보길 바랍니다. 실패에 따라 위 질문은 조금 탄력적으로 해석할 수 있습니다. 예를 들어, 실패한 연애담을 평가하는 방법은 대학에서 받은 저조한 성적을 평가하는 방법과는 접근 방식이 조금 달라야 하겠지요.

어려운 질문 앞에서 정직하게 대답하는 것을 피하면 안 됩니다. 그 실패가 중요하다고 생각할수록, 실패를 해체하는 일에 더 많은 시간과 공을 들여야 합니다.

실패 경험을 설명하는 범위가 생각하는 것보다 훨씬 넓을 수 있습니다. 혹시 이제까지 엉뚱한 짓을 하고 있었기 때문에 실패했을 가능성까지 생각해 보았습니까? 어쩌면 그것이 정답일 수도 있습니다. "더 노력해야 해. 더 똑똑해야 해."가 모든 경우의 해결책이 아닙니다. 오히려 진정한 해결책은 "너 자신을 알라."에 가까울 수 있습니다. 법학 공부가 진정 여러분의 꿈입니까, 아니면 여러분을 사랑하는 부모님의 꿈입니까? 아니면 여러분이 10살 때 가졌던 장래 희망인가요?

실패를 해체하며 분석한 내용은 회복으로 이어져야 합니다. 실패 해체에 대한 답을 바탕으로 앞으로의 회복 계획recovery plan을 세웁니다. 이번 실패를 보완할 수 있나요? 그렇지 않다면, 비슷한 이유로 앞으로 발생하게 될 비슷한 실패는 어떻게 줄일 수 있나요? 회복 계획은 여러분의 행동에 어떤 변화가 필요한지 명확히 알려 줄 것입니다.

- 공부 요령을 향상하기
- 캠퍼스가 제공하고 있는 다양한 자원과 정보를 탐색하고 활용하기
- 도움을 청해야 할 시기와 어디에서 도움을 받아야 하는지 미리 학습하기
- 친구, 가족 또는 멘토 등 의지할 수 있는 든든한 아군을 미리 확보하기
- 비슷한 실패를 극복한 이들로부터 피드백을 확보하기

이런 회복 계획을 실천하고 경험을 쌓아가며 조금씩 개선해 나가는 것은 여러분이 학생으로서, 그리고 한 인간으로서 성공적인 결과를 위해 나아가는 열쇠가 됩니다.

UCLA에서 부정행위 때문에 퇴학당했던 린다를 왜 약학대학에서 받아주었을까요? 친절을 베풀기 위해서였을까요? 설마 그러지 않았을 겁니다. 보편적이고 예측 가능한 어떤 요인이 린다의 회복 능력을 설명해 주었을 것이라고 생각합니다.

2020년 US 뉴스 앤 월드 리포트US News and World Report의 발표에 따르면 약학대학의 순위에서 노스캐롤라이나대학교 채플힐University of North Carolina at Chapel Hill이 1위에 올라 있습니다. 이 순위는 졸업생의 연봉 수준, 동일 집단 상호 평가, 학생 수준을 포함한 광범위하고 다양한 측정 요소를 바탕으로 하고 있습니다. 학생 수준의 경우, 학점 평균과 표준화된 입학시험 결과(이 경우, 약학대학입학시험Pharmacy College Admission Test)를 종합하여 측정합니다.

어느 학교가 상위권에 있다면 각 측정 요소의 점수가 높다는 것을 의미합니다. 교수들은 뛰어난 학교에서 일하고 싶어 합니다. 학생들은 그

학교에 가고 싶어 합니다. 회사도 그 학교 졸업생을 채용하고 싶어 합니다. 학교를 운영하는 학장 또는 관리자의 경우는 학교의 순위가 개선될수록 자신의 경력이 좋아집니다. 순위가 이렇게 중요하기 때문에 모든 약학대학은 상위권을 차지하기 위해 서로 치열하게 경쟁합니다. 하지만 퇴학당한 린다와 무슨 관계가 있을까요?

퇴학 이력은 당연히 학생 자질을 평가하는 요소에 포함되지 않습니다. 결국 린다는 학점과 입학시험 점수도 높았기 때문에, 자신이 입학하는 약학대학의 순위가 높아지는 데 도움을 주었을 것입니다. 물론 린다가 저질렀던 실수를 반복할 것이라고 판단했다면, 린다를 합격시키지 않았을 것입니다. 린다 역시 그런 우려를 불식시키기 위해 부단히 노력했습니다.

시크릿 실라버스

❶ 실패, 몸부림침, 좌절의 범위는 아주 작고 사소해 보이는 것부터 대참사에 이르기까지 그 범위가 다양하다. 게다가 우리의 뇌는 나쁜 소식에는 문자 그대로 기겁하도록 만들어져 있다. 우리는 학문적, 사회적, 직업적, 윤리적인 상황에서 늘 실패를 경험한다.

❷ 회복력은 이런 상황에 직면했을 때 회복해서 다시 성공할 수 있는 능력이다. 이 능력은 모두가 개발해야 하고 개발할 수 있는 자질이다.

❸ 실패는 사실 매우 흔하며 보편적이다. 실패는 결점이나 바꿀 수 없는 단점을 나타내지 않는다. 자신의 성격, 지능 그리고 회복력이 유연하며 향상시킬 수 있다는 점을 이해하는 것만으로 더 나아질 수 있다.

❹ 실패는 그 자체만으로도 고통스럽고 달갑지 않다. 실패로부터 배울 수 있다는 관점을 가진다면, 회복하는 법, 더 나은 결과를 위해 나아가는 방법에 대한 통찰력을 얻을 수 있다.

❺ 실패를 이야기하는 것은 부적절하면서 도움이 되지 않는 수치심을 없애기 위한 중요한 단계다. 표현하는 것만으로도 보이지 않고 잘 드러나지 않았던 약점들이 친숙하고 평범한 부분으로 바뀌게 된다.

❻ 회복력을 키울 수 있으며 반드시 키워야 한다. 실패를 분석하고, 실패는 자신과 모든 사람의 삶의 일부라는 사실을 수용하고, 그 실패에서 구체적인 교훈을 추출해야만 미래의 결과가 개선될 수 있다.

시험 결과 앞에서 좌절 금지

미시간Michigan 주의 앤 아버Ann Arbor에서 수년 전에 있었던 일입니다. 눈이 내리는 아침, 테리는 자전거를 타고 가서 고급유기화학 과목의 중간 고사를 치렀습니다. 그 후 교수님의 연구실을 지나치다가 채점된 시험지가 들어 있는 상자를 발견했습니다. (당시에는 개인정보에 대한 관심이 덜했던 시기여서, 시험지를 일상적으로 복도에 두었습니다.) 테리는 상자를 뒤적거리다 자신의 시험지를 찾아냈습니다. 시험지 맨 위에는 빨간색의 F가 선명하게 표시되어 있었습니다. 절반의 점수밖에 받지 못한 그 시험은 실패였습니다.

이런 나쁜 소식을 접하면, 우리는 일단 화가 납니다. 울기도 합니다. 그리고 눈을 질끈 감고 시험지를 서랍 깊숙이 넣거나 쓰레기통에 던져 버리고 다시 시작합니다. 그런데 이것은 당연히 잘못된 방법입니다.

테리는 그 과목의 첫 시험 결과가 비참했지만 만회할 수 있었습니다. 테리는 처음으로 시험 성적을 올릴 수 있는 근본적인 진리를 깨달았고, 그 진리를 공부와 학습 과정에서 중요한 요소로 여기게 되었습니다. 그 결과, 테리는 중간고사는 F를 받았지만, 기말고사에서 A를 받을 수 있었

시크릿 실라버스

고 다행히 그 과목의 최종 학점을 A−까지 회복할 수 있었습니다. 여러분은 시험 성적을 향상시키는 나름의 비결이 있나요? 이야기를 계속 이어가 봅시다.

◇◇◇◇◇◇◇◇◇◇◇◇◇◇◇◇◇◇◇◇◇

『보헤미아 왕국의 스캔들A Scandal in Bohemia』이라는 책에서 셜록 홈즈Sherlock Holmes는 이렇게 말합니다. "정보가 없는데 가설을 세우는 것은 치명적인 실수야. 사실에 맞는 가설을 세워야 하는데 무의식적으로 가설에 맞춰 사실을 왜곡하게 되거든."

시험은, 특히 망친 시험은 범죄 현장을 감식하는 것처럼 살펴볼 필요가 있습니다. 범죄 현장은 그냥 지나칠 수가 없습니다. 연구해야 합니다. 매우 자세히 들여다볼수록, 범죄 현장은 여러분에게 말을 걸어옵니다. 일반적이면서도 구체적인 방식으로 말입니다. 테리는 시험 성적과 그로 인해 자신에게 닥친 곤란한 상황에 대해 한참을 생각한 후에, F를 받은 시험지를 손에 쥐고 교수 연구실 밖에 붙어 있는 시험 정답표를 확인했습니다.

1단계: 테리의 현장 감식의 1단계는 정답을 체계적으로 기록하는 것이었습니다. 사진으로 찰칵하고 찍는 것이 아니라 단어 하나하나를 꼼꼼하게 써 내려갔습니다.

2단계: 정말 열심히 공부하는 학생이었던 마리아Maria의 필기 노트를 빌려서 작업을 시작했습니다. 시험 문제 하나하나를 1) 마리아의 필기 노트, 2) 강의계획서, 3) 교과서와 비교하면서 문제의 출처와 정답의 위치까지 모두 찾아냈습니다.

모든 문제와 정답이 어디에서 왔는지를 알아내는 과정에서 테리는 하나의 패턴이 있다는 것을 알게 되었습니다. 모든 시험 문제는 강의 자료 어딘가에 꼭 있었습니다. 교수는 뜬금없이 이상한 문제를 출제하지 않았습니다. 더 놀라운 것은 마리아가 작성한 노트(물론 마리아는 완벽에 가까운 시험 점수를 받았습니다.)에는 문제와 답이 모두 있었다는 사실이었습니다. 게다가 문제와 답은 너무나 눈에 확 띄어서, 마치 교수가 학생들에게 "이거 시험에 나온다!"라고 말해주는 것 같았습니다.

테리는 수업 범위로 정해진 부분의 교과서를 직접 찾아보았습니다. 당연히 정답을 찾을 수 있었습니다. 하지만 문제와 특별히 관련이 없어 보이는 수십 페이지를 지나쳐야 했습니다. 심지어 어떤 문제는 수업 범위로 정해진 부분이 아닌 다른 장에 그 답이 있기도 했습니다.

결국 테리는 시험 문제와 답은 필기 노트에서 쉽게 찾을 수 있다는 점, 그리고 당연히 문제와 답은 교과서 안에도 있었지만, 필기 노트처럼 쉽고 명확하게 찾을 수 없다는 점을 알게 되었습니다. 덧붙여 중요한 사실이 하나 더 있었습니다. 고급유기화학 수업은 오전 8시에 시작하는 수업이었습니다. 테리는 기숙사에서 나와 강의실에 도착하기까지 매서운 바람을 맞으며 걸어가야 하는 여행을 거의 하지 않았습니다. 대신 수업 범위로 정해진 교과서를 열심히 읽고 요약하며 공부했었습니다.

3단계: 다음 단계는 조사 결과를 바탕으로 새로운 계획을 세우는 것이었습니다. 테리는 현장 감식을 통해 알게 된 결과를 바탕으로

시크릿 실라버스

1) 수업에 출석하기(기온이 영하이거나 (문자 그대로) 밖이 깜깜해도),
2) 노트 필기하기, 3) 시험 전에 필기 노트의 내용을 자기 나름
대로 다시 적어보기, 이렇게 스스로 다짐하며 계획을 세웠습니다.

어떻게 되었을까요? 이후의 시험은 모두 쉬워 보였습니다. 교수는 학
생들에게 어디를 공부해야 하는지 알려주는 것 같았고, 시험 문제는 거기
에서 항상 출제되었습니다.

◇◇◇◇◇◇◇◇◇◇◇◇◇◇◇◇◇◇◇◇◇◇◇

"수업에 꼭 출석하고 강의 노트를 잘 적으세요."라는 명확한 교훈을 말
하는 것처럼 보입니다. 하지만 그게 다가 아닙니다. 실제 기억해야 할 교
훈은 "교수의 모두스 오페란디Modus Operandi(M.O.)[25]를 알아내기 위해 첫 번
째 시험을 연구하라."입니다. 교수마다 각자 나름의 시험문제를 만드는
M.O.를 가지고 있습니다. 그래서 첫 번째 시험은 학생들이 범죄 수법을
알아낼 수 있는 소중한 자료입니다.

테리가 수강했던 고급유기화학 과목은 시험 문제가 교수가 강의했던
내용에서 출제되었습니다. 수업에 출석하는 것을 좋아하지 않았던 테리
는 전에 수강했던 화학 과목에는 한 번도 출석하지 않았지만 A를 받은 적
이 있었습니다. 그 화학 과목의 교수는 교과서에서만 시험 문제를 출제했
습니다.

---

25 옮긴이 주. 법률용어로 쓰이는 라틴어. 범죄 수법 내지는 일하는 방식을 의미하는 표현.

교수마다 시험 출제 방식이 다릅니다. 시험을 잘 보기 위해서는 교수가 시험 문제를 어떻게 출제하는지 이해해야 합니다. 최초의 단서는 강의 계획서 안에 있고 더 많은 단서는 수업 중에 교수가 강의 내용을 설명하면서 드러납니다. 그 단서를 포착해서 필기 노트에 써놓아야 합니다. 강의 내용만 잘 적는 것으로 충분하지 않습니다.

그러나 가장 확실한 증거는 실제로 치른 첫 번째 시험을 분석한 결과입니다. 아니면 교수가 최근 몇 년 동안 출제했던 문제를 분석하는 것도 좋습니다. 교수의 시험 출제 수법, 혹은 M.O.는 해마다 크게 달라지지 않고 강의 과목이 바뀐다 해도 거의 달라지지 않습니다.

◇◇◇◇◇◇◇◇◇◇◇◇◇◇◇◇◇◇◇◇

교수가 나름의 수법이 있는 것처럼 학생도 마찬가지입니다. 테리가 가르쳤던 학생 중에 바드Barde라는 학생이 있었습니다. 500명이 수강하는 과목의 중간고사에서 가장 낮은 점수를 받은 학생이었습니다. 바드의 저조한 성적 때문에, 바드 본인과 학장, 그리고 그 과목을 가르친 테리가 함께 모여 면담을 하게 되었습니다. 테리는 학생에게 무슨 말을 해주었을까요? 테리가 했던 말을 아주 짧게 요약하자면, "바드 학생, 이번 시험을 망쳤지? 하지만 네 공부 방법을 바꾸지 않으면 또 망칠거야."

이렇게 짧게 말하면 듣는 학생이 무슨 말인가 하고 고개를 갸우뚱 할 수 있기에 테리는 아주 길게 풀어서 설명해 주었습니다.

바드, 나쁜 소식과 좋은 소식이 있어. 나쁜 소식은 너의 중간고사 성적이 매우 나쁘다는 거야. 사실, 수강생 중에 가장 낮은 점수를 받았어. 하지만 좋은 소식도 있어. 이 시험은 네가 이 과목에서 받을 수 있는 점수에서 작은 부분이라는 거야. 그러니 아직 이 과목에서 좋은 점수를 받을 수 있어.

그런데 더 좋은 점수를 받기 위해 해야 할 게 있어. 바드, 네가 이 수업을 대하는 방식, 특히 시험을 준비하는 방법을 바꿨으면 좋겠어. 운이 안 좋았을 수도 있겠지. 그리고 네가 열심히 공부했던 것만큼 점수가 나오지 않았을 수도 있어. 하지만 네 점수가 그럴 만한 점수라면, 너는 충분히 좋아질 수 있어.

더 중요한 것은 말이지. 그 낮은 점수가 바로 변화가 필요하다는 것을 알려 주는 신호라는 것을 알아야 한다는 거야. 그 신호를 무시하고 지난번이랑 똑같은 방법으로 다음 시험을 준비한다면, 아마도 똑같이 나쁜 결과를 얻게 될 거야.

하지만 안타깝게도 바드는 자기 방식에 변화를 주지 않았습니다. 그리고 결국 그 과목에서 D+를 받았습니다.

◇◇◇◇◇◇◇◇◇◇◇◇◇◇◇◇◇◇◇◇◇◇

다시 원래 이야기로 돌아가 봅니다. 이미 치른 시험이 교수가 시험을 출제하는 방식을 이해할 수 있는 단서를 제공해 주기 때문에, 시험이 귀중한 학습 경험이 된다는 것에 대해 이미 이야기했습니다. 여기에 더해, 시험은 다른 관점에서도 상당한 가치가 있습니다.

입장을 바꿔 여러분이 교수이고 가르치는 과목의 시험을 친다고 가정해 봅니다. 시험에서 거의 모든 학생이 3번 문제를 틀립니다. 아니면 어느 객관식 문제에서 모든 학생이 정답이 아닌 오답을 선택합니다. 이런 결과는 교수인 여러분에게 유용한 정보일까요? 당연하지요!

여러분이 교수라면 3번 문제에서 다룬 내용을 가르치는 방식에 대해 다시 한번 고민하게 될 것입니다. 그 내용을 학생에게 제대로 가르치지 못했다는 점은 분명합니다. 모든 학생을 혼란에 빠트린 그 객관식 문제도 마찬가지입니다. 수강생이 공통적으로 오해하는 부분이 있다는 것을 암시해 줍니다. 여러분이 그 오해를 풀어 주어야 할 뿐만 아니라 오답을 선택하도록 만든 잘못된 지식을 머릿속에서 없앨 수 있도록 도와야 합니다.

학생도 마찬가지입니다. 관련된 정보를 많이 모으면 공부에는 도움이 될 수 있습니다. 교수의 출제 방식을 파악하기 위해 이전에 출제되었던 시험 문제를 면밀하게 연구하더라도 실제 자신이 가진 강점과 약점을 파악하는 데는 도움이 별로 안 됩니다. 나의 70점이 다른 학생의 70점과 같을 수가 없습니다. 그래서 남은 학기 동안 공부 계획도 같을 수가 없습니다.

자신이 어느 과목과 주제에 더 주의를 기울여야 하는지 명확하게 파악해야 합니다. 이어서 자신의 학습 방법 중에서 어느 면이 좋은 성과로 이어지고, 어느 면이 비효율적인지를 판단해야 합니다. 우선 점검표를 만들어서 가능한 다양한 방법으로 그 오류들을 추적해 보는 것이 좋습니다. 이렇게 시작해 봅시다.

1. 객관식 문제에서 자신이 받은 성적을 평가해 보세요. 어느 부분이 미진했나요? 그리고 어느 부분이 상대적으로 나았나요? 어떤 패턴

시크릿 실라버스

이 있는지 보이나요? 자신의 공부 방법이 괜찮은 방법이었나요?

2. 서술형 문제에 대해서도 공통점을 발견해 보세요. 자신의 주장을 구조화하는 데에 문제가 있나요? 자신이 제시한 서술이 다소 불명확했나요? 아니면 정확하고 적절한 예시를 들어 설명하는 것이 부족했나요?

3. 추적한 여러 종류의 오류를 펼쳐 놓고, 그 분포를 평가해 봅니다. 어떤 부분이 한결같이 저조했나요? 어떤 부분은 늘 결과가 좋았나요? 그 원인은 무엇일까요? 저조했던 부분을 제대로 숙달하기 어려운 구체적인 이유가 있나요?

자신이 아는 것과 모르는 것이 무엇인지를 자세히 아는 것만으로도 여러분에게 필요한 해결책을 찾는 데 효과적일 수 있고, 효율적으로 학습 시간을 보내는 데 도움이 될 수 있습니다.

 기억하세요!

❶ 시험 성적이 나쁘다면, 이는 시험을 대비하는 공부 방법을 바꿔야 한다는 경고 신호다. 그 신호에 귀를 기울여라.

❷ 시험 결과를 확인했다면, 자신의 구체적인 공부 방법의 효과를 평가하라. 결과가 좋지 않았다면 앞으로 있을 시험을 준비하기 위해 자신의 방법을 변경해야 한다.

❸ 모든 교수는 자신만의 시험 출제 방식을 가지고 있다. 시험 결과를 받은 후 강의 노트, 강의계획서, 교과서를 이용해서 각 문제와 정답이 어디에 있는지 파악하라. 이 정보를 이용해서 교수의 시험 출제 방식에 대비해서 학습 계획을 짜고 실행하라.

THE SECRET
SYLLABUS

진로 계획

16 대학원 진학의 비법

"내가 이제까지 본 성적표 중에서 최악인데!" 예일대학교^{Yale University} 대학원에 진학하려고 어느 교수님을 찾아갔을 때 제이가 들었던 말입니다. 네, 교수님이 말씀은 정확했습니다. F가 한 개도 아니고 여러 개가 있는 성적표를 가지고 대학원에 지원하려고 했으니까요. 불길한 결말이 예상되는 일이었습니다.

제이는 대학을 5년째 다니고 있을 때, 그것도 거의 끝나갈 무렵이 되어서야 비로소 대학원에 가고 싶어졌습니다. 특히 예일대의 환경학 석사 과정을 알게 되었을 때 그 바람은 더 확고해졌습니다.

하지만 대학원에 진학하기로 결정하고 원하는 과정을 찾는 것은 쉬웠던 반면, 실제로 다닐 수 있느냐는 아예 다른 문제였습니다. 제이의 학부 성적은 정말 다채로웠습니다. 최고부터 최악까지 다양했습니다. 처음 몇 년 동안 허우적대느라 성적이 좋지 않았습니다. 결과적으로 GPA의 냉혹한 잣대로 보면 제이는 형편없는 학생이었습니다.

사실, 제이는 몇 개의 과목에서 F를 받았습니다. (제발, 그 부끄러운 시절

이야기는 그만하면 안 될까요? - 제이 펠런) 결국 성적이 낮아서 제이가 대학원에 가려던 꿈은 물거품이 되었을까요? 아니요. 대학원에 입학하는 일은 생각보다 그다지 어렵지 않았습니다. 그러니 여러분이 제이와 비슷한 처지에 있더라도 모든 희망이 사라진 것은 아닙니다.

결과만 말하자면, 제이는 결국 예일대 석사과정에 입학했고 2년 후에는 하버드 박사과정을 시작했습니다. 이번 장에서는 어떻게 그런 일이 일어날 수 있는지 살펴보겠습니다.

과정 이해하기

학사학위를 가진 사람들의 40%는 대학원 학위를 취득합니다. 이 글을 읽고 있다는 사실 자체가 여러분도 언젠가 대학원에 진학할 가능성이 높다는 것을 의미합니다. 어느 시점이 되면 여러분도 대학원 과정을 알아보며 가고 싶은 대학원에 들어갈 기회를 엿보고 있을지도 모릅니다. 대학 졸업 후에 진학할 수 있는 대학원은 주로 전문대학원과 일반대학원 두 경우로 나뉩니다.

전문대학원은 특정 직업인으로서 여러분을 훈련하기 위한 과정입니다. 의학전문대학원, 치의학전문대학원, 약학전문대학원, 경영전문대학원, 법학전문대학원, 교육전문대학원 등이 있습니다. 이 대학원을 졸업하면, MD(의학), JD(법학), MBA(경영) 등의 학위를 갖게 됩니다.

이런 전문대학원은 많은 학생을 선발하지만 지원자도 엄청나게 많습니다. 지원자 수가 너무 많기 때문에 대학원 입장에서는 대학 성적이나 대학원 입학시험 점수 외에 다른 요소를 고려하기가 어렵습니다. 전문대학원 진학과 관련된 많은 안내 책자의 조언은 일관됩니다. "학부 성적이 좋아야 하며, MCAT/LSAT/GMAT[26] 점수가 높아야 한다."

여러분이 전문대학원 진학 목표가 확실하다면, 드릴 수 있는 조언은 대학 성적을 최대한 높이고 입학시험 준비를 잘하라는 것밖에 없습니다. 그리고 원한다면, 바로 제17장으로 넘어가도 좋습니다.

반면 일반대학원은 석사학위나 박사학위를 수여하고, 그 범위는 고고학에서 영어, 경제학에 이르기까지 다양합니다. 대학원 학위를 취득하는데 걸리는 시간은 매우 다양합니다. 일부 석사학위의 경우는 1년이면 충분합니다. 하지만 대부분의 석사학위는 2년이 걸립니다. 반면 박사학위의 경우, 평균적으로 5년에서 7년이 걸립니다. 일반대학원은 특정한 직업을 위한 훈련에는 별로 관심이 없습니다. 그보다는 독창적인 연구를 수행할 수 있도록 훈련하는 데 중점을 둡니다.

자신만의 독창적인 연구를 수행한다는 것은 대학생이 정해진 교과과정을 이수하는 것과는 다르기 때문에 그에 걸맞은 능력이 필요합니다. 따라서 학부 성적이 좋다고 해서 대학원에서도 성공할 수 있을 거라는 보장이 없습니다. 결과적으로 학부 성적이 좋지 않다고 해서 대학원 입학에 큰 장벽이 되지는 않습니다.

---

26 옮긴이 주. 미국의 전문대학원 입학을 위해 필요한 시험으로, 의학전문대학원은 MCATMedical College Admission Test, 법학전문대학원은 LSATLaw School Admission Test, 경영대학원은 GMATGraduate Management Admission Test의 시험 점수를 요구함.

그리고 잘 알려지지 않은 사실이 하나 있습니다. 대부분의 박사과정은 그 과정을 이수하는 데 비용이 한 푼도 들지 않습니다. 네, 사실입니다. 학교에서 박사과정의 등록금을 내줄 뿐 아니라 대부분의 경우, 별도의 대출을 받거나 별도의 아르바이트를 하지 않아도 생활을 유지할 수 있을 정도의 비용−보조금, 장학금, 연구수당 또는 조교수당의 형태−도 제공합니다. 박사과정을 하면서 부자는 될 수는 없지만 생계는 유지할 수 있습니다.

이번 장의 나머지 부분은 박사과정을 지원했을 때, 원하는 결과를 얻기 위해 취할 수 있는 구체적인 단계를 설명하고자 합니다. 하지만 그에 앞서 여러분이 가질 수 있는 두 가지 오해를 먼저 해소했으면 합니다.

첫 번째 오해: 좋은 대학 성적과 높은 대학원 입학시험점수는 필수적이다.

두 번째 오해: 좋은 대학 성적과 높은 대학원 입학시험점수만 있으면 충분히 합격할 수 있다.

두 경우 모두 사실과 다릅니다. 실제로 아이비리그Ivy League에 속하는 어느 대학의 대학원 입학위원회 위원장은 이렇게 말했습니다. "매년 지원자 중에 GRE[27] 점수가 거의 만점인 지원자가 40명 정도되지만, 합격하는 경우는 드물다."

게다가 대부분의 지원자가 탈락하기 때문에, 성적이 우수한 지원자들

---

[27] **옮긴이 주.** GRE(Graduate Record Examination)는 미국의 대학원 입학을 위해 필요한 시험으로 언어, 작문, 수리 등의 영역을 측정함.

도 역시 합격하지 못하는 경우가 많습니다. 게다가 대부분의 박사과정은 선발 인원 자체가 매우 극소수이기 때문에 대학 성적이나 입학시험 점수만으로 합격이 보장되지 않으며 실제로도 그렇습니다.

대학원 입장에서는 박사과정에 가장 적합한 학생을 찾기 위해 가능한 모든 노력을 기울입니다. 자신이 대학원에 딱 맞는 학생임을 잘 보여 줄수록 한정된 귀중한 자리를 차지할 가능성이 커집니다. 그렇다면 '적합'하다는 것이 무엇을 의미하는지 살펴보겠습니다.

학교도 찾아야 하지만 사람을 찾아야 합니다

대학원생을 선발하는 절차를 이해하는 것이 합격을 위한 열쇠입니다. 당연한 말처럼 들리지만, 그렇게 녹록하지는 않습니다. 명확하지 않은 몇몇 요소들이 결정적으로 작용하기도 합니다. 합격 기준을 정확히 알고 있어도 합격하기 어려운 것이 사실입니다. 무엇을 해야 하는지조차 확신이 없다면 훨씬 더 어렵게 됩니다!

중요하지만 놓치기 쉬운 사실이 하나 있습니다. 여러분은 단순히 진학할 학교만 찾아야 하는 것이 아닙니다. 교수를 찾아야 합니다. 교수는 입학위원회보다 더 중요합니다. 교수는 대학원이라는 문 앞에 서 있는 문지기 같은 존재입니다. 왜 그럴까요? 박사학위를 받기 위해서는 교과과정도 이수해야 하지만 학위논문도 써야 합니다. 이 논문은 기본적으로 교수와 함께 또는 교수의 지도 아래 수행한 독창적인 연구와 그 연구 결과의 중요성을 설명하는 학술자료입니다.

박사과정에 들어가면, 여러분은 학과 구성원의 한 명이 되고 그 학과에 소속된 한 명의 지도교수를 갖게 됩니다. 그리고 다른 두세 명의 교수로 구성된 논문위원회도 만들어집니다. 이 지도교수는 여러분의 학문 과정에서 가장 중요한 사람이 됩니다. 지도교수는 위원회의 다른 교수의 의견을 들어가며 여러분의 학문 과정을 설계하고 진행 상황을 평가할 책임을 집니다.

- 지도교수는 대학원 교육의 일환으로 어느 수업을 수강해야 할지 결정합니다.
- 여러분이 무엇을 공부하고 싶은지 정확히 파악할 수 있도록 도와줍니다.
- 학문 연구자가 되기 위해 필요한 방법을 배울 수 있는 연구 프로젝트를 만드는 데 도움을 줍니다. (극단적인 경우이지만, 일부 학문 분야에서는 지도교수가 박사과정에서 연구할 프로젝트를 거의 정해주기도 합니다.)
- 지도교수는 소속된 분야의 학계를 이해하고 탐색하는 데 도움을 줍니다. 읽어야 할 책, 참석해야 할 학회, 연구보조금을 받는 법이나 연구 자금을 얻는 방법에 대해서 알려 줍니다.
- 궁극적으로 지도교수는 여러분이 학위를 받고 졸업하기에 충분한지 여부를 결정하는 유일한 사람입니다. 지도교수와 멘토 관계는 졸업 후에도 계속되며 취업을 하는 데도 중요한 역할을 합니다.

분명한 것은 지도교수는 여러분이 대학원 교육을 받고 학자로서 발전할 수 있도록 상당한 시간과 노력을 투자합니다. 그러니 박사과정 입학여부를 결정하는 단계에서 지도교수가 중요한 역할을 한다는 것은 그리 놀랄 만한 일이 아닙니다.

합격하면 여러분은 오랫동안 지도교수의 삶의 일부가 됩니다. 대부분의 경우, 박사학위 지도교수는 결혼식에 당연히 초대해야 할(지도교수도 당연히 가고 싶어 할) 정도로 대부분 가까운 사이가 됩니다. 바로 그런 존재입니다.

여러분의 직업적인 성공과 실패는 지도교수에게도 영향을 미치며 지도교수의 평판에도 영향을 줍니다. 지도교수도 자신의 삶에 여러분이 들어오기를 원해야 하고, 그 관계가 자신에게 유익할 것이라는 기대가 있어야 합니다. 그렇기 때문에 대학원 입학지원서를 작성하는 과정에서 자신의 지도교수가 될 사람을 찾고 접근하는 데 세심한 주의를 기울여야 합니다.

덧붙여 더 중요한 것은, 여러분의 지도교수가 될 분이 여러분을 좋은 대학원생이 될 것 같다고 판단하고 박사과정에 받아들이기로 결정한다면, 대학 성적이나 입학시험 점수를 비롯해 지원서의 다른 어떤 내용보다 그분의 추천이 훨씬 더 중요합니다.

미래의 지도교수 찾기

대학을 지원할 때와는 달리, 박사과정에 지원할 때는 자신의 지도교수가 될 분을 스스로 탐색해야 합니다. 그 작업을 잘해야 지원 과정에서 합격 가능성이 높아집니다. 그 방법에 대해 안내하겠지만, 그보다 앞서 몇 가지 과제를 해결할 필요가 있습니다.

첫째, 어느 지역으로 가고 싶은지(혹은 가고 싶지 않은지)를 결정해야 합니다. 꽤 중요한 결정입니다. 꼭 가보고 싶거나, 가기 싫은 나라, 혹은 도시가 있을까요? 이 질문은 사소한 질문이 아닙니다. 여러분의 삶이기 때문입니다. (많은 사람이 그렇듯이) 어디에 사는지가 자신에게 중요하다면, 자신의 삶에 책임을 져야 할 유일한 사람이 바로 자신이라는 점을 상기할 때입니다.

둘째는, 가고 싶은 학교의 특징을 생각해야 합니다. 작은 대학이냐 혹은 큰 대학이냐. 공립이냐 사립이냐. 경쟁이 치열한 상위권 대학이냐 순위가 조금 낮은 대학이냐. 발표되는 대학 순위를 살펴보는 것도 도움이 됩니다. 대학 순위를 결정하는 기관마다 나름의 특징과 강조점이 다양할 수 있으니 대학 간의 작은 차이를 크게 생각할 필요는 없습니다. US 뉴스 앤 월드 리포트US News and World Report는 거의 모든 전공 분야의 정보를 제공하기 때문에 전체적으로 훑어보기 좋습니다. 대학생 시절부터 좋은 관계를 유지해 온 멘토와 상담하는 것도 도움이 됩니다.

이 두 과제를 해결했다면, 이제 본격적인 탐색을 위한 대학 목록을 만들 수 있습니다. 이제는 좀 더 구체적인 일을 할 차례입니다. 자신이 선별한 각 대학에서 박사과정의 교수가 될 수 있는 모든 교수의 명단이 필요합니다. 다행히 각 대학의 학과에서 이 정보를 모두 모아 정리한 후 홈페이지를 통해 제공하고 있습니다.

우선 각 교수의 연구 분야에 대한 설명을 읽어야 합니다. 관심 연구 분야가 무엇인지 확인하며, 여러분이 흥미롭게 느끼는 연구를 하는 교수가 있는지 찾아봅니다. 그 교수와 함께 연구하는 것을 상상하면서 말이지요. 교수의 연구 자료도 확인해 보며, 학교마다 한 명 혹은 두 명의 교수로 압축합니다. 그분들이 쓴 모든 책과 논문을 읽어 볼 필요는 없고 더 자세히 알고 싶은지 결정할 수 있을 정도로만 읽어보면 됩니다. 특히 가장 최근의 연구 결과물에 집중하는 것이 좋습니다.

다음 단계는 상당한 노동이 필요하면서 많은 시간이 필요합니다. 그렇기에 본인이 원하는 대학과 원하는 교수 목록을 최대한 줄일 필요가 있습니다. 그 대학원 과정이 얼마나 경쟁이 치열한가를 고려하여 5~8개로 압축합니다.

접촉!

대학과 교수 목록을 선별했다면, 이제 개별적으로 접촉할 계획을 세웁니다. 대학원 과정을 시작하기 1년 전에 이 과정을 끝내는 것이 가장 이상적입니다. 나의 지도교수로 안성맞춤일 것 같다고 생각한 사람들을 찾았다면 이제는 관계를 맺고 자신을 어필할 차례입니다.

두 가지 면이 잘 드러나도록 해야 합니다. 첫째는 자신이 독창적인 연구를 수행하고 완수할 능력이 있는 준비된 학생이라는 점, 둘째는 자신이 다른 사람(지도교수와 다른 대학원생)들이 기꺼이 함께 시간을 보내고 싶어 할 만한 사람이라는 점을 보여줘야 합니다.

실행하는 방법은 한없이 다양합니다. 경험에 비추어 볼 때, 교수 한 명당 3~5번 정도 접촉하는 전체적인 전략을 세우고 실행하는 것이 좋습니다. 별 내용 없이 메일만 왔다 갔다 하는 것보다는 실질적인 의견을 나누는 내용이 포함된 메일을 주고받고, 궁극적으로는 지원 마감일에 가까운 시점에 간단하게 직접 만날 수 있도록 계획합니다.

시크릿 실라버스

접촉이 이어질 때마다 여러분의 목표는 달라집니다.

- 첫 번째 접촉의 목표는 다음 접촉이 가능하도록 답장을 받는 것입니다. 그 이상은 없습니다.

- 두 번째와 세 번째 접촉의 목표는 교수가 수행하는 연구에 여러분이 정말로 관심이 있을 뿐 아니라, 피상적인 이해를 뛰어넘어 어느 정도의 지식도 가지고 있다는 점을 전달하는 것입니다. 상대방 교수의 참여를 유도해야 합니다.

- 기억할 점은 여러분이 가진 지적인 호기심을 보여주는 것이 목표입니다. 단순히 몇 편의 논문을 읽었다고 해서 교수의 연구 분야에 대해 자신의 의견을 펼칠 수 있다고 생각하지 않는 것이 좋습니다. 겸손이 필요합니다.

- 여기까지 목표를 달성했다면, 다음은 직접 만날 수 있는 기회를 허락받는 것이 유일한 목표입니다.

- 모든 상호작용이 순조로웠다면, 마지막 목표는 만날 수 있도록 시간을 내준 것에 감사하고 박사과정에 지원하기로 결정했다는 사실과 계속 관심을 가져주기 바란다는 내용을 전달하는 것입니다.

중요한 것은 이렇게 접촉할 때마다, 여러분은 명확하면서도 존경하는 태도를 보여야 합니다. 동시에 전설로만 존재하던 그 완전무결한 대학원생이 여러분이 아닐까 하는 궁금증을 자아낼 정도로 흥미를 불러일으켜야 합니다. 완벽한 대학원생은 생산적이고 사고 치지 않으며, 유지 관리가 쉽고 창의적이며 재미있으면서 카리스마가 있고, 성숙할 뿐 아니라 든든히 의지할 수 있는 사람입니다. 어때요? 정말 식은 죽 먹기지요?

이메일이 오가고 실제 만나는 과정에서 자신이 대학원에 진학할 준비가 되어 있을 뿐 아니라 기대와 열정으로 차 있다는 사실도 전달해야 합니다. 여러분은 판매자가 되어 구매자인 교수에게 어리숙하지 않게 명확하고 구체적이고 일관성 있는 대화와 질문을 던짐으로써 연구를 수행할 수 있는 능력을 판매해야 합니다.

지금은 자신의 꿈이나 목표를 막연하게 이야기하고 있을 때가 아닙니다. 자신이 어떤 흥미로운 과정을 거쳐 여기까지 오게 되었는지 구구절절 설명할 필요가 없습니다. 직접 만났을 때도 구체적으로 어떻게 연구를 수행할지, 혹은 대학원에 지원하는 것에 대해 자세히 이야기 나눌 필요도 없습니다. 서로의 연구 관심사를 두고 대화하는 것이 중요합니다. 여러분이 얼마나 흥미롭고 명확하고, 사려 깊고 겸손한지 보여주면 됩니다. 먼저 상대방의 마음을 사로잡는 것이 먼저입니다. 대학원 지원처럼 재미없는 이야기는 나중에 걱정해도 됩니다.

만남! 그리고 상황 종료

미래의 지도교수와 직접 만날 수 있는 기회를 늘릴 수 있는 여러 가지 방법이 있습니다. 자주 만날 수만 있다면 그 만남의 중요성은 아무리 강조해도 지나치지 않습니다. 몇 번 메일이 오갔다면, 이제는 다음의 방법을 사용해야 할 수도 있습니다.

교수님 일정이 가능할지 걱정되지만, 잠깐 뵐 수 있다면 저에게 큰 도움이 될 것 같아요. 일정이 아직 유동적이긴 한데, 제가 11월 20일과 24일이 있는 그 주에 보스턴Boston에 있을 예정이거든요. 그 주에 15분 정도 시간을 내 주실 수 있다면 잠깐 뵈러 갈 수 있을 거 같아요. 조금 촉박하게 연락드린

시크릿 실라버스

것 같아서 죄송해요. 만일 그 주에 시간이 안 되시면, 교수님께서 편하신 시간에 맞춰서 다시 일정을 만들어 볼게요.

얼굴도 모르는 무수히 많은 지원자보다 비교우위의 지원자가 되기 위해서 무슨 노력이든 해야 합니다. 입학위원회는 모든 지원서를 교수에게 공개합니다. 이때 여러분이 접촉한 교수가 "이 학생을 꼭 뽑고 싶다."는 의사를 표시할 수 있습니다. 이미 입학 자격이 충분한 지원자들이 넘쳐나는 마당에, 어떤 교수가 여러분을 딱 꼬집어 지지해준다는 것은 여러분에게 유리한 결정이 나올 수 있는 중요한 요인이 됩니다.

직접 얼굴을 보고 만나는 단계의 목표는 이메일을 통해 나눈 내용, 즉 여러분의 사려 깊음, 열정, 성숙함을 눈으로 확인시켜 주기 위함입니다. 여러분은 이미 대학원생처럼 생각하고 있습니다! 교수들은 단순히 전도유망하고 똑똑한 젊은이를 찾아내려고 하지 않습니다. 교수들의 목적은 실용적이면서 개인적입니다. 자신들의 명성과 성공에 도움이 될 만한 사람, 자신들의 삶을 조금이라도 더 낫게 만들어 줄 사람을 찾습니다.

교수와 함께 일하는 다른 대학원생의 연구프로젝트에 대해 교수가 설명할 수 있도록 유도하는 질문을 포함해서 다양한 대화거리를 준비해 가세요. 그리고 교수가 그럴 의향이 있어 보인다면, 연구실이나 대학원생실을 둘러보게 해달라고 요청해 보세요.

교수의 눈에 여러분이 유능하고 공손하고 전문적일 뿐 아니라 바로 시작할 수 있는 준비된 학생이라는 것을 보여주세요. 만남을 마친 후에는 꼭 간단한 감사 인사를 메일로 전하고, 대학원에 지원할 것이라는 사실과 함께 일할 수 있는 기회를 갖고 싶다는 의사를 분명히 밝히고, "제 지원서를 꼭 확인해 주시면 감사하겠습니다."라고 확실히 말씀드려 놓으세요.

제이도 대학원 지원을 준비하면서 여러 명의 예일대 교수를 만났습니다. 물론 앞서 언급했던, "내가 이제까지 본 성적표 중에서 최악인데!"라고 말했던 교수도 포함됩니다. 결코 듣기 좋은 말은 아니었지만, 교수와 긍정적인 만남을 갖기에 치명적이지는 않습니다.

제이는 자신의 이야기보다는 연구에 관한 이야기를 주로 했습니다. 그리고 대화가 길지 않도록 했습니다. 다만 교수가 즐겁게 이야기하는 주제에 대해서만 길게 이야기를 나눴습니다. 이런 대화를 바탕으로 몇몇 교수는 제이가 대학원 과정에 적합하다는 판단을 했습니다.

제이는 그때 자신의 대학 성적이 훌륭했다면 합격하지 못했을지도 모른다고 생각합니다. '성적이 좋다면 굳이 교수들을 일부러 찾아갈 필요성을 못 느꼈겠지.' 하지만 그건 잘못된 접근이었을 겁니다. 수년 동안 교수들로부터 이런 말을 들었습니다. "직접 만나지 않았으면 그 학생을 뽑을 생각도 안 했을걸?" 대학원 신입생 선발 절차에 면접이 공식적으로 포함되어 있지 않은 학교에서도 마찬가지입니다! 세상에서 가장 중요한 규칙 중 일부는 겉으로 전혀 드러나지 않은 것도 있습니다.

제이는 상대방인 교수의 이야기를 주로 나누면서 자신만의 목적을 이뤄갔습니다. 아담 스미스Adam Smith는 이런 말을 남겼습니다. "우리가 저녁 식사를 차릴 수 있는 것은 정육점 주인, 양조장 주인, 빵집 주인의 자비심 덕분이 아니라, 이들이 자기 이익을 추구하기 때문이다."[28] 제이는 그저 교수가 세상을 바라보는 관점에 초점을 맞췄습니다.

깔끔한 마무리

대학원 지원 서류에는 보통 '자기소개서'가 포함됩니다. 마무리 단계에서 중요한 서류입니다. 고등학생처럼 지원서 어딘가에 적게 되어 있는 자신의 활동 이력이나 수상 경력에 대해 집중해서 작성할 서류가 아닙니다. 여러분은 더 이상 고등학생이 아닙니다.

오히려 자기소개서는 자신이 생산적인 연구자이자 협력자이면서 동료가 될 수 있다는 사실을 보여주는 서류여야 합니다. 대학, 학과, 입학위원회 역시 사람이 모인 곳이라는 기본 원칙을 잊으면 안 됩니다. 이 사람들은 자신에게 지나치게 부담이 되지 않으면서, 자기 삶에 도움이 되는 사람을 찾고 있습니다. 여러분이 바로 그런 매력적인 지원자라는 것을 분명히 보여줘야 합니다.

---

28 옮긴이 주. 아담 스미스의 대표적인 저서인 『An Inquiry into the Nature and Causes of the Wealth of Nations』의 내용. 이 저서는 국내에 '국부론'으로 알려져 있음.

기억하세요!

❶ 의학전문대학원, 법학전문대학원, 경영전문대학원과 같은 전문 분야의 입학은 (일반적으로) 정량적, 즉 주로 대학 성적과 표준화된 입학시험 점수에 의해 결정된다. 반면 일반대학원의 경우 정성적, 즉 성적이나 입학시험 점수 이외의 요소에 따라 결정된다.

❷ 박사과정의 경우, 단지 진학할 학교만이 아니라 자신의 지도교수가 될 교수를 찾아야 한다. 지도교수는 나의 교육과 학자로서의 발전을 위해 상당한 시간과 노력을 투자할 사람이며, 나의 합격 여부를 결정하는 데 중요한 역할을 한다.

❸ 지리적인 고려와 함께 대학의 특성을 고려하여 선택지를 좁혀라. 자신이 관심 있는 연구를 하는 교수를 선별하라. 정중하게 접촉을 시도하고 답장을 이끌어내라. 그 연구 분야에서 흥미로운 아이디어에 대해 짧으면서 실질적인 대화를 나누라.

❹ 미래의 지도교수를 직접 만나기 위해 가능한 모든 방법을 동원하라. 자신이 유능하며 예의 바르고, 호기심이 많고 심지어 재미있는 학생이라는 점과 자신으로 인해 지도교수의 삶이 더 나아질 수 있다는 것을 보여라.

매력적인 입사지원자 되기

대학 졸업, 혹은 대학을 다니는 동안 어느 시점이 되면 취업을 생각하게 됩니다. 그리고 취업한 곳에서도 성공하고 싶어집니다. 그러려면 어떻게 해야 하는지 혹시 알고 있나요? 대부분의 대학은 취업을 원하는 학생을 돕기 위해 전문가로 구성된 취업지원센터를 두고 있습니다. 어떻게 보면 이 센터를 방문하는 것이 대학생으로서 대학 생활 초기에 해야 하는 일 중의 하나입니다.

훌륭한 직원이 되기 위해 무엇이 필요할까요? 탄탄한 학문적 지식, 높은 아이큐IQ, 건전한 직업윤리? 물론 그럴 수 있습니다. 하지만 이런 요소들로는 충분하지도 않고 필수적이지도 않습니다. 테리의 첫 직장 경험을 비추어 보면, 그것이 정말로 사실임을 알 수 있습니다.

테리가 고등학생 때, 동네에 있는 공공 수영장에서 안전요원으로 일했습니다. 매주 안전요원 책임자였던 데스티니Destiny는 다음 주 근무일정을 정했습니다. 수영장은 오전 7시부터 오후 10시까지 운영했고, 근무조는 두 개의 조로 나뉘었는데, 오전 7시부터 오후 3시까지 오전 근무조, 오후 2시부터 오후 10시까지가 오후 근무조였습니다.

한번은 데스티니가 다음 주 근무일정표를 안전요원실 유리벽에 붙이고 있었습니다. 테리는 곧바로 근무일정을 수정하면 좋을 것 같다는 생각이 들었습니다. 함께 일하던 리사Lisa는 오전 근무를 선호하는데, 오후 근무조로 편성되어 있었고, 반대로 가끔 오전에 다른 아르바이트를 하는 데이브Dave는 오전 근무조로 편성되어 있었습니다.

테리는 데스티니에게 말했습니다. "저기, 리사와 데이브 근무일정을 바꾸면 둘 다 좋아할 것 같아요. 그리고 수요일에 실비아Sylvia를 하루 쉬게 하면 더 좋을 거 같아요. 실비아가 그날 하루 쉬면 실비아 삼촌 제이미Jaime랑 수영대회 코치로 나갈 수 있거든요."

데스티니는 어땠을까요? "……" 아무런 반응이 없었습니다. 게다가 함께 일했던 두 번의 여름 동안 테리와 다시는 말을 섞지 않았습니다. 그리고 테스티니는 안전요원 책임자로 일하는 남은 기간 동안 여전히 다른 요원들이 불편해하는 근무일정을 계속 만들었습니다.

테리는 혼란스러웠습니다. 자신의 제안은 다른 모든 안전요원에게 영향이 없거나 좀 더 좋아지는 내용이었습니다. 그런데 20여 년이 지난 후에 테리는 그 이유를 깨달았습니다. 데스티니의 유일한 목표는 자신의 책임을 다하면서도 가능한 한 가장 적게 일하는 것이었습니다.

테리에게 몹시 당황스러운 일이었지만, 데스티니는 동료의 편의에 대해서는 전혀 개의치 않았습니다. 그리고 그게 바로 데스티니가 누리는 특권이었습니다! 데이브가 다른 아르바이트를 그만두거나 안전요원 일을 그만두면 될 일이었습니다. 사실, 데스티니는 데이브의 이름도 몰랐을 정도로 동료에 대해 관심이 전혀 없었습니다. 테리는 결과적으로 자신에게 좋지 않은 영향을 끼치는 사회 초년생이 경험하는 실수를 저질렀습니다. 테리는 정답에 가까운 '최적'의 근무일정표가 있다고 생각했습니다.

어떻게 보면, 테리도 데스티니와 같은 실수를 한 셈입니다. 데스티니는 다른 동료의 입장에서 근무 일정을 고려하지 않았고, 테리는 데스티니의 입장을 생각하지 않았습니다. 결국 이 경험 때문에 테리의 첫 직장 경험은 필요 이상으로 나빠졌습니다.

그렉Greg이라는 제이의 친구가 있습니다. 그렉은 운전을 바르게 하지 않는 사람들을 보며 분노를 표출하곤 했는데, 그러다가 인생 교훈을 얻었습니다. 분노의 원인은 사람들이 좌우 회전을 하거나 차선 변경을 할 때 방향 지시등을 사용하지 않는 것이었습니다. 그렉은 이런 행동을 몹시 싫어했습니다. 그렉은 미치도록 화가 났습니다. "이건 정말 위험한 행동이야! 그리고 불법이라고!" 심지어 방향 지시등을 켜지 않은 운전자를 뒤쫓아가서 소리 지르기까지 했습니다. 그러던 어느 날 동승했던 절친 브렛Brett이 짧고 굵게 한마디 했습니다.

그렉, 차선 변경하려면 당연히 깜빡이를 켜는 게 맞지. 그래, 그건 맞아. 하지만 모든 사람을 가르치는 건 네가 할 일이 아니야.

자신이 좀 더 생산적인 사고를 한다는 이유로, 그것을 떠들고 다녀도 되는 것은 아닙니다. 상황을 읽어야 합니다. 동료, 상사, 연구실 파트너, 룸메이트, 이들 모두 자신의 삶에 대한 결정을 스스로 내리고 있다는 사실을 받아들여야 합니다. (여러분이 보기에 비록 그 결과가 썩 좋지 않아도 말입니다.)

◇◇◇◇◇◇◇◇◇◇◇◇◇◇◇◇◇◇◇◇◇◇◇◇◇

누군가가 여러분에게 전화를 걸어서, "네가 평생 한 일은 모두 형편없었어."라고 말했다고 상상해 봅시다. 어떻게 반응해야 할까요? 여러분에게 그 말을 한 사람이 당시 애플Apple CEO였던 스티브 잡스Steve Jobs라면 어떨까요? 잠시 후에 이 이야기를 이어서 하겠습니다.

바로 앞부분에서 이야기했던 내용은 상사와 좋은 관계를 유지하는 것이 직장생활에서 성공의 핵심이라는 점입니다. 상사와의 관계에 있어서는 사려 깊게 생각하고 판단하는 것이 중요합니다. 안전요원 근무일정표에 대해 테리가 한 제안은 조직에는 도움이 되었을지 몰라도 상사였던 테스티니에게는 전혀 도움이 되지 않았습니다. 테리가 좀 더 현명했다면 결과가 더 나았을 것입니다.

상사를 돕고 싶다면, 어떻게 해야 할까요? 아마 처음 드는 생각은 내가 상사라면 이렇게 하는 것이 도움이 되겠다 싶은 것이 먼저 떠오를 수 있습니다. 하지만 실수일 가능성이 큽니다. 그 이유를 알기 위해서, 우선 다음 네 개의 단어를 볼까요?

대담한   활동적인   조용한   수줍은

이 네 단어는 성격 유형 검사에서 가져온 단어입니다. 이 테스트는 일반적으로 5가지 성격 요인을 지표로 평가합니다. 첫 글자를 따서 OCEAN이라 부릅니다.

O — openness 개방성

C — conscientiousness 성실성

E — extraversion 외향성

A — agreeableness 우호성

N — neuroticism 신경성

자신의 성격 유형이 궁금하다면, 5가지 차원에 대해 점수를 매기는 무료 검사를 찾아서 해 볼 수 있습니다. 이전의 성격 유형 검사는 시간이 오래 걸리고 답변해야 하는 질문도 많았습니다. 하지만 최근에는 간단하면서도 놀라울 정도로 정확한 검사들이 많이 개발되었습니다.

위 네 단어는 최근에 나온 간단한 검사 중 하나에서 따온 단어입니다. 5가지 차원 중에서 E 차원, 즉 외향성과 관련이 있습니다. 단어 중에서 '대담한', '활동적인'은 외향적인 성격과 관련이 있고, 반대로 '조용한', '수줍은'은 내향적인 성격과 관련이 있습니다.

이런 성격 유형 검사를 왜 하는 걸까요? 사람들은 서로가 너무 다르기 때문입니다. 예를 들어, 내향적인 사람은 외향적인 사람보다 중요한 주제에 대해서 일대일로 이야기하는 것을 선호합니다. 반면에 외향적인 사람은 함께 모여 이야기하는 것을 선호합니다. 그렇다면, 업무 프로세스에 변화를 주기 위해 상사와 이야기를 나눠야 한다면, 두 가지 방법을 고려할 수 있겠습니다.

방법 1: 상사와 일대일로 만난다. 상사의 기분에 대해서 묻고 자신이 원하는 변화를 고려해 줄 것을 명확하게 요청한다. 그런 다음 일주일 정도 기다려 다음 약속을 잡는다.

방법 2: 전체가 모이는 회의 일정을 잡는다. 상황에 대해 토론하고 논의하면서 동료들의 의견을 묻고, 원하는 변화와 대안이 논의되도록 유도한다. 그런 다음 상사에게 바로 결정을 내려달라고 요청한다.

어느 방법이 더 낫다고 말할 수 없습니다. 내향적인 상사는 방법 1을 선호하고 방법 2는 싫어할 가능성이 높습니다. 반대로 외향적인 상사는 사적으로 만나는 것은 투명성이 떨어진다는 이유로 방법 1을 비효율적이고 심지어 비겁하다고 거부할 수 있습니다.

그렇다면, 직장생활을 잘하기 위해 동료의 OCEAN 점수를 평가하고 그 결과에 맞춰서 행동하는 심리학자가 되어야 하는 걸까요? 아니요. 그럴 필요는 없습니다. 하지만 사람들이 서로 다르다는 사실을 인식하는 것만으로도 충분합니다. 다른 사람도 당연히 나처럼 생각할 거라고 가정하는 것은 현명하지 못합니다. 상사에게도 도움이 되지 않을뿐더러 자신에게도 도움이 안 됩니다.

앞에서 언급했던 스티브 잡스 이야기로 다시 돌아가 보겠습니다. 스티브 잡스는 실제로 컴퓨터 엔지니어였던 밥 벨빌Bob Belleville에게 전화를 해서 "네가 평생 한 일은 모두 형편없었어."라고 이야기했습니다. 그 말을 들은 밥은 화가 나서 소리치거나 전화를 끊어버릴 수도 있었습니다. 하지만 밥 벨빌은 그렇게 하지 않았습니다. 스티브 잡스가 매우 직설적이고 과장을 잘하며 가끔은 공격적이라는 것을 알았기에, 너무 민감하게 반응하거나 기분 나쁘게 만들면 안 된다고 판단했습니다. 그래서 그저 듣기만 했습니다. 그리고 스티브 잡스는 애플에서 일할 수 있는 엄청난 자리를 제안했고 벨빌은 수락했습니다.

◇◇◇◇◇◇◇◇◇◇◇◇◇◇◇◇◇◇◇◇◇

다음 내용은 근로 환경에 대한 설명입니다.

> 수증기로 가득 찬 탱크 안에서 일하는 다른 남자들이 있었다. 탱크 바닥 높이에 뚜껑이 열린 통들이 있었는데, 문제는 사람들이 일하다가 그 통에 빠지는 것이었다. 빠진 사람을 건져 내면, 살점이 녹아내려 있었다. 어떤 때는 며칠 만에 건져 내기도 했는데, 뼈만 덩그러니 건져졌고 나머지 부분은 〈더럼스 퓨어 리프 라드Durham's Pure Leaf Lard〉 고기통조림으로 팔리기까지 했다!

이 설명은 업튼 싱클레어Upton Sinclair가 1906년에 출판한 『정글The Jungle』이라는 책의 내용입니다. 당시의 육류 가공 산업은 근로자의 고된 노동, 낮은 임금, 비위생적인 환경, 게다가 노동자의 몸이 육고기로 가공되어 판매되는 위험성까지 있었습니다.

대부분의 직업은 이 책에 나오는 당시 육류 가공 산업 환경과는 거리가 멀겠지만, 꼭 그렇지도 않습니다. 프로야구 선수로 활약하던 조 가라지올라Joe Garagiola는 NBC의 아나운서 겸 TV 진행자가 되었습니다. 1988년 월드시리즈 중계를 마치고 조는 NBC에서의 직장생활을 그만두었습니다. 얼마 후, 조는 인터뷰에서 질문을 받았습니다. "세계 최고의 직업이지 않았나요? 자신이 좋아하는 야구 경기를 보면서 엄청난 돈까지 받으니까요. 그런데 왜 그 일을 그만두셨나요?" 조는 대답했습니다. "남의 돈을 받으면, 그 사람의 헛소리도 들어줘야 하죠. 저는 더 이상 헛소리를 듣지 않기로 결정했습니다."

모든 직업이 좋을 수만은 없습니다. 저마다 부정적인 면이 있습니다. 수백만 달러를 받으며 야구를 보면서 이야기하는 직업이 있고, 20세기 초의 육류 가공 산업처럼 끔찍하고 위험한 직업도 있습니다. 인내의 한도를 넘어서는 헛소리를 들어야 하는 힘든 직업도 있습니다. 그 판단은 오직 자신만 할 수 있습니다.

위차피Wichahpi의 경우를 볼까요? 위차피는 아이비리그Ivy League의 법학전문대학원 졸업생이자, 학교가 발행하는 〈로우 리뷰Law Review〉의 편집자였고, 연방대법원 대법관이었던 루스 베이더 긴즈버그Ruth Bader Ginsberg의 서기(긴즈버그가 연방항소법원 재직 시절)였습니다. 서기 업무를 마친 후, 위차피는 높은 임금을 받을 수 있는 일자리를 알아보다가 미국에서 가장 명망 있는 로펌 중 한 곳에 입사했습니다.

하지만 위차피가 입사한 유명 로펌은 항상 부유하고 힘 있는 기업의 편에 서는 회사였습니다. 위차피가 늘 가까이 지내는 그저 평범한 사람의 편에 서는 일이 거의 없었습니다. 어느 날 저녁, 정신을 차려보니 회의실에서 시급을 받는 평범한 블루칼라 노동자에게 자신의 권리를 포기하라고 설득하고 있는 자신을 발견했습니다.

위차피와 고연봉을 받는 동료 변호사들은 합법적이면서, 블루칼라 노동자에게 불리한 계약서를 작성하는 전문적인 방식을 사용해서 로펌과 계약한 고객의 이익을 보호했습니다. 이 경험이 위차피에게 결정적이었습니다. 결국 위차피는 일을 그만두었고 법조계를 완전히 떠났습니다.

로펌의 일은 합법적이었지만, 위차피는 동의할 수 없었기에 그만두었습니다. 일하면서 부당하거나 잘못된 상황을 마주했을 때 간단하게 일을 그만두는 것은 현실적으로 거의 불가능하다는 것을 우리는 잘 알고 있습니다. 하지만 어떤 상황에서는 가능한 한 빨리 퇴사해서 그 자리를 벗어나는 것이 최선의 선택이 될 수 있다는 점을 이해할 필요가 있습니다.

◇◇◇◇◇◇◇◇◇◇◇◇◇◇◇◇◇◇◇◇◇◇

네트워킹networking이란 무엇일까요? 어느 사전적 정의로는 '사람들 간에 특히 사회생활을 위해 정보를 교환하고 인맥을 쌓기 위해 교류하는 것'입니다. 네크워킹 행사가 열리는 모습을 상상해 보면, 파티장에서 어색하게 잔을 들고 이름표를 단 채 낯선 사람들과 이야기를 나누는 장면이 떠오릅니다.

가깝지 않은 사람들과 교류하는 것은 약간은 불편하고 그럴 수밖에 없습니다. 하지만 훨씬 더 자연스러운 네트워킹도 있습니다. 잘 알려지지 않은 사실 중 하나는, 사회생활의 많은 기회는 이미 이전에 맺었던 누군가와의 긍정적인 관계에서 비롯된다는 점입니다. 이게 가장 바람직한 형태의 네트워킹입니다. 그리고 이 네트워킹은 자연스럽게 발전하는 특징이 있습니다. 줄리아Julia의 경우를 예로 들어보겠습니다.

줄리아는 일하면서 공부하느라 공부도 일도 제대로 할 수가 없었습니다. 어느 날 심리학 수업을 같이 듣는 연구실 동료와 이야기를 나누다가 자신의 처지를 털어놓았습니다. 동료는 마침 캠퍼스 안에 있는 교육연구 센터에 일자리가 생긴 것을 알게 되었고, 줄리아가 임시직으로 일할 수 있도록 소개해 주었습니다. 몇 달 후에, 줄리아의 업무를 감독하던 연구원이 줄리아의 연구를 좋게 평가하고 여름부터 정규직으로 일해 달라고 요청했습니다.

20년이 지난 지금, 줄리아는 교육 분야에서 훌륭한 연구원이 되었습니다. 줄리아는 자신이 이렇게 성공한 이유가 우연한 취업 덕분이라고 생각합니다. 이 우연한 취업으로 추천서를 받을 수 있었고 UCLA의 교육심리학 박사과정에 입학하게 되었으며, UCLA의 정규직 연구원으로 오랜 기간 일하게 되었습니다. 현재 줄리아는 자신의 컨설팅 회사를 운영하고 있는데, 고객의 상당수는 줄리아가 임시직이었을 때 자신의 업무를 감독했던 연구원과 관련이 있다고 말합니다.

아는 사람이 많아질수록 행운의 가능성도 커집니다. 그들 중 한 명이 여러분에게 딱 맞는 문을 열어 줄 수도 있습니다. 하찮은 일이라도 필요 이상의 진지한 책임감으로 임해야 합니다. 몇 년 후에 꿈에 그리던 직업을 갖기 위해 지금부터 길고 긴 면접을 보는 것이라고 생각해 보세요. 실제로 그렇게 될 수 있습니다.

아는 사람을 통해서 인생을 바꿀 만한 경력을 쌓게 된 줄리아의 경험은 연구 결과로도 증명됩니다. 어느 고용 연구에서 밝혀진 중요한 사실은 상당수의 취업 기회가 소위 '느슨한 관계soft contacts'를 통해 이루어진다는 사실입니다. 즉, 조금 아는 사이이긴 하지만 친하지는 않은 사람을 통해 기회가 온다는 것입니다.

왜 친한 친구보다 느슨한 관계가 더 중요한 걸까요? 학자들은 두 가지 이유를 가정합니다. 첫째는, 친한 친구의 수보다는 느슨한 관계의 친구가 더 많다는 이유고, 둘째는 친한 친구는 일반적으로 자신과 비슷한 경험과 지식을 가지고 있지만, 느슨한 관계의 친구를 통해서는 예상치 못한 새로운 것을 접할 가능성이 높다는 이유입니다.

네트워킹에 대해 적어도 두 가지 큰 오해가 있습니다. 첫 번째는 낯선 사람과 교류해야 인맥을 쌓을 수 있다는 생각입니다. 사실, 여러분이 누군가와 만나는 매 순간이 네트워킹의 순간입니다. 몰리에르Moliere[29]의 희곡인 〈서민귀족Le Bourgeois Gentilhomme〉에서 주인공 주르댕Jourdain은 이렇게 외칩니다. "당신이 뭘 안다고 그러오! 나는 지난 40년 동안 나도 모르게 산문체로 말해 왔단 말이오!" 여러분도 깨닫지는 못했지만, 실은 평생 네트워킹을 하며 살아왔습니다!

두 번째 오해는 누군가를 잘 알면 그로부터 취업 기회를 얻을 수 있다는 생각입니다. 그럴듯해 보이지만 사실이 아닙니다. 고등학교 때 책임감이 최악이었던 친구를 떠올려 보면, 몇 년 동안 친한 친구로 지냈다고 그친구를 추천할 수 있을까요? 아니요, 절대 아니죠.

추천으로 고용한 사람과 고용된 사람 모두가 만족하는 경우야말로 가장 이상적인 추천입니다. 따라서 핵심은 오래 알아 왔던 시간이 아니라,

---

29 옮긴이 주. 17세기에 활동한 프랑스의 극작가 장 바티스트 포클랭Jean-Baptiste Poquelin의 예명.

자신이 얼마나 긍정적인 인식을 심어주었냐입니다.

◇◇◇◇◇◇◇◇◇◇◇◇◇◇◇◇◇◇

자, 이번에는 강의실 안으로 가보겠습니다. 이제까지 어떻게 하면 좋은 직원이 될 수 있을까를 이야기했는데, 이 이야기들이 대학 생활을 성공적으로 하는 것과 어떤 관련이 있을까요? 이제까지 했던 이야기의 요점은 다음과 같습니다.

1. 좋은 직원은 상사의 목표 달성을 돕는 것을 의미한다.
2. 사람은 매우 다양하다. 자신의 목표는 상사의 목표와 완전히 다를 수 있다.
3. 가능한 빨리 상황을 벗어나야 하는 경우도 있다.
4. 평생 네트워킹을 해왔으며, 앞으로도 하게 된다.

그렇다면 이 내용이 대학생에게 주는 의미는 무엇일까요? 수업에 적용해 볼까요? 우선 자신이 잘 할 수 있는 수업을 수강하세요. 그런데 그 수업이 여러분의 목표를 이루는 데 도움이 되지 않는다면, 그 수업을 계속 듣거나 수강취소 할지 고민하고 결정하세요. 하지만 그 대가는 스스로 감수해야 합니다.

계속 수강하기로 결정했다면, 교수의 관점에서 이해하려고 노력하세요. 교수의 머릿속으로 들어가서 그 세계를 제대로 파악해 보세요. 그리고 교수의 뜻을 이뤄줌으로써 자신의 목표를 달성할 수 있는 계기를 만들 수 있습니다.

기억하세요!

❶ 성공의 열쇠는 다른 사람의 관점을 이해하는 것이다. 나의 목표를 이루기 위해, 내 삶에 영향을 주는 사람을 포함한 주변 사람들이 그들의 목표를 달성할 수 있도록 하는 데 집중하라.

❷ 사람마다 성격 유형이 다르다. 돕기 위해서는 그 사람을 알기 위한 노력을 해야 한다. 가장 좋은 방법은 행동을 체계적으로 관찰하는 것이다. 말보다는 행동을 믿어라.

❸ 어떤 자리, 어떤 조직은 부패했을 수 있다. 적어도 자신에게 적합하지 않을 수 있다. 이 경우, 가능한 빨리 그 곳을 벗어나라.

❹ 긍정적이든 부정적이든, 항상 나를 둘러싼 주변의 누군가에게 인상을 남기고 있다. 눈에 보이지 않고 전혀 의식하지 않았던 네트워킹이 당신의 직업은 물론 인생 전체의 실마리를 푸는 열쇠가 될 수 있다.

❺ 교수는 대학 졸업 후 사회생활에서도 중요한 역할을 한다. 교수의 관점을 이해함으로써 얻는 이점이 있다. 더 좋은 성적을 받을 수 있으며, 취업 혹은 대학원 진학에 도움을 받을 수 있다.

THE SECRET SYLLABUS

결론

빅 피처: 수정하기

대학 교수를 생각할 때, 여러분의 머릿속에 떠오르는 이미지를 가장 잘 설명한 것은 무엇인가요?

1. 오만하며 둔감하고 매사에 냉담한 학자다. 점수에 집착하며 하찮은 실수에도 감점하고, 융통성이라곤 티끌만큼도 없고, 대체로 학생을 돕는 것에는 관심이 없다.
2. 까다롭지만 배려심 있고 영감을 주는 멘토다. 대학 밖의 세상과 학생의 관점을 모두 이해할 수 있는 특별한 능력을 갖춘 롤모델이자, 학생을 기꺼이 도우려는 강력한 조력자다.

몇 번을 골랐나요? 설명하기 전에 다음의 두 이론[30]을 비교해 봅시다.

X이론 (실제 이름이 X이론입니다.) : 직원은 일하기 싫어하며 정직하지 못하다. 관리자는 사냥개처럼 직원들을 집요하게 몰아세워야 하며

---

30 옮긴이 주. 맥그리거D.McGregor가 제안한 조직관리 이론. 인간의 본성을 X이론과 Y이론으로 구분함.

항상 처벌할 준비가 되어 있어야 한다.

Y이론 : 직원은 조직을 위해 기꺼이 헌신하려 한다. 수월성을 추구하며 만족을 얻는다. 관리자는 직원을 격려하는 것이 주요 업무다.

경영학자들은 수십 년 동안 X이론과 Y이론을 두고 논쟁해 왔습니다. (요즘은 Y이론이 더 인기 있습니다.) 하지만 한 가지 발견은 두 관점 모두 자기 강화적self-reinforcing이라는 사실입니다. 직원을 부정직하고 게으른 사람으로 취급하는 관리자는 직원을 엄격하게 감독하지 않으면 열심히 일하지 않는 경향이 있는 것을 발견합니다. "보세요. 이 게으름뱅이들은 채찍을 쓰지 않으면 아무 것도 못한다니까요!"라고 X이론 관리자들은 말합니다. 반대로 직원에게 힘을 실어주는 관리자들은 직원들의 성과에 깜짝 놀라곤 합니다. Y이론 관리자는 이렇게 말합니다. "이 열정적인 직원들 좀 보세요. 제가 필요한 자원만 제공하고 자리만 비켜주면 된다니까요."

교수는 냉담한 학자인가요, 아니면 영감을 불어넣어 주는 멘토인가요? 정답은 교수가 학생 개개인의 행동에 따라 둘 중 하나가 될 수 있고, 둘 모두가 될 수 있습니다. 한 교수에게서 같은 과목을 듣고 같은 점수를 받은 학생이 한 교실에 앉아 있더라도, 그 교수와의 관계는 서로 전혀 다를 수 있습니다.

지금까지 살펴본 대로, 여러분이 맺은 관계와 경험한 결과는 순전히 여러분 자신과 여러분이 내린 결정, 여러분의 행동에 달려 있습니다. 여러분이 상상하는 것보다 훨씬 더 중요한 사실입니다.

가급적 교수의 관점에서 스스로의 행동을 바라봐야 합니다. 강단에서 바라보는 나의 모습은 어떤 모습인가요? 교수를 만족시키는 방법이 뭐가 있을까 고민해 보기 바랍니다. 가능하면 친구, 혹은 내 편을 만들려고 노력하고 적을 만들지 않도록 주의하세요.

교수가 생각할 때, 다음의 대화 중에서 어떤 대화가 더 만족스러울까요?

대화 1: "강의계획서는 혹시 확인해봤니? 재채점 요청은 시험지를 돌려받고 나서 1주일 안에 해야 해. 미안한데, 이미 기한을 넘겼구나. 다른 학생과 똑같은 규칙을 적용하지 않으면 불공평해지니, 네 점수는 B+고, 변동은 없을 것 같구나."

또는,

대화 2: "생명공학 회사들이 DNA를 편집하는 과정에서 발생하는 의도치 않은 결과에 대한 네 질문이 참 좋았어. 그런데 말이지. 제자 중에서 한 명이 생명공학 회사의 CEO로 있고, 이 회사가 크리스퍼CRISPR[31] 기술을 사용하고 있지. 마침 다음 주 특강 때문에 학교에 오는데, 강의 끝나고 대학원생들과 함께 점심 식사하러 갈 때 함께 하고 싶으면 와도 좋아."

때로는 말 그대로 5분도 안 걸리는 일로 긍정적인 결과를 가져올 수

---

31 옮긴이 주. 현재 유전자의 교정, 편집을 위해 가장 널리 사용되는 3세대 유전자 가위의 종류이며, 원 명칭은 Clustered Regularly Interspaced Short Palindromic Repeats.

있습니다. 수업에서 더 돋보일 수도 있고, 교수와 좋은 관계를 형성하는 출발점이 될 수도 있습니다. 반면에 얻는 것이 거의 없는 일로 부정적인 인상을 남기는 자기 패배적 행동은 삼가야 합니다.

교수는 수년 동안 공부한 후에 돈을 더 벌 수 있는 직업을 포기하고, 평생 강의실에서 학생들과 시간을 보내기로 결정한 사람입니다. 좋은 학생들을 양성하고 이 학생들에게서 소중한 기회를 발견하고, 이들이 사회에서 활약할 수 있도록 도와주면서 만족을 느끼는 사람입니다.

◇◇◇◇◇◇◇◇◇◇◇◇◇◇◇◇◇◇◇◇◇◇◇

영화 〈제리 맥과이어Jerry Maguire〉의 등장인물 도로시 보이드Dorothy Boyd의 대사입니다. "일등석이 부러워서 그래. 전엔 음식만 다른 줄 알았는데, 이제 보니 사는 게 다르구나." 알다시피, 비행기 여행은 번거롭습니다. 긴 시간 대기할 때도 있고, 터미널의 탑승구 앞은 늘 복잡하며 머리 위에 짐 넣을 공간을 찾느라 애를 먹기도 합니다.

그런데 어떤 승객에게는 다른 세계가 있습니다. 모든 항공사는 우수 고객에게는 특별 대우를 합니다. 우수 고객은 줄을 서지 않고 탑승구로 가서 다른 사람들보다 먼저 비행기에 탑승할 수 있습니다.

대학생도 교수와 교류하면서 두 종류의 매우 다른 경험을 할 수 있습니다. 소위 '이코노미' 서비스는 학생이 자신의 모든 권리를 누릴 수 있습니다. 공정하게 점수를 받고, 원할 때 오피스 아워를 이용할 수 있고, 교수와 정중한 대화를 할 수 있고 미리 과제에 대한 안내도 받을 수 있으며,

전반적으로 좋은 대우를 받습니다.

그러나 더 높은 수준의 상호작용도 존재합니다. 항공사의 우수 고객 프로그램처럼, 더 나은 대우는 고객의 충성도를 기반으로 합니다. 그런데 항공사와 다른 점은 우수 고객이 목적지에 더 빠르게 도착할 수 있다는 점입니다.

학생이 추천서를 써달라고 요청하면 거의 모든 교수는 써 줍니다. 하지만 추천서를 써서 우편으로 보내주는 것을 넘어서, 아무 학생에게나 추천서를 받는 곳에 직접 연락을 한다거나 추천할 곳을 직접 찾아 주거나 하지 않습니다.

우수 고객에 포함된다고 해서 수강하는 과목의 성적이 달라지지는 않습니다. 혜택은 대부분 다른 곳에 있습니다. 연구 참여, 멘토링, 대학원 진학, 취업, 특별 장학금 등이 될 수 있습니다.

교수가 학생을 서로 다르게 대하는 것이 공정한가요? 성적에 관해서는 절대 공정하지 않습니다. 그런데 다른 영역에서는 공정합니다. 예를 들어, 어느 회사에서 교수에게 혹시 취업 준비하는 학생이 있는지를 물었다고 해봅시다. 회사 입장에서는 학생의 대학 성적과 시험 점수 외의 자질을 더 중요하게 생각합니다.

리더십, 열정, 적극성과 같은 특성은 회사라는 조직에서 성공적으로 살아남기 위해 중요한 요소이지만, 대학에서 공부하고 성적을 받는 데는 그렇게 중요한 요소는 아닙니다. 따라서 교수가 회사에 학생을 추천할 때는, 성적이 가장 높은 학생을 추천하기보다는 앞으로 훌륭한 직원이 될 가능성이 높은 학생을 추천합니다.

◇◇◇◇◇◇◇◇◇◇◇◇◇◇◇◇◇◇◇◇◇◇

'시크릿 실라버스', 이 책을 통해 대학 경험을 어떻게 능동적이고 현명하게 할 수 있는지, 관계를 어떻게 발전시킬 수 있는지, 어떻게 공부하고 탁월한 성과를 낼 수 있는지, 회복력을 키우고 앞으로 마주하게 될 모든 상황에 만반의 준비를 할 수 있는 방법을 살펴보았습니다. 이런 노력으로 대학 생활을 성공적으로 마치도록 돕는 것도 중요하지만 우리의 목표는 여러분 자신이 스스로 배우고 성장할 수 있도록 영감을 주는 것이기도 했습니다.

중요한 진실 한 가지를 덧붙이고 싶습니다. 이 책을 통해 전략을 배웠고 여러분 스스로 자기만의 전략을 세울 수 있을 만큼 깊이 이해했다면, 대학을 졸업하고 사회에서 성공하는 데도 그 전략을 거의 수정할 필요가 없다는 사실입니다.

이미 여러분은 생산성을 효율적으로 관리하는 법, 서로에게 유익하고 전문적이면서 개인적인 네트워킹을 확보하는 법, 현재와 미래의 목표 사이에 균형을 맞추는 미묘한 방식 같은 비결을 터득했습니다. 여러분은 이제 어떤 상황에서도 성공할 수 있는 지식과 기술을 가졌습니다. 자 그럼, 수업 끝!

기억하세요!

❶ 교수의 관점에서, 그리고 자신의 삶과 연관된 모든 사람들의 관점에서 그 관계를 생각하고 상대의 요구에 부응하는 행동을 하라. 그렇게 할수록 성공할 수 있다.

❷ 인생처럼 대학 생활을 잘 하기 위해서는 전략과 기술이 필요하지만 본질에 충실하는 것도 필요하다. 대학이라는 낯선 환경을 탐색하는 능력, 탄탄한 관계를 형성하는 능력, 열심히 하는 능력, 현명한 결정을 내리는 능력 등 이 능력이 앞으로의 인생을 만든다.

❸ 교수는 사람이다. 교수의 생각을 이해하고 그 관점을 취하라. 그렇게 할 수 있다면, 당신은 성공할 수 있다. 학업 지도, 멘토링, 취업 기회를 비롯해 필요할 때마다 교수는 당신 편에 서 있을 것이다.

프린스턴대학교 출판사Princeton University Press의 편집자인 피터 도허티 Peter Dougherty에게 너무나 큰 감사의 빚을 졌습니다. 대학생들이 대학 생활을 성공적으로 수행하고 대학 이후의 삶에서도 활약할 수 있도록 돕고자 하는 우리의 노력을 열정적이고 신중하며 통찰력 있는 그와 공유할 수 있었음에 감사합니다. 피터의 도움으로 우리는 책을 다시 쓸 수 있었고, 출판될 수 있도록 능숙하게 인도해 주었습니다.

이 책에서 다루는 모든 주제에 마이클 쿠퍼슨Michael Cooperson이 20년 이상의 경험을 통해 얻은 통찰과 지혜를 주었으며, 특히 제13장에서 전문성을 바탕으로 든든한 길잡이가 되어 주었습니다.

UCLA의 대학교육부Division of Undergraduate Education의 대학연구소장인 마리안 가브라Marian Gabra는 '학부의 수월성 추구를 위한 핵심 전략'코스의 교수진으로 제이를 따뜻하게 맞아 주었습니다. 또한 이 코스에서 강의를 위해 협력해 준 UCLA의 과학 교육 혁신 학습 센터Center for Education Innovation & Learning in the Sciences의 레이첼 케니슨Rachel Kennison과 제스 그렉Jess Gregg에게도 감사를 표합니다. 이 세 명의 탁월한 교육자들로부터 얻은 수많은 아이디어와 통찰이 이 책에 고스란히 담겨 있습니다. UCLA의 몇몇 수업을 수강하는 학생들이 이 책의 초안을 읽었고 유용한 제안을 해주었습니다.

많은 분들, 엘리자베스Elizabeth와 밥 비요크Bob Bjork, 션 두셀리에 Sean Dusselier, 에린 엔더린Erin Enderlin, 닐 가그Neil Garg, 폴 그린버그Paul Greenberg, 앤드류 로Andrew Lo, 라이언 마호퍼Ryan Marhoefer, 알리시아 모 레티Alicia Moretti, 케빈 펠란Kevin Phelan, 패트릭 펠란Patrick Phelan, 미셸 리 치몬드Michelle Richmond, 셰리 스내블리Sheri Snavely, 브라이언 스와츠Brian Swartz, 사라 테니Sara Tenney, 빌 우렌Bill U'Ren, 안나 자야키나Anna Zayakina, 몬 지브Mon Ziv 등 친구, 동료 및 가족이 이 책을 구상하고 쓰는 동안 귀한 의견을 주었습니다. 그리고 UCLA의 생명과학집중교육학과Department of Life Sciences Core Education의 트레이시 존슨Tracy Johnson, 데브 피어스Deb Pires, 라나 칸칸Rana Khankan, 프랭크 래스키Frank Laski, 베스 라자제라Beth Lazazzera의 지원에도 감사드립니다. 또한 훌륭한 편집과 더불어 아낌없이 조언을 해 준 미셸 가소 호킨스Michelle Garceau Hawkins에게도 감사드립니다.

교수법과 학습법에 대해 많은 의견을 준 찰리Charlie, 잭Jack, 샘Sam에게 도 감사의 말을 전하고 싶습니다. 그리고 무엇보다도 배움의 과학에 대한 깊이 있고 미묘한 전문 지식을 기꺼이 우리와 공유해 주고, 이 책이 나오 기까지 열정적이고 변함없이 지지해 준 줄리아Julia에게 감사를 표합니다.

테리는 수년간 연구와 교육 분야에서 함께 일해 온 아내 바바라Barbara 에게 감사의 말을 전합니다. 우리 딸들, 샬롯Charlotte, 바이올렛Violet, 아이 비Ivy 모두 이 책에 담긴 지혜의 덕을 누렸습니다.

인용된 학술자료 출처 및 추가로 읽어볼 자료 제안

제3장 이번 학기부터 졸업까지 멀리 보기!

■ 하버드의 연구에 따르면, '꼭 해야 하는 것을 먼저 해치우는 전략'을 선택한 학생 대다수는 결국 그 결정을 후회했습니다.

■ 연구에 의하면 대학 만족도와 수강 인원이 적은 과목의 수강 횟수 간에는 강한 상관관계가 있습니다.

Light, Richard J. *Making the Most of College: Students Speak Their Minds*. Harvard University Press, 2004.

다음 자료도 참고.

Cuseo, Joe. "The empirical case against large class size: Adverse effects on the teaching, learning, and retention of first-Appendix 261 year students." *The Journal of Faculty Development* 21.1 (2007): 5-21.

■ 놀라운 것은 공부하며 일을 해도 성적이 떨어지지 않는다는 사실입니다. 게다가 학업과 일을 병행하는 학생들의 75%는 일이 대학 생활의 만족도에 긍정적인 영향을 준다고 말합니다. 또한 일이 자신의 사회 경험에 부정적 영향을 미치지 않는다고 평가합니다.

Horn, Laura J., and Jennifer Berktold. *Profile of Undergraduates in US Postsecondary Education Institutions: 1995-96. With an Essay on Undergraduates Who Work. Statistical Analysis Report.* US Government Printing Office, Superintendent of Documents, Mail Stop: SSOP, Washington, DC 20402-9328. 1998.

Lucas, Rosemary, and Norma Lammont. "Combining work and study: an empirical study of full-time students in school, college and university." *Journal of Education and Work* 11.1 (1998): 41-56.

Tessema, Mussie T., Kathryn J. Ready, and Marzie Astani. "Does part-time job affect college students' satisfaction and academic performance (GPA)? The case of a mid-sized public university." *International Journal of Business Administration* 5.2 (2014): 50-59.

Wang, Hongyu, et al. "The effects of doing part-time jobs on college student academic performance and social life in a Chinese society." *Journal of Education and Work* 23.1 (2010): 79-94.

■ 학습 외의 활동 중에서 학생의 행복 지수를 가장 높이는 활동은 예술

활동에 참여하는 것입니다. 대학 생활의 높은 만족도는 비단 진로를 위한 준비나 훈련에 몰입하는 것뿐만 아니라 스스로 즐겁고 성취감을 누리는 다양한 활동에 참여하면서도 높아질 수 있습니다.

Astin, Alexander W. "Student involvement: A developmental theory for higher education." *Journal of College Student Personnel* 25.4 (1984): 297-308.

Çivitci, Asım. "Perceived stress and life satisfaction in college students: Belonging and extracurricular participation as moderators." *Procedia-Social and Behavioral Sciences* 205 (2015): 271 – 281.

Kaur, Dalwinder, and Gurwinder Singh Bhalla. "College management: Views of students." *IUP Journal of Management Research* 9.5 (2010): 6-26.

다음 자료도 참고.

Abrahamowicz, Daniel. "College involvement, perceptions, and satisfaction: A study of membership in student organizations." *Journal of College Student Development* 29.3 (1988): 233-238.

Montelongo, Ricardo. "Student participation in college student organizations: A review of literature." *Journal of the Student Personnel Association at Indiana University* (2002): 50-63.

- '효율적인 시간 관리'는 대학 생활을 성공적으로 마친 학생들이 가장 중요하다고 언급하는 항목입니다. 반면 대학 생활을 망쳤다고 생각하는 학생들이 패인의 원인으로 가장 많이 지적하는 것은 '잘못된 시간 관리'입니다.

Britton, Bruce K., and Abraham Tesser. "Effects of time-management practices on college grades." *Journal of Educational Psychology* 83.3 (1991): 405-410.

Claessens, Brigitte J.C., et al. "A review of the time management literature." *Personnel Review* 36.2 (2007): 255-276.

George, Darren, et al. "Time diary and questionnaire assessment of factors associated with academic and personal success among university undergraduates." *Journal of American College Health* 56.6 (2008): 706-715.

Macan, Therese H., et al. "College students' time management: Correlations with academic performance and stress." *Journal of Educational Psychology* 82.4 (1990): 760-768.

- 마지막으로 잠에 대해서는 자신에게 솔직해야 합니다. 스탠퍼드 Stanford 남자 농구팀 선수를 대상으로 한 연구에서, 선수들을 7주간 진행되는 '수면 연장' 실험에 참여시켰습니다.

Mah, Cheri D., et al. "The effects of sleep extension on the athletic performance of collegiate basketball players." *Sleep* 34.7 (2011): 943-950.

■ 수면에 대한 세심하게 진행된 다양한 연구를 통해 충분히 입증된 일관적인 특징은 다음과 같습니다.

Gaultney, Jane F. "The prevalence of sleep disorders in college students: Impact on academic performance." *Journal of American College Health* 59.2 (2010): 91-97.

Lund, Hannah G., et al. "Sleep patterns and predictors of disturbed sleep in a large population of college students." *Journal of Adolescent Health* 46.2 (2010): 124-132.

Pilcher, June J., and Amy S. Walters. "How sleep deprivation affects psychological variables related to college students' cognitive performance." *Journal of American College Health* 46.3 (1997): 121-126.

■ 자투리 시간에 공부하는 것은 비효율적이고 좋은 성적을 받기도 힘듭니다.

Allen, George J., Wayne M. Lerner, and James J. Hinrichsen. "Study behaviors and their relationships to test anxiety and academic performance." *Psychological Reports* 30.2 (1972): 407-410.

Michaels, James W., and Terance D. Miethe. "Academic effort and college grades." *Social Forces* 68.1 (1989): 309-319.

다음 자료도 참고.

Ericsson, K. Anders, Ralf T. Krampe, and Clemens Tesch-Römer. "The role of deliberate practice in the acquisition of expert performance." *Psychological Review* 100.3 (1993): 363-406.

Gortner Lahmers, Amy, and Carl R. Zulauf. "Factors associated with academic time use and academic performance of college students: A recursive approach." *Journal of College Student Development* 41.5 (2000): 544-556.

Zimmerman, Barry J. "Academic studying and the development of personal skill: A self-regulatory perspective." *Educational Psychologist* 33.2-3 (1998): 73-86.

■ 무조건 혼자서만 공부하는 것은 학습 효과가 떨어집니다.

Hinrichsen, James J. "Prediction of grade point average from estimated study behaviors." *Psychological Reports* 31.3 (1972): 974.

Maloof, Joan, and Vanessa KB White. "Team study training in the college biology laboratory." *Journal of Biological Education* 39.3 (2005):

120-124.

Reynolds, Katherine C., and F. Ted Hebert. "Learning achievements of students in cohort groups." *The Journal of Continuing Higher Education* 46.3 (1998): 34-42.

제6장 최고의 교수 찾기

■ 50여 년 전, 신진 연구자들은 746페이지에 이르는 상당히 영향력 있는 연구 결과를 발표했습니다. 이 연구는 교육에 있어, 무엇이 효과가 있고 무엇이 효과가 없는지에 대한 실증 자료를 포함하고 있었습니다. 이 연구 결과의 결론 중 하나는 교사의 자질이 학생의 성취도에 상당히 큰 영향을 미친다는 사실입니다.

Coleman, James Samuel. *Equality of educational opportunity (Coleman) study (EEOS)*, 1966. Vol. 6389. Inter—university Consortium for Political and Social Research, 1995.

■ 교수의 자질이 좋은 성적을 넘어, 향후 진로와 소득에까지 영향을 미친다는 강력한 증거들이 많이 있습니다.

Hanushek, Eric A. "The economic value of higher teacher quality." *Economics of Education Review* 30.3 (2011): 466-479.

Hanushek, Eric A., and Steven G. Rivkin. "Teacher quality."
Handbook of the Economics of Education 2 (2006): 1051-1078.

Rockoff, Jonah E. "The impact of individual teachers on student
achievement: Evidence from panel data." *American Economic Review*
94.2 (2004): 247-252.

■ 이 분야에서 가장 널리 인용되는 논문 중, 하워드 워첼Howard Wachtel의
논문은 다음과 같이 설명합니다. "지난 70년 동안의 학생 강의평가 결
과를 활용해 교육 효과를 분석한 연구들을 살펴본 결과, 대다수 연구
자는 학생들의 강의평가 결과가 유효하고 신뢰할 수 있으며, 교수를
평가하는 중요한 수단으로 여기고 있음을 확인했다."

Wachtel, Howard K. "Student evaluation of college teaching
effectiveness: A brief review." *Assessment & Evaluation in Higher
Education* 23.2 (1998): 191-212.

다음 자료도 참고.

Feldman, Kenneth A. "Identifying exemplary teachers and teaching:
Evidence from student ratings." *The Scholarship of Teaching and Learning
in Higher Education: An Evidence-based Perspective*. Springer, Dordrecht,
2007. 93-143.

Marsh, Herbert W. "Students' evaluations of university teaching:

Research findings, methodological issues, and directions for future research." *International Journal of Educational Research* 11.3 (1987): 253-388.

■ 2009년 오레오풀로스Oreopoulos 교수와 호프만Hoffmann 교수는 교수의 자질과 학생의 성취도에 대한 논문을 발표했습니다. 이들은 "교수의 직급, 지위, 급여 수준 등과 같은 객관적 특성의 차이는 학생의 성취도에 실질적인 영향을 미치지 않는 것을 확인했다. … 중요한 점은 학생 자신이 인식하고 있는 교수의 능력과, 학생들에 의해 주관적으로 평가된 강의평가 결과였다."고 설명합니다.

Hoffmann, Florian, and Philip Oreopoulos. "Professor qualities and student achievement." *The Review of Economics and Statistics* 91.1 (2009): 83-92.

■ 2010년 카렐Carrell 교수와 웨스트West 교수가 발표한 논문을 살펴보겠습니다. 이 연구도 비슷한 연구 방법을 사용했지만, 두 가지 점에서 차이가 있습니다. 첫째는 이 연구는 의료계의 임상시험과 유사하게 설계되어 학생들이 무작위로 서로 다른 교수에게 배정되었습니다. 둘째는 교수의 특성이 장단기적으로 학생에게 미치는 영향력이 함께 조사되었습니다.

Carrell, Scott E., and James E. West. "Does professor quality matter? Evidence from random assignment of students to professors." *Journal of Political Economy* 118.3 (2010): 409-432.

제10장 어떻게 공부할까?

■ 연구자들이 필기가 실제로 얼마나 힘든 일인지 '인지 노력Cognitive effort'
을 측정하는 방법으로 그 강도를 정량화했습니다. (이 연구는 보조 작
업을 하면서 주요 작업을 수행해야 하는 상황에서 발생하는 방해의 정도를
측정했습니다.)

Piolat, Annie, Thierry Olive, and Ronald T. Kellogg. "Cognitive
effort during note taking." *Applied Cognitive Psychology* 19.3 (2005):
291-312.

다음 자료도 참고.

Britton, Bruce K., and Abraham Tesser. "Effects of prior knowledge
on use of cognitive capacity in three complex cognitive tasks." *Journal
of Verbal Learning and Verbal Behavior* 21.4 (1982): 421-436.

Piolat, Annie. "Effects of note-taking and working-memory span on
cognitive effort and recall performance." *Writing and Cognition. Brill*,
2007. 109-124.

■ 어떤 노트 필기가 효과적일까요? 이 질문에 대한 답은 특별하지 않습
니다. 그 답은 수동적인 노트 필기를 능동적인 노트 필기로 바꾸고,
노트 필기를 학습의 일부로 바꾸는 것입니다. (이 질문과 관련해서 수
많은 연구 결과가 알려주는 답이 있으며, 그 답이 옳다고 확신합니다.)

Carter, John F., and Nicholas H. Van Matre. "Note taking versus note having." *Journal of Educational Psychology* 67.6 (1975): 900-904.

Foos, Paul W., Joseph J. Mora, and Sharon Tkacz. "Student study techniques and the generation effect." *Journal of Educational Psychology* 86.4 (1994): 567-576.

Isaacs, Geoff. "Lecturing practices and note-taking purposes." *Studies in Higher Education* 19.2 (1994): 203-216.

Titsworth, B. Scott. "The effects of teacher immediacy, use of organizational lecture cues, and students' notetaking on cognitive learning." *Communication Education* 50.4 (2001): 283-297.

Williams, Robert L., and Alan C. Eggert. "Notetaking in college classes: Student patterns and instructional strategies." *The Journal of General Education* 51.3 (2002): 173-199.

■ 엄격하게 진행된 연구에 의하면 정교화 질문을 사용해서 공부하는 학생은 자신의 노트를 읽고 또 읽으며 공부한 학생보다 기말고사 시험에서 약 40% 높은 점수를 얻었습니다. 굉장한 차이입니다.

Dunlosky, John, et al. "Improving students' learning with effective learning techniques: Promising directions from cognitive and educational psychology." *Psychological Science in the Public Interest* 14.1

(2013): 4-58.

다음 자료도 참고.

deWinstanley, Patricia Ann, and Robert A. Bjork. "Successful lecturing: Presenting information in ways that engage effective processing." *New Directions for Teaching and Learning* 2002.89 (2002): 19-31.

Seifert, Timothy L. "Effects of elaborative interrogation with prose passages." *Journal of Educational Psychology* 85.4 (1993): 642-651.

■ 모의시험과 복습을 비교한 수많은 연구가 이미 있습니다. 이들 연구는 모의시험이 기말고사 성적을 약 30% 이상 크게 향상시킨다는 놀라운 결과를 보여줍니다.

Karpicke, Jeffrey D., and Janell R. Blunt. "Retrieval practice produces more learning than elaborative studying with concept mapping." *Science* 331.6018 (2011): 772-775.

Karpicke, Jeffrey D., and Henry L. Roediger. "The critical importance of retrieval for learning." *Science* 319.5865 (2008): 966-968.

Roediger III, Henry L., and Jeffrey D. Karpicke. "Test-enhanced learning: Taking memory tests improves long-term retention." *Psychological Science* 17.3 (2006): 249-255.

- 연구에 의하면 블로킹 방법으로 공부했을 경우, 학생의 정확도는 30% 정도 높았습니다. 그러나 여러 주제를 포괄하는 과목의 시험을 치를 때는 인터리빙 방식을 사용하는 학생의 점수가 월등히 높았습니다. 앞서 언급한 실험과 같은 실험에서 인터리빙 방법으로 공부한 학생의 시험 점수가 블로킹 방법으로 공부한 학생보다 40% 더 높았습니다.

Rohrer, Doug, and Kelli Taylor. "The shuffling of mathematics problems improves learning." *Instructional Science* 35.6 (2007): 481-498. Appendix 265

다음 자료도 참고.

Taylor, Kelli, and Doug Rohrer. "The effects of interleaved practice." *Applied Cognitive Psychology* 24.6 (2010): 837-848.

- 학생들은 서로 다른 시험을 각기 블로킹과 인터리빙 방식으로 공부한 후 치렀습니다. 그리고 연구자들은 학생의 시험에 대해 스스로 평가해 보라고 했습니다. 학생 중 60% 이상이 블로킹 방법으로 공부하고 치른 시험을 더 잘 봤다고 대답했습니다. 반면 20%의 학생만 인터리빙 방식으로 공부했을 때 더 잘 봤다고 대답했습니다. (나머지 학생은 차이가 없다고 대답했습니다.)

Kornell, Nate, and Robert A. Bjork. "Learning concepts and categories: Is spacing the 'enemy of induction?'" *Psychological Science* 19.6 (2008): 585-592.

■ 이를 가리켜 '간격 효과Spacing Effect'라 부릅니다. 모든 교육 분야의 연구에서 가장 일관성 있게 증명된 현상 중의 하나입니다.

Bahrick, Harry P., and Lynda K. Hall. "The importance of retrieval failures to long-term retention: A metacognitive explanation of the spacing effect." *Journal of Memory and Language* 52.4 (2005): 566-577.

Hintzman, Douglas L. "Theoretical implications of the spacing effect." In Theories in Cognitive Psychology: The Loyola Symposium, edited by R. L. Solso, 77-99. *Lawrence Erlbaum* (1974).

Kornell, Nate. "Optimising learning using flashcards: Spacing is more effective than cramming." Applied Cognitive Psychology: *The Official Journal of the Society for Applied Research in Memory and Cognition* 23.9 (2009): 1297-1317.

Pavlik Jr, Philip I., and John R. Anderson. "Practice and forgetting effects on vocabulary memory: An activation-based model of the spacing effect." *Cognitive Science* 29.4 (2005): 559-586.

Sisti, Helene M., Arnold L. Glass, and Tracey J. Shors. "Neurogenesis and the spacing effect: Learning over time enhances memory and the survival of new neurons." *Learning & Memory* 14.5 (2007): 368-375.

Smith, Christopher D., and Damian Scarf. "Spacing repetitions over long timescales: A review and a reconsolidation explanation." *Frontiers in Psychology* 8 (2017): 962.

제12장 더 잘 쓸 수 있을까?

Pinker, Steven. *The Sense of Style: The Thinking Person's Guide to Writing in the 21st Century*. Penguin Books, 2015.

White, Elwyn Brooks, and William Strunk. *The Elements of Style*. *Macmillan*, 1972.

제14장 실패 앞에서 필요한 회복력

■ 〈행동의사결정Journal of Behavioral Decision Making〉 저널에서 연구자들은 상당히 실용적인 가치가 있는 실험 결과를 발표했습니다. 자신의 감정, 특히 실패에 따라 생겨나는 나쁜 감정을 깊이 생각한 사람은 이어지는 시도에서 자신이 했던 실수를 바로잡을 수 있었습니다.

Nelson, Noelle, Selin A. Malkoc, and Baba Shiv. "Emotions know best: The advantage of emotional versus cognitive responses to failure." *Journal of Behavioral Decision Making* 31.1 (2018): 40-51.

■ 한 과학 연구는 HIV 양성 반응인 사람들에게 자신의 감정에 대해 적

어보도록 했습니다. 자신의 상태에 대한 감정적인 반응을 분석하며
더 표현하는 환자일수록 실제 더 건강했습니다.

Rivkin, Inna D., et al. "The effects of expressive writing on
adjustment to HIV." *AIDS and Behavior* 10.1 (2006): 13-26.

제17장 매력적인 입사지원자 되기

■ 어느 고용 연구에서 밝혀진 중요한 사실은 상당수의 취업 기회가 소위
'느슨한 관계soft contacts'를 통해 이루어진다는 사실입니다.

English, Fenwick W. *The Postmodern Challenge to the Theory and Practice of
Educational Administration.* Charles C. Thomas Publisher, 2003.

Granovetter, Mark S. "The strength of weak ties." *American Journal of
Sociology* 78.6 (1973): 1360-1380.

저자 및 역자

● **제이 펠런**_ *Jay Phelan*

하버드에서 생물학 박사학위를 받았다. 하버드와 UCLA에서 학생을 가르쳤으며, 현재 UCLA 생물학 교수로 재직 중이다. 주요 연구 분야는 진화 유전학과 노화로, 연구 결과는 CNN, BBC 등 여러 언론을 통해 주목을 받았다. 생물학 입문서인 『What Is Life? A Guide to Biology』를 저술했고, 세계적인 베스트셀러가 된 『Mean Genes』(다윈이 자기계발서를 쓴다면, 2019년 스몰빅라이프 역간)를 테리 번햄과 함께 저술했다.

● **테리 번햄**_ *Terry Burnham*

하버드에서 경영학 박사학위를 받았다. 하버드 케네디 스쿨, 미시간대학교에서 학생을 가르치다, 현재 채프먼대학교 재무학 교수로 재직 중이다. 전통적인 경제학에 행동경제학, 신경경제학, 행태재무학 등 최신 과학의 연구 성과를 접목하여 현대 경제학의 새로운 패러다임을 구축했다는 평가를 받고 있다. 생명공학회사 Progenics 창립자이기도 하고, 다양한 학문에 관심이 많아 MIT에서는 재무 석사학위를, 샌디에이고주립대학에서는 컴퓨터공학 석사학

위를 취득했으며 미시간대학교에서는 생물물리학을 전공하기도 했다.

● **조용운(역자)**

고려대학교를 졸업하고 현재 GIST 책임행정원으로 근무하고 있다. 옮긴 책으로는 『변혁시대의 협력적 거버넌스』(행복에너지, 2022), 『교수님, 이거 시험에 나와요?』(GIST PRESS, 2022)가 있다.

시크릿
실라버스

초 판 인 쇄 2023년 11월 15일
초 판 발 행 2023년 11월 30일

저　　　자 제이 펠런(Jay Phelan)·테리 번햄(Terry Burnham)
역　　　자 조용운
발 행 인 임기철
발 행 처 GIST PRESS

등 록 번 호 제2013-000021호
주　　　소 광주광역시 북구 첨단과기로 123(오룡동)
대 표 전 화 062-715-2960
팩 스 번 호 062-715-2069
홈 페 이 지 https://press.gist.ac.kr/
인쇄 및 보급처 도서출판 씨아이알(Tel. 02-2275-8603)

I S B N 979-11-90961-19-6 (03190)
정　　　가 20,000원